# 머리말

컴퓨팅 사고(Computational Thinking)는 자넷 윙 교수가 2006년에 컴퓨터 학술지에서 언급한 이후로 컴퓨터 교육 분야에서 상당한 이슈가 되고 있는 용어이다. 컴퓨팅 사고는 복잡한 문제를 분해하여 문제 안에 내재된 패턴을 찾고 추상화 단계를 거쳐서 문제를 해결하는 알고리즘을 작성하는 과정이다. 작성된 알고리즘은 사람이 수행하거나 컴퓨터를 이용하여 자동화될 수 있다.

과거의 컴퓨터 교육은 주로 오피스와 같은 문서작성 프로그램의 사용법을 익히거나 프로그래밍 언어를 배워서 단순한 프로그램을 만드는 과정에 치중하였다. 하지만 최근에는 문제 해결 능력, 창의력, 단계적인 사고력(알고리즘적인 사고) 등이 더 강조되고 있다. 최근의 현대 생활은 컴퓨터 없이는 이루어지지 않는다. 해결해야 하는 문제가 있다면 인간과 컴퓨터가 함께 힘을 합쳐서 문제들을 해결해나가야 할 것이다. 컴퓨팅 사고는 컴퓨터 전공자만 배우는 것은 아니다. 어떤 직업이든지 해결해야 하는 문제가 있고 이 문제를 해결하는데 컴퓨팅 사고를 사용할 수 있는 것이다.

이 책은 컴퓨터에 사전지식이 없는 독자들을 대상으로 일상생활이나 자신의 전공 분야에서 만날 수 있는 문제들을 해결하는 능력을 기르는데 중점을 두고 작성되었다. 이 책을 저술하면서 역점을 두었던 몇 가지는 다음과 같다.

- 컴퓨팅 사고를 처음 시작하는 독자들도 따라 올 수 있도록 컴퓨팅 사고의 기본적인 개념인 "분해", "패턴인식", "추상화", "알고리즘"을 자세히 설명하였다.

- 적절한 그림을 가능한 많이 사용하여 보다 친숙하고, 지루하지 않으며 독자들이 이해하기 쉬운 교재로 만들기 위해 노력하였다.

- 컴퓨팅 사고는 흥미로운 실습 예제가 많이 필요하다. 최대한 많은 실습 예제를 간추려서 LAB으로 제공하였다. LAB의 끝에는 도전 문제를 두어서 독자들이 추가적으로 실습을 할 수 있도록 하였다.

- 본 책의 LAB 문제는 별도의 "스크래치 워크북", "파이썬 워크북"을 통하여 컴퓨터로 실습할 수 있다.

이 책을 만들면서 BBC웹사이트와 구글의 "컴퓨팅사고", 기타 인터넷 자료들을 참고하였다.

이 책이 만들어지기까지 많은 도움이 있었다. 이 책에 대하여 적극적으로 지원해주신 채희만 사장님과 교정을 봐주신 안성일 이사님께 감사드린다. 책이 나올 때마다 오류를 바로 잡아주시고 격려해주시는 모든 분들께도 깊이 감사드린다. 아무쪼록 많은 이들이 이 책을 통하여 자신의 문제를 컴퓨터를 이용하여 창의적으로 해결할 수 있다면 필자에게는 큰 보람이 될 것이다.

2017년 6월

저자 **천인국**

문제해결과
# 컴퓨팅
# 사고

# 문제해결과 컴퓨팅 사고

### 천인국 지음

COMPUTATIONAL THINKING

# 강의 계획(인문사회계)

한 학기 16주 강의라면 다음과 같은 진행을 생각할 수 있다. 상황에 따라 일부 내용은 제외해도 좋을 것이다. 9장, 10장, 11장, 12장의 내용은 필요에 따라 선별적으로 강의한다.

| 주 | 해당 chapter | 주제 |
|---|---|---|
| 1 | 1장 | 컴퓨팅 사고 개요 |
| 2 | 2장 | 컴퓨터 기초 |
| 3 | 2장 | 이진수 기초 |
| 4 | 3장 | 4가지의 기초 개념 중에서 "분해" |
| 5 | 3장 | "분해"를 사용하는 알고리즘 실습 |
| 6 | 4장 | 4가지의 기초 개념 중에서 "패턴인식" |
| 7 | 5장 | 4가지의 기초 개념 중에서 "추상화" |
| 8 | 중간 고사 | 중간 평가 |
| 9 | 6장 | 알고리즘 개요, 순서도, 의사코드 |
| 10 | 6장 | 순서도로 기초 알고리즘 작성하기 실습 |
| 11 | 7장 | 변수, 의사코드 |
| 12 | 7장 | 의사코드로 알고리즘 작성하기 실습 |
| 13 | 8장 | 배열 알고리즘 |
| 14 | 8장 | 배열 알고리즘 실습 1 |
| 15 | 8장 | 배열 알고리즘 실습 2 |
| 16 | 기말 고사 | 기말 평가 |

# 강의 계획(자연계, 이공계)

한 학기 16주 강의라면 다음과 같은 진행을 생각할 수 있다. 상황에 따라 9장, 10장, 11장, 12장의 일부 내용은 강의에서 제외해도 좋을 것이다.

| 주 | 해당 chapter | 주제 |
|---|---|---|
| 1 | 1장 | 컴퓨팅 사고 개요 |
| 2 | 2장 | 컴퓨터 기초. 이진수 기초 |
| 3 | 3장 | 4가지의 기초 개념 중에서 "분해" |
| 4 | 4장 | 4가지의 기초 개념 중에서 "패턴인식" |
| 5 | 5장 | 4가지의 기초 개념 중에서 "추상화" |
| 6 | 6장 | 알고리즘 개요, 순서도, 의사코드 |
| 7 | 6장 | 순서도로 기초 알고리즘 작성하기 실습 |
| 8 | 중간 고사 | 중간 평가 |
| 9 | 7장 | 변수, 의사코드 및 실습 |
| 10 | 8장 | 배열 알고리즘 |
| 11 | 8장 | 배열 알고리즘 실습 |
| 12 | 9장 | 멀티미디어 처리 및 실습 |
| 13 | 10장 | 병렬처리 컴퓨팅 및 실습 |
| 14 | 11장 | 인공지능 및 실습 |
| 15 | 12장 | 정보보호기법 및 실습 |
| 16 | 기말 고사 | 기말 평가 |

# 스크래치 워크북

본 책의 내용과 Lab 예제는 2종류의 워크북을 통하여 컴퓨터로 실습할 수 있다. 첫 번째 워크북은 스크래치 버전이다. 스크래치는 MIT 미디어랩에서 개발된 도구로서 블록형 프로그래밍 환경이다. 사용자는 블록들을 조립하여서 애니메이션이나 게임, 상호대화적인 스토리 등을 작성할 수 있다. 예를 들어서 3장 분해 본문에 나오는 이진 탐색은 다음과 같은 코드를 이용하여 실습할 수 있다.

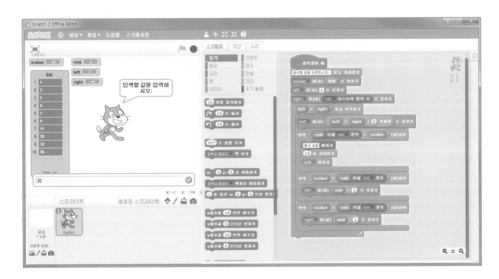

# 파이썬 워크북

두 번째 워크북은 파이썬 버전이다. 본 책의 내용과 Lab 예제는 파이썬 프로그래밍 환경을 이용하여 컴퓨터로 실습할 수 있다. 파이썬을 이용하게 되면 간결하면서도 효율적인 프로그램을 빠르게 작성할 수 있다. 파이썬은 무엇보다도 초보자에게 좋은 언어이다. 그 이유는 파이썬이 **인터프리터 언어**(interpreted language)이기 때문이다. 파이썬에서는 프로그래머가 한 줄의 문장을 입력하고 엔터키를 치면 인터프리터(해석기)가 이것을 해석해서 바로 실행한다. 예를 들어서 3장 분해 본문에 나오는 이진 탐색은 다음과 같은 코드를 이용하여 실습할 수 있다.

```
import sys
alist = [1, 3, 5, 6, 7, 9, 11, 20, 30, 56]
left = 0
right = len(alist)-1
svalue = 30

while left<=right:
    mid = (left + right)//2
    print(mid, left, right)
    if alist[mid] == svalue:
        print("탐색 성공")
        sys.exit()
    else:
        if svalue < alist[mid]:
            right = mid-1
        else:
            left = mid+1
```

```
Python 3.5.1 (v3.5.1:37a07cee5969, Dec  6 2015, 01:38:48) [MSC v.1900 32 bit (In
tel)] on win32
Type "copyright", "credits" or "license()" for more information.
>>>
=== RESTART: C:/Users/sec/AppData/Local/Programs/Python/Python35-32/aaa.py ===
4 0 9
7 5 9
8 8 9
탐색 성공
>>>
```

COMPUTATIONAL
THINKING

# 차례

CHAPTER

# 01

# 컴퓨팅 사고란 무엇인가?

**이번 장에서는 다음과 같은 내용을 학습합니다.**

▶ 컴퓨팅 사고의 개념을 간단히 소개한다.

▶ 컴퓨팅 사고에서 중요한 4가지의 개념(분해, 패턴 발견, 추상화, 알고리즘)을 살펴본다.

▶ 다양한 예제들을 살펴본다.

컴퓨터와 인간 01

컴퓨팅 사고의 정의 02

왜 우리는 컴퓨팅 사고를 배워야 하는가? 03

컴퓨팅 사고는 컴퓨터가 하는 사고인가요?

아닙니다. 컴퓨터는 사고할 수가 없죠. 컴퓨터가 작업할 수 있도록 알고리즘을 작성하는 과정입니다.

COMPUTATIONAL THINKING

# 01

# 컴퓨터와 인간

최근 30년간 세상을 변화시킨 혁신적인 발명품들을 Nightly Business Report와 와튼 스쿨이 2009년에 공동으로 "Top 30 Innovations of the Last 30 Years."란 이름으로 조사하였다. 어떤 발명품들이 리스트에 있었을까?

❶ 인터넷

❷ PC 컴퓨터

❸ 모바일 폰

❹ 이메일

❺ DNA 테스팅/인간 유전자 지도

❻ 자기 공명 장치(MRI)

❼ 마이크로프로세서(Microprocessors)

❽ 광섬유(fiber optics)

❾ 오피스 소프트웨어 (스프레드시트, 워드 프로세서)

...

처음 10개 중의 대부분이 컴퓨터와 관련되어 있다. 아마 컴퓨터처럼 인간의 삶을 극적으로 변화시킨 발명품은 없을 것이다. 최근에는 전기차, 인공지능 로봇, 사물 인터넷, 자율 주행 자동차 등 컴퓨터가 사용되는 분야가 확장되고 있다. 전기차는 전기모터가 장착된 컴퓨터, TV는 대형의 스크린이 부착된 컴퓨터, 디지털 카메라는 렌즈가 장착된 컴퓨터라고 할 수 있다.

우리의 일상생활에서 컴퓨터는 얼마나 자주 사용되고 있을까? 우리는 스마트폰의 알람이 울리면 침대에서 일어난다. 우리가 사용하는 런닝머신에도 조그마한 컴퓨터가 운동거리, 운동시간 등을 표시한다. 냉장고, 토스터나 전자렌지에도 컴퓨터가 내장되어 있다. 우리는 인터넷으로 뉴스를 읽으며, 사무실에서는 워드 프로세서와 스프레드 시트를 이용하여 업무를 처리한다. 우리가 타는 지하철에서도 컴퓨터를 이용하여 전동차들을 제어한다. 우리는 소셜 네트워크를 이용하여 친구들과 연락한다.

인간은 이미 컴퓨터 없이는 생활할 수 없다. 그렇다면 어떻게 해야 할까? 그렇다면 우리는 컴퓨터와 같이 살아가는 방법을 배워야 한다. 컴퓨터는 계산이 빠르고 논리적으로 추론할 수 있다. 인간은 계산은 늦지만 창의적으로 문제를 해결할 수 있다. 인간이 문제를 해결하는 방법을 찾아서 알고리즘으로 작성하면 이 방법은 컴퓨터를 이용하여 자동화할 수 있다. 현재도 우주 탐험과 같은 위험한 임무에서는 인간과 컴퓨터가 서로 도우면서 미션을 함께 수행하고 있다.

실세계의 다양한 문제들을 인간보다 빠르고 정확하게 해결해내는 컴퓨터는 인간의 능력을 확장하는데 활용되고 있다. 인간으로 하여금 과거에는 상상도 못했던 일들을 해결하게 하였고, 새로운 방식의 삶을 영위하게 해주었으며, 시간과 공간의 제약을 없애주었기 때문이다. 앞으로도 인간과 컴퓨터는 좋은 동반자가 되어서 함께 복잡한 문제들을 처리할 것이다.

## 알파고와 4차 산업혁명

구글 딥마인드의 AI "알파고"는 우리에게 큰 충격을 안겼다. 2016년 3월에 펼쳐진 이세돌 기사와의 대국에서 알파고가 압도적인 실력으로 4-1로 승리한 것을 우리는 생생히 기억하고 있다. "AI, 인간을 넘다." 당시 국내일간지에 실린 기사 제목이다. 인간이 더 잘할 것이라고 믿어 의심치 않았던 바둑 분야에서 알파고는 인간 고수를 압도적인 스코어로 이겼다.

2017년 1월에는 중국의 온라인 바둑 사이트에 마스터(Master)란 이름의 고수가 나타났다. 마스터를 상대로 승리시 약 1700만원을 주는 이벤트에서 마스터는 세계 1위의 커제 9단을 비롯하여 한·중·일을 대표하는 프로기사들을 상대로 30전 전승을 기록하였다. 마스터는 한국의 바둑 사이트에서도 30전 전승을 기록하여 마스터의 전체 전적은 60전 60승이 되었다. 마스터는 바둑 팬들의 예상대로 업그레이드된 알파고였다.

알파고는 우리에게 미래 사회의 단면을 보여준다. 우리는 4차 산업혁명 시대에 살고 있다. 1차 산업혁명은 영국에서 시작된 산업혁명을 말한다. 1차 기술 혁명은 증기기관의 힘을 이용한 기계화 혁명이었다. 2차 산업혁명은 대량 생산을 위해 전기를 사용하였다. 3차 산업혁명에서는 생산을 자동화하기 위하여 전자 및 정보기술을 사용하였다. 4차 산업혁명은 사물인터넷(IoT), 빅데이터, 클라우드, 인공지능 등의 기술이 결합되어서 기계의 지능화를 통해 생산성이 고도로 향상되는 산업혁명이다.

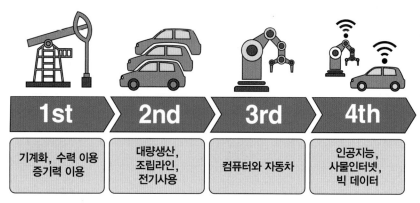

| 1st | 2nd | 3rd | 4th |
|---|---|---|---|
| 기계화, 수력 이용<br>증기력 이용 | 대량생산,<br>조립라인,<br>전기사용 | 컴퓨터와 자동차 | 인공지능,<br>사물인터넷,<br>빅 데이터 |

출처: 위키백과

전례 없는 처리 능력, 저장 용량을 가지고 있고 한 클릭이면 원하는 지식을 얻을 수 있는 모바일 장치로 연결된 수십억의 사람들의 가능성은 무제한이다. 이러한 가능성은 새롭게 떠오르고 있는 인공 지능, 로봇 공학, 사물 인터넷, 자율 주행 차량, 3-D 프린터, 나노 기술, 생명 공학, 재료 과학, 에너지 저장 및 양자 컴퓨팅과 같은 분야로 가속화될 것이다.

## 자동화와 인간의 직업

어떠한 직업들이 인공지능 로봇으로 대체되기 시작할까? 이것은 현재 교육 과정에 있는 학생들한테는 정말 중요한 질문이다. 이제까지 컴퓨터나 로봇에 의하여 없어진 직업이 정말 있었을까? 실제로 많이 있었다. 하나의 예가 "전화교환원"이다. 예전에는 기계식 교환기를 사용하던 시대에는 사람이 전화를 걸어서 상대방의 주소를 알려주면 전화와 전화를 연결해주는 사람이 있었다. 지금은 컴퓨터를 이용하여 전화 회선을 연결하기 때문에 "전화교환원"은 상상도 할 수 없다. 예전에는 지하철역에도 표를 팔던 직원들이 여럿 있었다. 현재는 티켓 자동판매기와 선불카드가 대신하고 있다.

단순노무직은 앞으로는 컴퓨터나 로봇으로 대체될 것이 확실하다. 아마존에서는 무인 매장 '아마존 고(Amazon Go)'를 2016년 12월에 시애틀에 열 예정이었지만 기술적인 문제로 연기되었다고 한다.

아마존 고는 외형상으로는 일반 매장과 다를 바 없지만, 고객은 스마트폰 앱의 바코드를 찍고 입장한 후에 매장에서 상품을 가방에 담은 후 그냥 걸어 나오면 된다. 고객이 선택한 상품은 컴퓨터 비전과 딥 러닝 알고리즘, 센터 융합 등의 컴퓨터 기술을 이용하여 자동으로 기록되며 물건 값은 고객이 미리 등록한 신용카드에서 자동으로 결제된다. 매장에는 계산대도, 계산원도 없다. 전통 산업이었던 유통업에서도 컴퓨터가 도입되어서 점원을 줄이고 있는 것이다.

2013년도 영국 옥스포드 대학의 조사에 의하면 미국에 있는 702개의 직업 중에서 20년 안에 약 47%의 직업이 사라질 것이라고 전망하고 있다. 미국 포천지의 조사에 의하여 2022년까지 사라질 10개의 직업은 다음과 같다. 아무래도 판매직, 사무직, 행정직 등에 근무하는 많은 사람들이 가장 큰 피해자가 될 것이다.

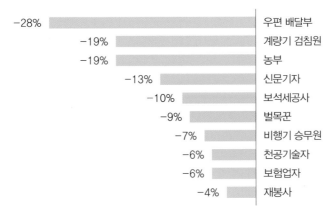

| | |
|---|---|
| −28% | 우편 배달부 |
| −19% | 계량기 검침원 |
| −19% | 농부 |
| −13% | 신문기자 |
| −10% | 보석세공사 |
| −9% | 벌목꾼 |
| −7% | 비행기 승무원 |
| −6% | 천공기술자 |
| −6% | 보험업자 |
| −4% | 재봉사 |

- **우편 배달부:** 우편 배달부가 1위(택배가 아니다)이다. 왜 없어질까? 최근에는 문자메시지, 이메일, 온라인 채팅 및 소셜 미디어의 발달 때문이다. 전자 결제 및 온라인 포털로 청구서를 지불하고 있기 때문이다. 모바일 기능은 이러한 추세를 가속화 할 것이다. 미국 우정국(US Postal Service)이 최근 직원을 30% 삭감한 것은 놀라운 일이 아니다.

- **계량기 검침원:** 기존에는 수도·전기 검침을 위해 직원이 직접 가정을 방문하였지만 최근에는 원격에서 단말기의 데이터를 읽는 사물인터넷(IoT)을 활용한 신기술을 사용하고 있다. 컴퓨터가 계량기를 확인하고 판독 값을 소비자가 확인할 수 있는 온라인 포털로 보낸다.

- **택시기사:** 최근에 눈부시게 발전한 자율주행 기술을 사용한 무인자동차 때문이다. 물론 아직도 운전을 즐기는 사람들이 많기 때문에 100% 자율 주행으로 바뀌지는 않을 것이다.

- **택배 배달 기사:** 로봇, 드론, 자율주행차가 배달을 대신할 수 있다. 이미 아마존에서는 드론을 이용한 택배도 연구 중이다. 물론 크기와 중량에 따라서 로봇이 못하는 것도 있겠지만 얼마든지 가능한 이야기이다.

- **패스트푸드 직원:** 최근에 국내 패스트푸드에도 "셀프 계산대"가 등장하고 있다. 컴퓨터가 주문을 받고 컴퓨터(3D 프린터)가 조리를 하는 완전히 자동화된 패스트푸드도 곧 등장할 것이다.

- **펀드매니저:** 컴퓨터가 주식 거래나 각종 원자재 선물을 거래하는 것이다. 현재도 주식 거래에는 컴퓨터가 널리 이용되고 있으며 최근에 로봇 어드바이저라는 이름으로 주식 시장에서 유망한 종목을 추천해주는 서비스는 등장하였다. 컴퓨터의 거래 속도나 자료 처리 속도를 인간이 따라 갈 수 없기 때문에 이미 미국에서는 많은 펀드 운용이 컴퓨터 프로그램으로 되어있다.

## 우리는 어떻게 대처해야 할까?

컴퓨터의 발전에 따라서 많은 사람들이 일자리를 잃을 것이라는 우려는 어느 시대에서나 있었다. 하지만 실제로는 새로운 일자리가 생겨나기 때문에 예전에 비해 크게 줄어들지 않는다. 은행에 ATM이 도입될 때도 일시적으로 직원 수가 줄었지만 이후에는 은행 지점수와 직원 수도 늘었다고 한다. 단순 입출금 업무를 ATM이 대체하면서, 은행 직원들은 대출상담이나 보험 등 수익성 높은 금융상품을 팔 수 있었던 것이다. 단순반복 업무는 컴퓨터로 대체되지만 창의성이나 고차원적인 능력을 요구하는 업무는 여전히 인간이 담당하면서 새로운 일자리가 창출된 것이다. 컴퓨터로 인하여 없어지는 직업도 있지만 그만큼 새로운 일자리가 생겨나는 것이다. 컴퓨터는 분명 인간의 일자리를 위협하는 존재지만 적절하게 사용한다면 인간의 생산성을 높일 뿐 아니라 더 많은 일자리 창출도 가능하다.

우리는 어떻게 대처해야 할까? "컴퓨터가 널리 사용되는 현재에는 컴퓨터 과학자 뿐만 아니라 모든 사람들이 컴퓨팅 사고를 배워야 한다."는 것이 최근의 중론이다. 자라나는 아이들이 배우는 "읽기", "쓰기", "셈하기"에 "컴퓨팅 사고"를 추가해야 한다는 것이다.

컴퓨팅 사고는 우리에게 당면한 문제를 컴퓨터의 도움을 받아서 해결하자는 것이다. 컴퓨팅 사고는 단순히 소프트웨어를 사용하는 방법이 아니다. 즉 워드 프로세서나 엑셀을 사용하는 것이 컴퓨팅 사고는 아니다. 복잡한 문제를 해결하기 위하여 문제를 분석하고 문제를 분해하여 문제를 해결하는 절차를 생각하고 이것을 알고리즘으로 만들어서 필요하다면 컴퓨터를 이용하여 자동화하는 것이 컴퓨팅 사고이다. 컴퓨터로 각자의 문제를 해결하려고 할 때, 컴퓨터에 대하여 어느 정도는 아는 것이 도움이 되지 않을까? 목수가 자신의 도구에 대하여 잘 모른다면 최상의 결과를 얻을 수 없을 것이다.

컴퓨팅 사고는 컴퓨터 분야를 넘어서 다른 학문 분야에도 아주 유용하다. 주식 거래에도 컴퓨터가 이용되고 있고 건축 분야에서도 컴퓨터를 이용하여 건물을 짓기 전에 건물을 거닐 수 있다. 음악가들도 컴퓨터를 이용하여 작곡을 하고 생물학, 물리학에서도 컴퓨터를 이용하여 많은 발견을 하고 있다. 컴퓨터가 인간의 직업을 위협한다고 해서 컴퓨터 없는 삶을 생각할 수 있을까? 인간이 달에 갔을 때도 컴퓨터를 사용하여 우주선을 조종하였다. 현대의 복잡한 생활은 이미 컴퓨터 없이는 돌아가지 않는다. 우리는 컴퓨터를 배척할 것이 아니라 컴퓨터와 함께 문제를 해결하면서 공존하는 길을 모색하여야 한다.

컴퓨터와 인간이 대립하는 경우          컴퓨터와 인간이 협력하는 경우

# 02

# 컴퓨팅 사고의 정의

컴퓨터는 우리가 복잡한 문제를 해결하는 데 많은 도움을 준다. 여기서 복잡한 문제란 "정답을 쉽게 알 수 없는 문제"이거나 "공식이 없는 문제"이다. 복잡한 문제를 컴퓨터를 이용하여 처리하려면, 우리(인간)가 문제 자체를 이해하고 문제를 해결하는 방법을 고안하여야 한다. 왜냐하면 현재의 컴퓨터는 문제를 해결할 수 있는 절차를 자체적으로 만들 수 없기 때문이다. 인간이 문제를 분석하고 컴퓨터로 문제를 해결하기 위한 절차를 만드는 것이 바로 **컴퓨팅 사고**(computational thinking)이다. 컴퓨팅 사고는 "계산적 사고" 또는 "컴퓨팅 사고력"이라고도 번역된다.

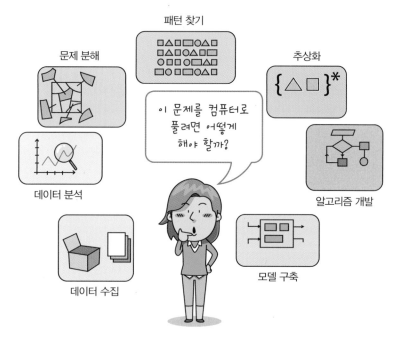

**그림 1.1** 컴퓨팅 사고의 구성

"컴퓨팅 사고"라는 용어는 2006년 자넷 윙(Jeannette Wing)이 논문에서 사용했다고 되어 있다. 자넷 윙은 "컴퓨팅 사고"를 이용하면 컴퓨터 과학을 전공하는 사람들뿐만 아니라 모든 분야의 사람이 자신의 문제를 해결하는데 도움을 받을 수 있다고 주장한다. 자넷 윙은 2010년 논문에서 컴퓨팅 사고를 다음과 같이 정의하고 있다.

컴퓨팅 사고는 문제의 해결책을 만드는 사고 과정으로 이 방법으로 생성된 해결책은 컴퓨터에 의하여 효율적으로 실행될 수 있습니다.

**그림 1.2** 자넷윙의 컴퓨팅 사고 정의

흔히 컴퓨팅 사고는 컴퓨터 프로그래밍에만 이용되는 방법이라고 오인하기 쉽지만, 컴퓨팅 사고는 공학 분야뿐만 아니라 실생활에서 나타나는 문제에도 적용할 수 있다. 자넷 윙은 일상 생활의 여러 가지 문제도 컴퓨팅 사고로 해결할 수 있다고 이야기한다. "어떻게 하면 회사에서 일을 더 효과적으로 할 수 있을까?", "어떻게 하면 목적지에 더 빠르게 갈 수 있을까?" 등은 일상생활에서 나타나는 중요한 문제들중 하나이다. 자넷 윙의 설명에 따르면 컴퓨터에서 사용되는 파이프라인(pipeline) 개념을 응용하여 전체 세탁시간을 줄일 수 있다는 것이다(세탁기, 건조기, 다리미를 겹쳐서 동시에 사용하자는 것으로 이것은 컴퓨팅 사고 없이도 이미 우리가 사용하고 방법이긴 하다). 또 알파벳 순으로 정렬된 리스트에서 이름을 찾을 때는 이진탐색(binary search)이라는 기법을 사용할 수 있다고 이야기하고 있다(이진 탐색은상당히 유용한 방법이다).

## 컴퓨팅 사고의 개념

컴퓨팅 사고에는 다음과 같은 중요한 개념이 있다고 한다.

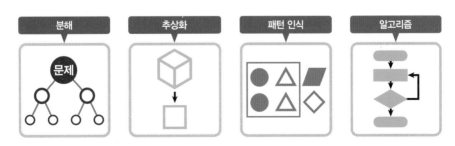

- **논리**(logic): 논리적으로 사고하는 것이다.
- **분해**(decomposition): 복잡한 문제를 좀 더 작고 처리가 가능한 부분 문제로 분해한다.

- **패턴 인식**(pattern recognition): 부분 문제들 중에서 유사성(패턴)을 찾는다.

- **추상화**(abstraction): 오직 중요한 정보에만 집중한다. 관련 없는 세부 사항은 무시한다.

- **알고리즘**(algorithms): 문제에 대한 단계적인 해결책을 개발한다.

- **평가**(evaluation): 개발된 알고리즘의 정확도나 효율성을 평가한다.

6가지 개념은 모두 중요하다. 흔히 이 개념들은 탁자의 다리와 같다고 표현된다. 만약 하나의 다리라도 없다면 탁자는 넘어질 것이다. 해결책을 만들 때 이들 6가지의 개념을 올바르게 적용한다면 큰 도움이 될 것이다.

## 논리

컴퓨팅 사고의 가장 기본은 항상 논리적으로 생각하는 것이다. 컴퓨터 자체가 "부울 논리"에 기반을 두어 작성되었다. 컴퓨터는 절대로 비논리적으로 작동되지 않는다. 우리는 항상 문제를 해결하거나 결정을 내릴 때 이성적인 사고의 기초인 논리에 바탕을 두어야 한다. 또 논리에 바탕을 두어야만 컴퓨터가 이해하고 처리할 수 있다. 항상 차갑게 논리적으로 사고하여야 한다. 원인이 마음에 드는지 여부에 관계없이 원인은 결과로 이어질 것을 믿어야 한다. 컴퓨터에서 희망차거나 감정적인 사고를 위한 여지는 없다. 컴퓨터에 작업을 지시할 때도 최대한 정확하고 완벽하게 지시하여야 한다. 모호함은 용인되지 않는다. 세부 사항을 아끼지 말고 자세히 설명하여야 한다.

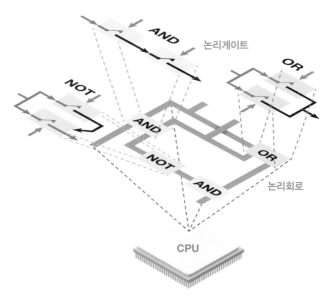

**그림 1.3** 컴퓨터는 논리게이트들로 구성된다.

## 분해

정보사회에서 발생하는 문제들은 상당히 복잡하다. 어떤 문제가 복잡한 문제인가? 우리가 한 번에 쉽게 풀 수 없는 문제를 복잡한 문제라고 정의한다. 이러한 복잡한 문제는 한 번에 해결할 수 없으므로 해결하기 쉬운, 작은 크기의 문제들로 "분해"하여야 한다.

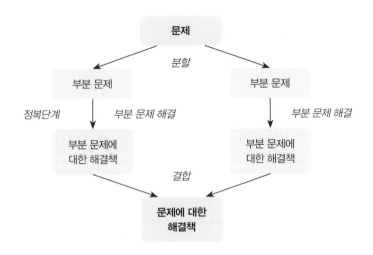

## 패턴 인식

분해된 작은 문제들을 해결하는 과정에서 이전에 해결하였던 유사한 문제들이 있는지를 검사한다. 만약 유사한 문제들이 있었다면 그때 작성하였던 해결책을 그대로 가져온다. 이것이 패턴 인식 과정이다. 컴퓨터 프로그래밍에서 많이 사용하는 반복 및 재귀도 똑같은 기술을 재적용하고 문제를 해결하기 위해 동일한 단계를 반복적으로 실행하는 것이다.

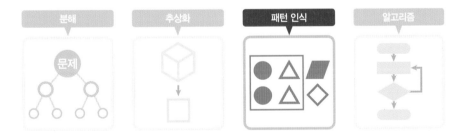

## 추상화

추상화는 중요하지 않은 부분을 무시하고 중요한 부분에 집중함으로써 복잡성을 줄이는 기술이다. 예를 들어, 운전자는 자동차를 핸들과 페달을 통하여 운전하는 기계로 간주한다. 자동차가 실제로 어떻게 움직이는지를 신경쓰지 않는다. 우리가 컴퓨터를 사용할 때도 어떤 마우스 버튼을 누를 것인지만을 신경쓴다. 컴퓨터가 내부적으로 어떻게 작동하는지는 간과한다.

**그림 1.4** 동일한 자동차도 사람마다 관심사항이 달라진다.

## 알고리즘

분할된 작은 문제들의 해법을 찾는다. 이러한 해법을 모아서 알고리즘(문제를 해결하는 절차)으로 만든다. 알고리즘이 간단한 경우에는 사람이 알고리즘을 수행하면 된다. 만약 알고리즘이 복잡하여서 사람이 수행할 수 없다면, 컴퓨터를 사용하여 수행할 수 있다. 컴퓨터는 사람보다 훨씬 빠르게 계산하고, 방대한 내용을 기억할 수 있다. 알고리즘을 프로그램으로 변환하는 과정이 프로그래밍이다. 작업을 진행하는 체계적인 절차(알고리즘)를 만들게 되면 우리는 컴퓨터를 이용하여 효율성과 생산성을 높일 수 있다. 인간과는 달리 컴퓨터는 경험적인 상식을 지니고 있지 않다. 따라서 알고리즘을 작성할 때, 우리는 한 살짜리 아이와 이야기하는 것처럼 자세하게 컴퓨터의 수준에서 생각하여야 한다.

## 평가

알고리즘을 평가하고 처리 속도나 정확도를 평가하는 것이다. 컴퓨팅 사고를 사용하여 해결책을 설계 한 후에는 해결책이 목적에 부합하는지 확인하는 것이 중요하다. 알고리즘이 작성되면 다음 사항을 확인해야한다.

- 알고리즘을 쉽게 이해할 수 있는가?

- 문제의 모든 면을 해결하는가?

- 가능한 자원을 최대한 활용하여 문제를 해결하는가? 또 가능한 한 빨리 수행하는가? 최소한의 공간만을 사용하는가?

- 주어진 설계 기준을 충족하는가?

알고리즘이 4가지 기준을 충족하면 잘 작동 할 것이다. 평가가 끝나면 알고리즘을 프로그래밍할 수 있다.

**그림 1.5** 잘못된 알고리즘도 만들어 질 수 있다.

> **Note**
>
> "컴퓨팅 사고"라는 용어가 사용되기 시작한 것은 얼마 되지 않았다. 따라서 지금도 많은 혼란이 존재한다. 컴퓨팅 사고 교육에서 문제점은 개념이 약간 모호하다는 것이다. 컴퓨팅 사고가 다른 사고 방식과 어떻게 다른지 명확하게 밝혀지지 않았기 때문이기도 하다. 우리는 컴퓨팅 사고가 "문제를 해결하는 사고"로 정의하고 결과물은 "알고리즘"이라고 생각하자. 이 알고리즘은 컴퓨터를 사용하여 실행할 수 있다.

## 컴퓨팅 사고 vs 프로그래밍

컴퓨팅 사고란 복잡한 문제를 받아서 문제가 무엇인지를 이해하고 문제에 대한 해결책을 개발하는 것이다. 이들 해결책을 사람이 수행하거나 컴퓨터가 수행할 수 있다. 컴퓨팅 사고는 프로그래밍과 밀접한 관계가 있지만 프로그래밍 자체와는 구별하여야 한다. 프로그래밍이란 컴퓨터에게 무엇을 어떻게 하는지를 지시하는 것이다. 컴퓨팅 사고는 컴퓨터에게 구체적으로 작업을 시키기 전에 인간이 문제를 분석하고 패턴 발견이나 추상화 과정을 거쳐서 알고리즘을 만들어보는 과정이다. 알고리즘이 만들어지면 프로그래밍 과정을 거쳐서 컴퓨터에서 실행할 수 있다.

위키 백과에 따르면 컴퓨팅 사고는 다음과 같은 것과 관련이 있다.

- 추상화 및 패턴 인식을 사용하여 새롭고 다양한 방식으로 문제를 표현하는 것

- 데이터를 논리적으로 구성하고 분석하는 것

- 문제를 작은 부분 문제들로 나누어서 해결하는 것

- 반복이나 순환, 기호로 표현하기, 논리 연산과 같은 프로그래밍 방식 사고 기술을 사용하여 문제에 접근하는 것

- 일련의 단계(알고리즘적 사고)를 사용하여 문제를 해결하기 위해 문제를 재구성하는 것

- 가장 효율적이고 효과적인 단계와 자원을 결합하여 가능한 해결책을 식별, 분석 및 구현하는 것

- 특정한 문제를 위한 해결 과정을 다양한 문제로 일반화하는 것

컴퓨팅 사고는 다음과 같은 것은 아니라고 한다.

- 컴퓨팅 사고는 단순히 소프트웨어를 사용하는 방법을 배우자는 것이 아니다.

- 컴퓨터처럼 생각하자는 것은 절대 아니다. 컴퓨터는 스스로 생각할 수 없다.

- 프로그래밍이 아니다(물론 프로그래밍과 밀접한 관련이 있다).

- 컴퓨터가 없어도 할 수 있다(언플러그드 활동).

### 컴퓨팅 사고의 예 #1

어떤 문제들은 컴퓨팅 사고는 일상 생활에 나타나는 문제 해결에도 사용할 수 있다. 자넷 윙의 논문에서 나오는 예를 보자. 아이가 학교에 갈 때, 엄마들은 흔히 학교에서 필요할 거 같은 준비물들을 가방 안에 챙겨준다. 이것은 컴퓨터에서 사용되는 캐시(pre-fetching과 caching)와 비슷한 개념을 사용하는 것이다. 컴퓨터에서도 메모리 중에서 많이 사용되는 자료들은 캐시에 저장하여 전체적인 처리 속도를 높인다.

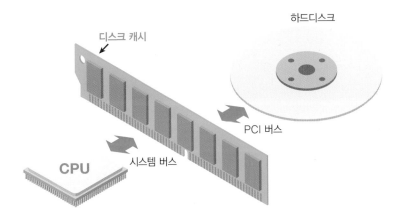

## 컴퓨팅 사고의 예 #2

컴퓨팅 사고를 이용하여 우리가 해결하려고 문제의 복잡도를 어느 정도 예측할 수 있다. 예를 들어서 단어들의 리스트가 있고 우리가 어떤 특정한 단어를 찾아야 한다고 하자. 이것은 컴퓨터 과학에서 철저하게 분석된 문제(탐색 문제라고 한다) 중의 하나로서 만약 리스트가 정렬되지 않았다면 최선의 탐색 방법은 앞에서부터 하나씩 찾는 방법이다. 하지만 리스트 안의 단어들이 정렬되었다면 이진 탐색이라는 획기적인 방법을 사용할 수 있다. 이진 탐색은 리스트의 중간을 우리가 찾고자 하는 단어와 비교하여 탐색 범위를 절반씩 줄여나가는 방법이다. 아래의 그림은 단어가 아니고 숫자가 들어 있는 리스트이지만 근본 원리는 같다.

**10개의 숫자 중에서 23을 찾는다**

| 2 | 5 | 8 | 12 | 16 | 23 | 38 | 56 | 72 | 91 |
|---|---|---|----|----|----|----|----|----|----|

23>16, 후반부 선택

| 2 | 5 | 8 | 12 | **16** | 23 | 38 | 56 | 72 | 91 |
|---|---|---|----|----|----|----|----|----|----|

23<56, 전반부 선택

| 2 | 5 | 8 | 12 | 16 | 23 | 38 | **56** | 72 | 91 |
|---|---|---|----|----|----|----|----|----|----|

23 발견

| 2 | 5 | 8 | 12 | 16 | **23** | 38 | 56 | 72 | 91 |
|---|---|---|----|----|----|----|----|----|----|

## 컴퓨팅 사고의 예 #3

어떤 엄마가 자녀를 축구장, 체육관, 수영장에 매일 데려다 주어야 한다. 어떤 경로를 선택해야 가장 짧은 거리로 갔다 올 수 있을까? 이것도 컴퓨터 분야에서 널리 분석된 문제로서 외판원 문제(TSP: Traveling Salesman Problem)라고 한다. TSP 문제도 수십 년에 걸쳐서 철저히 분석된 문제로서 정확한 알고리즘은 계산적으로는 무척 어렵지만 많은 근사적인 알고리즘들이 알려져 있다.

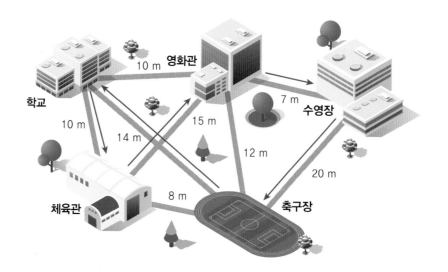

## 컴퓨팅 사고의 예 #4

아이들이 레고 블록을 가지고 논 후에 정리 안했다고 하자. 어떻게 레고 블록을 정리하는 것이 찾기 쉬울까? 컴퓨터 분야에서는 해싱(hashing)이라는 방법이 있다. 어떤 특징을 잡아서 특징이 유사한 자료들을 동일한 위치에 저장하는 방법이다. 따라서 레고 블록의 크기나 색상을 기준으로 상자를 만들어서 정리하면 된다.

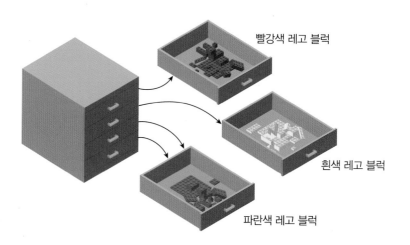

## 컴퓨팅 사고의 예 #5

자넷 윙의 예를 하나 더 들어보자. 컴퓨터에서는 파이프라인(pipeline)이라는 개념을 사용한다. 컴퓨터에서, 파이프라인이란 연속적인 연산 단계들을 약간 겹치게 하는 것을 의미한다. 우리가 세탁을 할 때는 세탁기와 건조기, 다리미를 순차적으로 사용해야 한다. 하지만 이들 장치를 겹쳐서 사용하게 되면 세탁 시간을 단축할 수 있다.

## 컴퓨터에서의 파이프라이닝

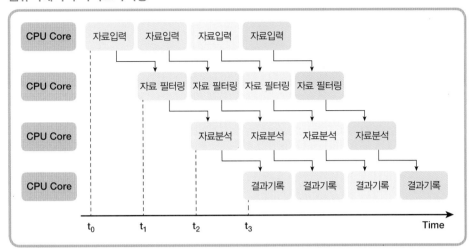

## 세탁문제에서의 파이프라이닝

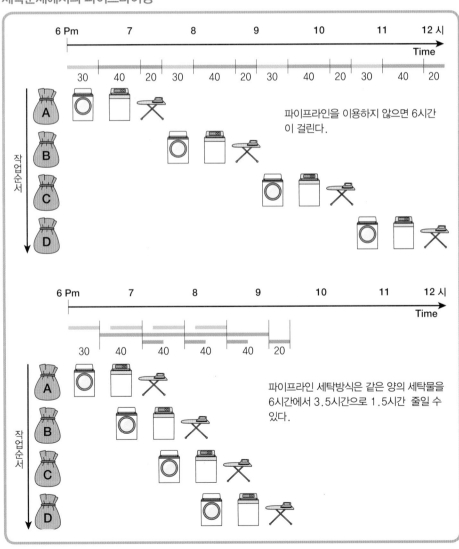

파이프라인을 이용하지 않으면 6시간이 걸린다.

파이프라인 세탁방식은 같은 양의 세탁물을 6시간에서 3.5시간으로 1.5시간 줄일 수 있다.

### 컴퓨팅 사고의 예 #6

예를 들어서 우리가 영화를 만든다고 하자. 우리는 영화를 제작하기 전에 영화의 스토리를 만들어야 하고 어떤 장면들을 제작할 것인지에 대하여 계획을 세워야 할 것이다. 이것을 영화에서는 보통 스토리보드(storyboard)를 만든다고 한다. 영화에서는 스토리 보드를 만드는 작업이 바로 컴퓨팅 사고에 해당한다.

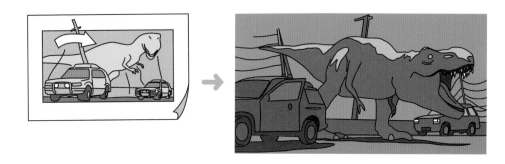

### 컴퓨팅 사고의 예 #7

여러분이 과거에 가보지 않았던 장소에서 친구를 만난다고 하자. 여러분은 분명히 집을 나가기에 앞서서 계획을 세울 것이다. 여러분은 여러 경로를 고려하여서 어떤 길이 최선인지를 생각할 것이다. 최선이라고 하는 것은 가장 빠른 길일수도 있고 가장 짧은 길일수도 있다. 계획이 만들어지면 계획에 따라서 목적지를 가기 위한 단계적인 절차를 따르면 된다. 지도에서 가장 짧은 경로는 찾는 문제는 컴퓨터 분야에서 철저하게 분석되어 있다(최단 경로 알고리즘). 따라서 이것을 응용하여서 경로를 찾으면 될 것이다.

### 컴퓨팅 사고의 예 #8

복잡한 문제를 우리가 쉽게 이해할 수 있는 문제로 변환시킬 수 있다는 것은 유용한 기술이다. 컴퓨터 분야에서는 복잡한 문제가 있으면 작은 문제들로 분할하라고 가르친다. 예를 들어서 친구들과 해외여행을 간다고 하자.

만약 친구들의 취향이 모두 달라서 해외여행의 목적지를 정하는 것이 복잡하다면 여러분은 다음과 같은 사항을 결정하여야 한다.

- 어디를 갈 수 있는가?

- 얼마나 시간이 있는가?

- 여행 예산은 얼마이고 각 여행 목적지의 비용은?

- 예전에 성공적이었던 여행은 무엇인가?

우리는 복잡한 문제를 분해하여 작은 문제들의 집합으로 만들었다. 이들 문제를 해결한 후에 친구들을 만족시키기 위해 해외 여행의 목적지를 보다 쉽게 결정할 수 있다. 또한 문제에 대한 최선의 해결책을 도출하기 위해 컴퓨터를 사용할 수도 있다. 만약 나중에 똑같은 문제가 다시 발생하는 경우에는 이번 분석이 도움이 될 것이다.

## 컴퓨팅 사고의 예 #9

비디오 게임을 할 때도 컴퓨팅 사고가 필요할 수 있다. 비디오 게임을 해결해야 하는 복잡한 문제로 생각한다면 다음과 같은 부분 문제로 분해해서 생각하는 것이다.

- 어떤 아이템을 수집해야 하는가? 얼마나 수집해야 하는가? 얼마동안 수집해야 하는가?

- 출구가 어디며 가능한 가장 빠른 시간에 갈 수 있는 출구까지의 최적의 경로는 무엇인가?

- 어떤 종류의 적들이 있고 적들의 약점은 무엇인가?

이러한 부분 문제의 해결책을 모아서 우리는 비디오 게임을 위한 전략을 만들 수 있다.

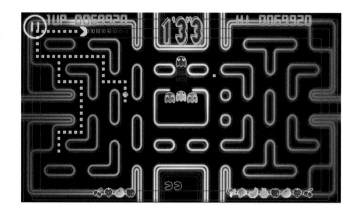

## 정리

앞의 예제들은 모두 복잡한 문제를 해결하기 위해 컴퓨팅 사고가 사용된 예이다

- 복잡한 문제는 여러 개의 작은 의사 결정과 단계로 분해되었다(즉 어디로 갈 것인지, 어떻게 게임을 완료할 것인지- 이것이 분해이다).
- 오직 관련 있는 세부 사항에 집중되었다(예를 들면 게임에서의 출구의 위치 - 이것이 추상화이다).
- 이전에 수행하였던 유사한 문제의 지식이 사용되었다(이것이 패턴 인식이다).
- 행동의 단계적인 계획을 세웠다(이것이 알고리즘이다).

# 가우스의 덧셈법

컴퓨터 사고의 첫 번째 예제는 수학자 가우스가 어렸을 때 풀었던 문제이다. 가우스의 담임 선생님은 다음과 같은 문제를 학생들에게 내주었다고 한다.

"1부터 100까지의 정수를 더하면?"

선생님은 어린이들이 이 문제를 해결하는데 상당한 시간이 걸리리라 생각하고 느긋하게 쉬고 계셨지만 가우스는 순식간에 손을 들고 5050이라고 말했다.

가우스는 어떻게 이렇게 복잡한 문제를 풀었을까? 컴퓨팅 사고의 측면에서 분석해보자. 먼저 가우스는 복잡한 문제를 한 번에 풀려고 하지 않았다. 이 문제를 다음과 같이 분해하였다.

$$1 + 2 + 3 + 4 + \ldots + 97 + 98 + 99 + 100$$

(각각 101)

$$(1 + 100) + (2 + 99) + (3 + 98) + \ldots$$

가우스는 문제를 "분해"한 후에 다음과 같은 동일한 "패턴"을 찾을 수 있었다.

$$101 \ + \ 101 \ + \ 101 \ + \ ...$$

이렇게 짝지은 수는 50개가 되므로 결국 101에 50을 곱하면 5050이 된다. 결론적으로 가우스는 문제를 "절차적"(알고리즘)으로 해결한 것이 된다.

$$101 \times 50 = 5050$$

# 웹 사이트의 비밀번호 기억하기

우리의 일상 생활 중에서 상당히 번거로운 문제 중의 하나가 웹 사이트의 비밀번호를 기억하는 일이다. 모든 웹 사이트에 동일한 비밀 번호를 사용하면 기억하기는 좋겠지만 비밀 번호가 유출되면 모든 웹사이트가 해킹될 가능성이 있다. 웹 사이트마다 다른 비밀번호를 사용하는 것이 좋지만 많은 비밀번호를 사용하다 보니 최근에는 패스워드를 잘 기억하지 못해 혼란을 겪는 '패스워드 증후군'까지 겪게 된다. 어떻게 수많은 사이트의 비밀번호를 기억하고 관리할 것인가?

컴퓨팅 사고의 개념 중에서 "알고리즘적인 사고"를 적용해보자. 비밀 번호에 웹사이트 고유의 특성을 포함시키고 자신만의 비밀 번호 작성 알고리즘을 사용하는 것이다.

**Step 1**: 사이트 도메인의 일부를 비밀번호의 앞이나 뒤에 포함시킨다. 예를 들어서 네이버(naver) 사이트라면 na와 er를 비밀번호의 앞부분과 뒷부분으로 사용한다.

```
na....er
```

**Step 2**: 비밀 번호 중간은 자신만이 알고 있는 문자열이나 번호로 한다. 예를 들어서 1234 번호를 중간에 끼워넣는다.

```
na1234er
```

**Step 3:** 비밀 번호에는 보통 기호를 추가하도록 되어 있다. 기호는 사이트 도메인의 글자수를 센다. 예를 들어서 naver의 글자수는 5이다. 키보드에서 "5"위에 씌여진 특수문자는 %이다. %를 비밀 번호에 추가한다.

```
na1234er%
```

여러분이 기억할 것은 위의 알고리즘뿐이다. 사이트별로 비밀 번호를 기억하지 않아도 된다. 컴퓨터 프로그래밍에 사용되는 알고리즘을 일상생활의 문제를 해결하는데도 사용할 수 있다.

# 03

# 왜 우리는 컴퓨팅 사고를 배워야 하는가?

현대 사회를 정보 사회라고 한다. 정보 사회에서는 거의 모든 사람들이 경제활동, 의사소통과 같은 일상적인 문제나 업무처리와 같은 복잡한 문제 해결에 이르기까지 컴퓨터와 인터넷을 사용하고 있다. 정보 사회에서 경쟁력 있게 살아가려면 컴퓨터를 이용하여 이들 문제들을 잘 해결해야 한다. 컴퓨터를 활용하여 문제 해결을 하려면 컴퓨터에 대하여 어느 정도 알아야 하고 컴퓨터 과학자처럼 생각하여 문제를 해결할 수 있어야 한다. 이것이 우리가 컴퓨팅 사고를 배워야 하는 이유이다.

컴퓨터가 없었으면 많은 발견들이 가능하지 않았을 것이다. 현재 컴퓨터는 모든 학문 분야에서 창조적 파괴를 일으키고 있으며 이러한 추세는 앞으로 가속화될 것이다. 예전부터 과학계에서도 첨단 분야 발전을 위해서는 컴퓨터에 대한 지식이 필요하다는 것을 절감하게 되었다. 생물학에서도 "계산 생물학(computational biology)" 분야가 나타났다. 계산 생물학에서는 컴퓨터만을 이용하여 생물학 또는 생명과학 현상을 연구하는 분야이다. DNA는 컴퓨팅의 힘으로 해독되었다. 생명과학과 컴퓨터의 융합으로 생명과학분야에서 놀라운 성과가 창출된 것이다. 물리학에서도 "계산 물리학" 분야가 출현하게 되었다. 계산 물리학(computational physics)에서는 컴퓨터의 능력을 이용하여 물리적 현상이나 원리를 이해하고자 한다. 수치해석과 모의실험이 이 분야의 대표적인 도구이다. 이 외에도 컴퓨팅과 융합되는 분야는 점점 다양해지고 있으며, 미국이나 유럽의 명문대학에서는 Computational Medicine, Computational Law, Computational History 등과 같은 다양한 융합 전공 과정이 만들어지고 있다.

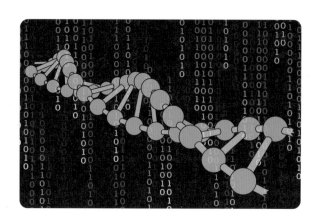

컴퓨팅 사고는 인문사회계에서도 유용하다. 건축학에서도 컴퓨터를 이용하여 아직 완공되지 않은 건물을 둘러볼 수 있으며, 음악가들은 컴퓨터를 이용하여서 작곡을 하고 있다. 영화계에서도 컴퓨터를 이용하여 가상적인 화면들을 만들어낸다. 물론 컴퓨팅 사고를 배우지 않아도 컴퓨터를 이용할 수 있지만 자신이 사용하는 도구에 대하여 많이 알면 알수록 최상의 결과를 얻을 수 있을 것이다. 그림을 그릴 때도 우리는 인공지능 컴퓨터의 도움을 받을 수 있다. 최근에 발표된 구글의 오토드로우(autodraw) 프로그램은 인간의 스케치를 보고 가장 유사한 클립아트를 추천해준다.

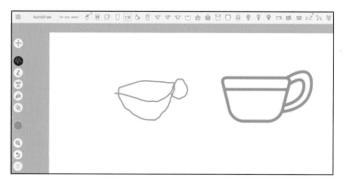

**그림 1.6** 구글의 오토드로우 프로그램.

최근에 이세돌을 이긴 알파고나 유튜브에서 동영상을 인식하는 인공지능 프로그램을 보면 컴퓨터는 상당히 똑똑한 것처럼 보인다. 하지만 사실 알고 보면 컴퓨터는 상당히 우직한 기계이다. 컴퓨터는 0과 1로 이루어진 비트만을 처리하며 맹목적으로 프로그램의 명령어를 따르고 있다. 그러나 컴퓨터는 명령어만 있으면 어떤 작업이라도 수행 할 수 있는 보편적인 기계이다. 컴퓨터가 어떻게 프로그래밍 되어서 작업을 수행하는 지를 우리가 자세히 안다면 우리는 더욱 효율적으로 우리의 문제를 해결할 수 있다.

# Summary

- 컴퓨팅 사고는 문제를 분석하고 문제를 분해하여서 문제에 대한 해결책을 찾는 것이다. 컴퓨팅 사고의 결과물은 알고리즘이며 이것은 컴퓨터를 이용하여 실행 될 수 있다.

- 컴퓨팅 사고의 개념에는 분해, 추상화, 패턴 인식, 알고리즘이 있다.

 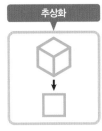  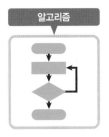

- 분해(decomposition)은 복잡한 문제를 해결하기 쉬운 작은 문제로 분해하는 것이다.

- 추상화(abstraction)는 중요하지 않은 세부 사항을 무시하는 것이다.

- 패턴인식(pattern recognition)은 작은 문제들 사이의 유사성을 찾는 것이다.

- 알고리즘(algorithm)은 작은 문제들을 해결하는 절차를 만드는 과정이다.

COMPUTATIONAL THINKING

CHAPTER

# 02

# 컴퓨터 기초

이번 장에서는 다음과 같은 내용을 학습합니다.

▶ 컴퓨터의 역사에 대하여 살펴본다.
▶ 컴퓨터의 동작원리에 대하여 살펴본다.
▶ 비트에 대하여 살펴본다.

컴퓨터는 0과 1 만으로 모든 일을 한다면서요?

컴퓨터에서 모든 것은 최종적으로 0과 1로 표현됩니다.

COMPUTATIONAL THINKING

# 컴퓨터와 컴퓨팅 사고

1장에서 우리는 컴퓨팅 사고가 무엇인지 간단히 살펴보았다. 문제를 해결하기 위한 컴퓨팅 사고는 컴퓨터 없이도 할 수 있지만 컴퓨터가 있으면 해결책을 보다 효율적으로 빠르게 실행하는 것이 가능하다. 예를 들어서 1장에서 Lab으로 살펴본 "가우스의 덧셈"을 다시 생각해보자. 가우스의 덧셈은 암산으로도 할 수 있지만 컴퓨터로 계산하면 훨씬 쉽고 빠르게 계산할 수 있다.

현대 정보 사회에서는 컴퓨터를 사용하지 않는다면 많은 어려움을 겪게 된다. 예를 들어서 컴퓨터를 이용한 인터넷 뱅킹을 하지 않는다면 은행을 방문하여야 한다. 인터넷 쇼핑을 하지 않는다면 시장이나 마트를 직접 방문하여야 한다. 자동차나 가전제품은 내장된 컴퓨터에 의존하고 있다. 작가나 기자, 음악가, 미술가들도 컴퓨터를 이용하여 작업을 한다.

컴퓨터는 하드웨어와 소프트웨어로 이루어진다. 컴퓨터 하드웨어(hardware)는 컴퓨터를 구성하고 있는 물리적 장치이다. CPU, 메인보드, 키보드 모니터, 하드 디스크 드라이브 등이 전형적인 하드웨어이다. 컴퓨터 소프트웨어(software)는 컴퓨터 프로그램을 일컫는 용어이다. 만약 컴퓨터에 단지 하드웨어만 있다면 어떤 기능을 할 수 있을 것인가? 가장 빠른 CPU가 장착된 최신의 컴퓨터라고 하더라도 하드웨어만 있다면 아무런 소용이 없다. 소프트웨어가 없다면 컴퓨터는 그저 약간의 열과 소음을 발생하는 쓸모없는 기계에 불과하다.

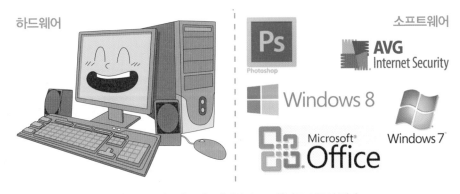

**그림 2.1** 컴퓨터는 하드웨어와 소프트웨어로 이루어 진다.

프로그램 안에는 무엇이 들어 있을까? 프로그램 안에는 명령어(instruction)들이 들어 있다. 컴퓨터는 이 명령어들을 하나씩 읽어서 수행한다. 특정한 작업을 수행하는 명령어들의 집합이 프로그램(program)이다. 프로그램이란 우리가 하고자 하는 작업을 명령어 형태로 저장해 놓은 것이다. 컴퓨터는 항상 명령어를 따르게 되어 있는데 이것이 컴퓨터를 범용적인 다재다능한 기계로 만들었으며 바로 이것이 컴퓨터와 다른 기계를 구별하는 주요한 특징이 된다.

**그림 2.2** 프로그램은 명령어들이 들어있는 작업지시서이다.

앞에서 컴퓨터가 우리의 생활을 완전히 바꾸었다고 이야기했는데, 컴퓨터는 도대체 어떤 장점을 가지고 있는 것일까? 컴퓨터의 가장 큰 장점은 컴퓨터가 범용적인 기계라는 점이다. 토스터와 같은 가전제품은 미리 정해진 한 가지 작업밖에 못하는 반면, 컴퓨터는 프로그램만 바꾸어주면 다양한 작업을 할 수 있다. 예를 들어 우리는 컴퓨터상에서 '한글' 프로그램을 수행시켜서 문서를 편집하기도 하고 '윈도우 미디어 플레이어'라는 프로그램을 수행시켜서 영화를 보기도 한다. 동일한 컴퓨터 하드웨어 상에서 프로그램을 바꾸어가면서 다양한 작업을 할 수 있는 것은 컴퓨터가 가진 강력한 장점이다.

**그림 2.3** 프로그램만 바꾸어주면 컴퓨터는 다양한 작업을 할 수 있다.

컴퓨터는 무조건 명령어를 따라서 실행하기 때문에 누군가 프로그램을 만들어내기만 하면 이 세상에 존재하지 않았던 작업도 시킬 수 있는 것이다. 어떤 특정한 작업을 수행하는 프로그램을 특별히 애플리케이션(application)이라고 한다. 줄여서 앱(app)이다. 여러분이 스마트폰이 설치하는 프로그램을 앱이라고 하는 이유도 어떤 특정한 작업을 수행하는 프로그램이기 때문이다.

전문적으로 프로그램을 작성하는 사람을 프로그래머(programmer)라고 한다. 프로그램은 주문자의 요구사항을 만족하게끔 작성되고 이것은 어떤 문제를 해결하는 것이다. 즉 프로그램을 작성한다는 것은 어떤 문제를 해결하는 절차를 만드는 것이다. 따라서 프로그래머도 일종의 문제 해결사라고 부를 수 있다. 예를 들어서 여러 사람들이 열차표를 스마트폰으로 구입하게 해달라고 철도청에 요구하였다고 가정하자. 철도청 입장에서는 해결해야 하는 문제가 발생한 것이고 이 문제를 해결하기 위하여 프로그래머를 고용하여서 "코레일톡"과 같은 앱을 개발하도록 한 것이다.

컴퓨팅 사고가 어떤 문제에 대한 해결책을 작성하는 과정이고 컴퓨터를 이용하여 자동화시킬 수 있다면 컴퓨터에 대하여 자세히 알 필요가 있다. 이 장에서 배우는 개념들은 여러분이 자신의 분야에서 어떤 문제를 해결하는데 컴퓨터를 효과적으로 사용할 수 있도록 해줄 것이다. 자신이 사용하는 도구에 대하여 잘 알아야 최상의 결과를 얻을 수 있다. 지금부터 컴퓨터에 대하여 하나씩 배워보자.

# 02

# 고대의 컴퓨터

컴퓨터 하드웨어는 근본적으로 계산을 수행하는 장치이기 때문에 컴퓨터의 역사는 고대의 기계적인 계산 장치인 주판, 계산자, 계산판 등으로부터 시작한다.

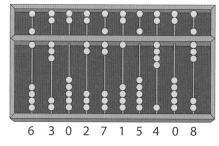

6 3 0 2 7 1 5 4 0 8

**그림 2.4** 중국식 주판

주판은 예전부터 연산 작업에 사용되었다. 로마 주판(Roman abacus)은 기원전 2400년에 바빌로니아에서 사용된 장치로부터 개발되었다고 한다. 고대 그리스에서 설계된 Antikythera 장치는 세계에서 가장 오래된 기계적인 아날로그 컴퓨터로 여겨지고 있다. 이 장치는 천문학적인 위치를 계산하도록 설계되었다. 이 장치는 1901년 그리스 섬인 Antikythera에서 발견되었으며 기원전 100년경에 제작된 것으로 보인다. Antikythera 장치에 필적하는 복잡성을 가지는 장치는 1000년이 지나야만 나타난다.

**그림 2.5** 고대 그리스에서 설계된 Antikythera 장치와 2007년에 재구성한 장치.

고대의 이러한 기계들은 계산만을 하는 기계였고 전혀 프로그램할 수 없었다. 따라서 단순히 특정 계산을 위한 특수한 기계에 지나지 않았다. 즉 이들 장치들은 프로그램될 수 없기 때문에 컴퓨터의 현대적인 정의인 "명령어들의 리스트에 따라 데이터를 처리하는 기계"를 만족시키지 못한다.

# 03

## 소프트웨어의 등장

1801년 조셉 마리 자카드(Joseph Marie Jacquard)는 직물 직조기를 개량하여 펀치된 종이 카드를 이용하여 복잡한 패턴의 옷감을 자동으로 제조하도록 하였다. 자카드의 직조기는 컴퓨터로 간주되지 않지만 이것은 중요한 발전이었는데 그 이유는 직조된 패턴을 정의하는데 펀치 카드를 사용한 것이 초기 형태의 프로그래밍이라고 생각할 수 있기 때문이다. 자카드의 펀치카드에는 구멍이 뚫려있었는데 이 카드에 뚫려있는 구멍의 위치와 개수를 바꿈으로서 서로 다른 패턴의 옷감을 짤 수 있었다.

**그림 2.6** 자카드의 직조기는 최초로 프로그램이 가능한 기계였다.

📱 **Note**

**천공카드(Punch Card)**

베틀에서 옷감이 직조되는 과정을 자동화하기 위하여 프랑스의 자카드(Joseph Marie Jacquard)에 의하여 개발된 아이디어로 종이 카드에 구멍을 뚫어 빛의 통과 여부에 따라 고속으로 자료를 입력하고 분류하는 장치이다. 1890년에 홀러리스(Herman Hollerith)가 미국 통계국의 자료입력을 이용하여 사용하였다. 홀러리스가 설립한 회사가 후일 IBM이 되었다. 그림은 자카드의 펀치 카드이다.

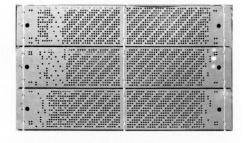

프로그래밍이 가능한 최초의 기계는 "컴퓨터의 아버지"로 불리는 챨스 배비지가 만든 "해석 기관(Analytical Engine)"이다. 배비지는 범용적인 계산 기계를 만들기 위하여 해석 기관을 설계하였다. 해석 기관은 모든 종류의 계산을 하나의 기계에서 할 수 있도록 설계된 최초의 범용 컴퓨터였다. 또한 이전의 기계들과 결정적으로 달랐던 점은 해석 기관은 프로그램이 가능했던 점이다.

**그림 2.7**　최초로 프로그래밍이 가능한 기계를 설계하였던 챨스 배비지와 그의 미분기관

배비지의 해석 기관은 수천 개의 기어, 바퀴, 축, 레버 등으로 설계되었으며 증기로 작동하는 것으로 되어 있었다. 해석 기관에는 현대 디지털 컴퓨터의 기초적인 하드웨어와 소프트웨어의 원리가 구현돼 있었다. 해석 기관은 현대 컴퓨터의 네 가지의 핵심적인 컴포넌트를 모두 가지고 있었다.

- 중앙처리장치(계산을 담당, mill이라고 불리움)
- 메모리(중간단계에서 임시적으로 숫자가 저장, store라고 불리움)
- 출력장치(출력 숫자를 나타내는 다이얼)
- 입력장치(천공카드)

해석 기관의 입력 장치는 천공 카드 시스템이었다. 천공 카드를 이용하여 계산에 필요한 숫자들도 입력되었고 더 중요했던 것은 수행할 연산도 지정할 수 있었다는 점이다. 천공 카드를 적절하게 사용하여 계산 장치는 중간 결과를 메모리에 저장할 수 있었고 다음 프로시저가 사용하도록 저장된 숫자를 반환할 수 있었다. 사실 해석 기관의 천공 카드 입력 장치는 제어와 결정을 하는 장치였다. 이러한 입력 장치를 사용하여 해석 기관은 매번 서로 다른 계산을 할 수 있었다. 그러나 애석하게도 해석 기관은, 개념과 원리만 완성됐을 뿐, 실제로 만들어지지 못했다. 장치의 복잡성 때문에 그 시대의 기술로서는 해석 기관을 실제로 만들 수 없었다.

**그림 2.8** 최초의 프로그래머였던 에이다 러브레이스.

해석 기관을 위한 프로그램을 최초로 만든 사람은 여자로서 에이다 러브레이스(Ada Lovelace)였다. 에이다는 대문호 바이런의 친딸로서 배비지의 해석 기관에 매료되어 해석 기관을 위한 프로그램을 개발하였다. 에이다는 현대적인 컴퓨터가 나오기 100년 전에 이미 서브루틴(subroutine), 루프(loop), 점프(jump) 등의 핵심적인 컴퓨터 프로그래밍 기본 원리를 고안하였다. 서브루틴은 같은 공식을 여러 번 사용하기 위해서 고안하였고 루프는 같은 계산을 반복하기 위하여, 또 중간의 필요 없는 과정을 뛰어 넘기 위하여 점프를 고안하였다. 여기에 추가로 어떤 조건이 일치할 경우, 다음 공식으로 넘어가는 if 구문을 생각해 냈다. 이러한 것들은 배비지의 해석기관이 단순히 계산만 하는 기계가 아니라 주어진 조건에 따라 결정을 내리고 논리를 수행할 수 있다는 것을 의미하였다. 미국 국방성에서는 에이다 러브레이스를 기념하기 위하여 자신들의 언어를 에이다(ADA)라고 이름지었다. 세계 최초의 프로그래머는 여자였던 것이다.

# 아날로그 컴퓨터

독자들 중에는 아날로그 컴퓨터가 어떻게 생겼는지 궁금한 사람들도 있을 것이다. 가장 간단한 아날로그 컴퓨터는 아마 계산자(slide rule)일 것이다. 계산자는 주로 곱셈과 나눗셈, 지수, 루트, 대수 및 삼각 함수와 같은 함수에 사용되지만 일반적으로 더하기 또는 빼기에 사용되지는 않는다.

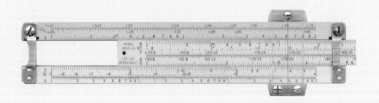

예를 들어서 계산자를 이용하여 곱셈을 계산하려면 다음과 같이 한다. 로그는 곱셈과 나눗셈의 연산을 규칙에 따라 덧셈과 뺄셈으로 변환한다.

$$\log(xy) = \log(x) + \log(y)$$
$$\log(x/y) = \log(x) - \log(y)$$

따라서 $2 \times 3$를 계산하려면 다음과 같이 계산자를 이동시킨다.

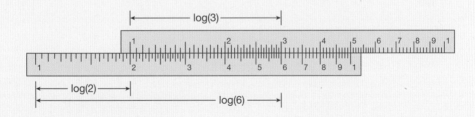

나눗셈은 어떻게 하였을까?

x/y의 계산은 다음과 같은 로그 수식을 이용한다.

$$\log(x/y) = \log(x) - \log(y)$$

아래 그림은 5.5/2의 계산법을 보여준다. 상단 눈금의 2는 하단 눈금의 5.5 위에 놓으면 상단 눈금의 1은 몫 (2.75) 위에 있게 된다.

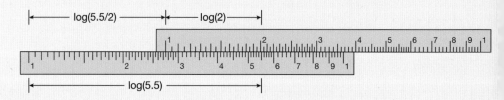

COMPUTATIONAL
THINKING

# 04

# 현대적인 컴퓨터

우리가 앞에서 살펴본 장치들은 기계적인 컴퓨터라 할 수 있다. 현대적인 컴퓨터가 갖추어야 할 조건은 다음과 같다.

- 기계를 사용하는 것이 아니라 전자장치를 사용해서 계산한다.
- 아날로그가 아닌 디지털 방식이어야 한다.
- 내장 프로그래밍 방식을 사용하여야 한다.

## 전자 장치 이용

예를 들어서 배비지의 해석기관은 기어, 바퀴, 축, 레버와 같은 기계적인 장치를 이용해서 계산을 하였다. 해석기관에서 사용되었던 펀치카드는 1890년의 미국의 인구 센서스에서 사용된다. 펀치 카드를 이용하여 대규모 자동화 장치를 제작하여 데이터를 처리하였다. 이때 계산 장치를 만든 사람이 허먼 홀러리스로 뒤에 IBM을 설립하였다. 19세기말까지 실용적인 컴퓨터를 구현할 수 있는 많은 요소 기술들이 등장하였다. 즉 펀치 카드, 부울 대수, 진공관, 그리고 텔레타이프 등이 그것이다.

**그림 2.9** ENIAC의 프로그래밍 장면

전자공학의 발전으로 전자 스위치가 불리언 대수(Boolean algebra)의 참/거짓을 나타낼 수 있다는 것을 깨닫게 되었다. 최초의 전자식 컴퓨터는 1943년에 탄도 궤적을 계산할 목적으로 개발된 ENIAC으로 18000개의 진공관과 6000여개의 스위치로 이루어져 있었다. ENIAC은 10진법을 사용해서 계산을 하는 최초의 범용 전자 컴퓨터였다. ENIAC은 산술 연산과 논리 연산을 수행할 수 있었고 변수 개념도 지원하였다.

### 디지탈 방식의 출현

배비지의 해석기관에서는 톱니바퀴를 이용하여 값을 표시하였는데 톱니바퀴는 수많은 각도를 나타낼 수 있어서 수많은 값을 나낼 수 있고 이것을 아날로그라고 한다. 아날로그(analog)란 자연계에서 얻는 시호들로 전압이나 전류와 같이 무한히 많은 값을 가질 수 있는 방법이다. 아날로그 시계를 생각하면 될 것이다. 디지털(digital)은 숫자로 값을 표시한다. 디지털 방식에서는 값의 개수가 제한되고 변환도 연속적이 아니다. 자동차 속노계를 생삭해보자. 아날로그 방식에서는 어넌 속노도 나타낼 수 있다. 디지털 속도계에서는 속도가 56과 같이 숫자로 표시된다. 디지털 속도계에서는 56 km/h와 57 km/h 사이의 속도는 표시할 수 없다.

**그림 2.10** 아날로그 장치와 디지털 장치 비교

얼핏 보면 아날로그가 디지털보다 좋은 것처럼 여겨진다. 아날로그는 필름이나 테이프에 보관한다. 변형이 쉽게 일어나고 저장이나 조작의 편리성이 디지털 신호보다 어렵다. 반면에 디지털 방식은 숫자로 되어 있어서 저장과 가공이 쉬워진다.

### 컴퓨터의 하드웨어 구성

내장 프로그래밍 방식에 대하여 이야기를 하려면 컴퓨터 하드웨어의 구성 요소에 대하여 좀 더 살펴보아야 한다.

### 중앙 처리 장치

중앙 처리 장치는 흔히 CPU라고 불리는 것으로 프로그램에 들어 있는 명령어들을 실행하는 장치이다. 명령어들은 메모리로부터 데이터를 읽거나 쓰고 수학적인 연산을 수행한다. 중앙 처리 장치는 각종 산술 및 논리 연산을 수행하는 산술/논리 장치(ALU: Arithmetic Logic Unit)와 연산들을 제어하는 제어 장치(Control Unit), 연산의 중간 결과를 저장하는 레지스터(Register)등으로 구성되어 있다.

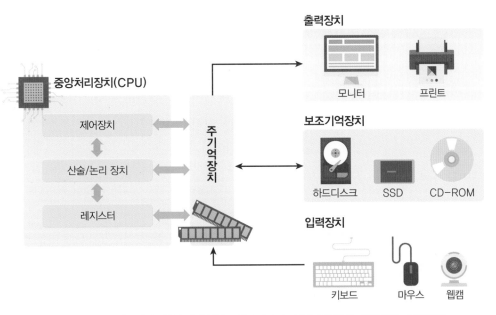

**그림 2.11** 하드웨어: 중앙 처리 장치, 메인 메모리, 보조 기억장치, 입력정치, 출력장치.

## 메인 메모리

흔히 메모리라 불리는 메인 메모리(main memory)는 CPU가 빠르게 접근할 수 있는 저장 공간으로 중앙 처리 장치가 데이터를 처리하는 동안 데이터를 보관한다. 메인 메모리는 임시적인 기억장치로 전원이 꺼지면 모든 데이터는 지워진다. 임시적인 기억 장치이지만 메모리는 컴퓨터의 수행에 있어서 아주 중요하다. 그 이유는 현재 메모리에 있지 않은 프로그램은 CPU가 수행할 수 없기 때문이다. 키보드로 직접 프로그램을 작성하건, 아니면 이전에 이미 작성되어 보조 기억 장치에 저장되어 있는 프로그램이건 간에 프로그램이 수행되려면 먼저 프로그램이 메모리에 적재되어 있어야 한다.

## 보조 기억 장치

보조 기억 장치(secondary storage unit)는 영구적으로 데이터를 보관하는 장치이다. SSD나 하드 디스크, CD-ROM 장치 등이 여기에 해당한다. 보조 기억 장치에서의 논리적인 저장 단위는 파일이다. 현재 실행하지 않는 프로그램이나 데이터는 파일의 형태로 여기에 보관된다. 보조 기억 장치는 접근 속도는 느리지만 비교적 큰 용량을 가진다.

### 입력장치

입력 장치(input unit)는 키보드나 마우스처럼 컴퓨터가 외부로부터 데이터를 입력받는 장치이다. 데이터나 프로그램 모두 입력 장치를 통하여 입력된다. 대표적인 입력 장치는 키보드와 마우스이다.

### 출력장치

출력 장치(output unit)는 컴퓨터가 데이터를 출력하는 장치이다. 컴퓨터가 처리한 정보를 외부에서 사용할 수 있도록 여러 가지 출력 장치를 통하여 내보낸다. 대표적인 출력 장치는 모니터와 프린터이다.

## 내장 프로그래밍 방식

최초의 현대적인 컴퓨터로 간주되는 ENIAC은 단도 궤도 표를 계산하는 특수 목적 컴퓨터였기 때문에 설계된 목적만을 수행할 수 있었고 다른 연산을 수행시키려면 아주 복잡하였다. ENIAC의 프로그램은 스위치에 의하여 기억되었고 프로그램을 변경할 때마다 그 많은 스위치들을 처음부터 다시 연결하여야 했다고 한다. 따라서 공학자들은 다양한 목적을 위해 쉽게 사용될 수 있는 범용 컴퓨터를 설계하는 방법을 연구하였다.

몇몇 ENIAC의 개발자들이 그 결점을 개선하려고 노력하였고 후에 훨씬 유연하고 깔끔한 설계를 할 수 있게 되었다. 이 방식은 내장 프로그램(stored program) 구조 또는 폰 노이만 구조라고 불린다. 이 설계는 공식적으로 처음으로 폰 노이만이 1945년에 발표된 논문에서 기술되었다. 이후 많은 사람들이 이러한 구조를 구현하기 위하여 노력하였고 최초의 실용적인 컴퓨터는 EDSAC이었다.

**그림 2.12** EDVAC

내장 프로그램 방식의 컴퓨터는 전자식 기억 장치에 프로그램 명령어를 저장하는 컴퓨터이다. 폰 노이만 구조는 프로그램 데이터와 명령어 데이터를 같은 메모리에 저장하는 내장 프로그램 방식의 컴퓨터이다. 내장 프로그램 방식은 1936년 튜링 기계의 개념으로 거슬러 올라간다. 폰 노이만은 이미 그의 논문을 알고 있었다고 한다.

Atanasoff-Berry 컴퓨터와 같은 많은 초기 컴퓨터는 다시 프로그래밍 할 수 없었다. 이들 컴퓨터들은 하나의 하드 와이어드(hard-wired) 프로그램을 실행했다. 프로그램 명령어가 없으므로 프로그램 저장이 필요하지 않았다. 프로그램 할 수 있는 컴퓨터는 펀치 테이프에 프로그램을 저장했으며, 펀치 테이프는 필요에 따라 물리적으로 기계에 공급되었다.

내장 프로그램 방식을 최초로 적용한 컴퓨터가 무엇인가하는 것은 논란의 여지가 있다. 어떤 사람들은 1936년 Konrad Zuse는 특허 출원에서 컴퓨터 명령어가 데이터에 사용된 것과 동일한 스토리지에 저장 될 수 있다고 주장하였다. 1948년 1월에 개발된 IBM SSEC이 최초의 내장 프로그램 컴퓨터라고 주장하는 경우도 있다. 최초의 실용적인 컴퓨터는 EDSAC이었다고 한다.

 **Note**

**폰노이만**

폰노이만(von Neumann, John; 1903-1957)은 헝가리 태생의 수학자였다. 그는 부다페스트 대학에서 수학박사학위를 받았으며 미국으로 이주하여 1930년에 프린스턴 대학의 교수가 되었다. 그는 양자역학, 집합 이론, 경제학, 컴퓨터 과학 등의 많은 분야에 기여를 한 세계적인 수학자였다. 그 중에서도 현대적인 디지탈 컴퓨터의 초석을 다진 것으로 유명하다. 즉 프로그램을 데이터와 함께 메모리에 저장하는 개념을 처음으로 제안하였다. 메모리에서 프로그램을 꺼내어 순차적으로 작업을 수행하는 컴퓨터를 흔히 폰노이만 구조의 컴퓨터라고 한다.

거의 모든 현대적인 컴퓨터는 내장 프로그램 형태를 채택하고 있다. 따라서 현대적인 의미에서의 컴퓨터란 바로 이 특징을 이용하여 정의된다. 이 기준에 따르면 그 동안의 컴퓨터로 간주되었던 초기의 장치들은 더 이상 컴퓨터가 아니다. 컴퓨터가 개발된 이후로 컴퓨터에 사용된 기술은 엄청나게 발전하였지만 지금도 폰 노이만 구조는 사용되고 있다. 여기서 컴퓨터의 하드웨어가 소프트웨어를 어떤 순서에 따라서 실행하는지를 살펴보고 지나가자.

- 프로그램과 데이터가 모두 메인 메모리에 저장된다.

- 메인 메모리에 저장된 프로그램에서 이진수로 되어 있는 명령어들을 순차적으로 가져와서 실행한다.

명령어(instruction)는 도대체 무엇일까? 명령어는 CPU가 이해하는 이진 패턴이다. 명령어가 CPU에 주어지면 CPU는 정해진 동작을 실행한다. 대부분의 경우, 컴퓨터 명령어는 단순하다. 즉 숫자에 다른 숫자를 더한다거나 하나의 위치에서 다른 위치로 데이터를 이동한다거나 외부장치로 메시지를 보내는 것들이 대표적이다. 명령어들의 예를 들어보자. 편의상 기계어 대신에 어셈블리어로 표현하였다. 명령어를 이진수로 표현한 것을 기계어라고 한다. 기계어와 어셈블리어는 일대일 대응된다.

| MOV | AX, 0 | ; 데이터를 이동하는 명령어 |
| ADD | AL, 2 | ; 덧셈을 수행하는 명령어 |
| SUB | BX, 5 | ; 뺄셈을 수행하는 명령어 |
| CMP | AX, BX | ; 두개의 피연산자 비교 |

프로그램의 수행은 책을 읽는 것과 같다. 책을 읽을 때 보통은 페이지들을 순차적으로 읽는다. 하지만 만약 현재 읽는 내용이 지루하다면 내용을 건너뛰거나 이전에 읽었던 위치로 되돌아 갈수도 있다. 마찬가지로 컴퓨터도 가끔 되돌아가거나 어떤 조건이 만족될 때까지 프로그램의 어떤 부분을 반복할 수도 있다. 이러한 기능이 컴퓨터가 인간의 개입 없이도 작업을 반복적으로 수행하게 만든다.

그러나 컴퓨터는 스스로 문제를 해결하는 방법을 생각해 낼 수 없다. 컴퓨터는 프로그램된 방법으로 문제를 해결할 뿐이다. 컴퓨터는 사실 문제 자체를 이해해서 해결하는 것은 아니다. 컴퓨터는 효율성이나 다른 해결책 등은 전혀 생각하지 않으며 다만 프로그램된 대로 수행될 뿐이다. 알파고도 자신이 바둑을 두고 있다는 것을 모를 것이다.

# 컴퓨터의 명령어 이해하기

터틀 그래픽(turtle graphic)을 이용하여 컴퓨터의 명령어를 이해해보자. 터틀 그래픽은 화면에서 거북이를 이용하여서 그림을 그리는 기능이다. 거북이가 펜을 가지고 있고 우리가 화면에서 거북이를 움직이면 그림이 그려진다.

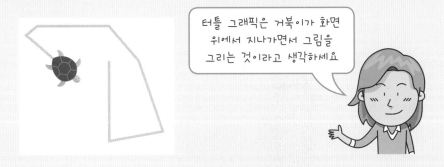

> 터틀 그래픽은 거북이가 화면 위에서 지나가면서 그림을 그리는 것이라고 생각하세요

거북이에게 명령을 내리면 거북이가 움직인다. 예를 들어서 "앞으로 전진(forward xxx)", "왼쪽으로 방향 전환(left xxx)", "오른쪽으로 방향 전환(right xxx)" 등의 명령을 사용할 수 있다.

예를 들어 터틀 그래픽을 이용하여 사각형을 그리려면 어떤 명령어들을 나열해야 할까? 터틀 그래픽에서 사용할 수 있는 명령어는 다음과 같다.

- forward 100 - 100 만큼 전진
- left 90 - 왼쪽으로 90도 회전
- right 90 - 오른쪽으로 90도 회전

# 컴퓨터의 명령어 이해하기

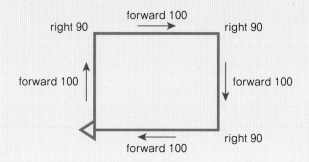

```
forward 100
right 90
forward 100
right 90
forward 100
right 90
forward 100
```

 도전문제

터틀 그래픽으로 삼각형을 그리기 위한 명령어들을 나열해보자. 터틀 그래픽 명령어에서 각도나 거리는 조정이 가능하다. 즉 60도 왼쪽으로 회전하려면 다음과 같은 명령어를 사용한다.

```
left 60
```

비봇(Bee-Bot)은 서양에서 어린 아이들이 사용하도록 설계된 로봇이다. 이 다채롭고 조작하기 쉬우며 친숙한 작은 로봇은 컴퓨터의 명령어를 가르치는 도구로 사용할 수 있다. 비봇을 목적지로 움직이는 절차를 작성해보자. 비봇에서의 명령어는 4개의 화살표 버튼와 "go" 버튼이다.

예를 들어서 다음과 같은 현재 위치에서 출발하여 꽃에 도달하려면 어떤 버튼들을 어떤 순서로 눌러야 하는가? 유튜브 영상 https://www.youtube.com/watch?v=52ZuenJlFyE을 참조한다.

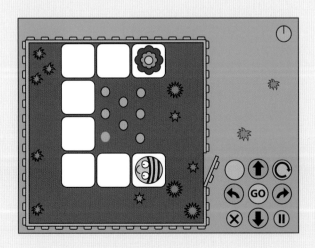

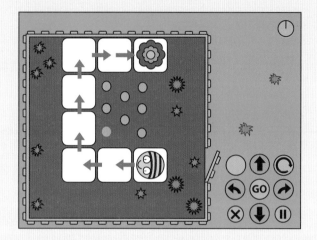

forward  ↑
forward  ↑
right    →
forward  ↑
forward  ↑
forward  ↑
right    →
forward  ↑
forward  ↑
go      GO

# 05

# 컴퓨터에서는 데이터를 어떻게 나타낼까?

컴퓨터가 처리하는 데이터(이미지, 사운드, 텍스트)는 0과 1로 바뀌어서 컴퓨터에 저장되고 처리된다. 우리가 아주 작아져서 컴퓨터 내부에 들어갈 수 있다면 오직 보이는 것은 0과 1뿐일 것이다.

컴퓨터는 언제부터 0과 1을 사용하였을까? 컴퓨터는 계산을 하기 위한 장치였으므로 숫자를 입력받고 숫자를 출력해야 했다. 처음에는 10진수를 사용하였다. 인간이 10진수를 사용하기 때문이다. 첫 번째 전자 컴퓨터로 간주되는 에니악도 처음에는 10진수로 숫자를 표현하였다고 한다. 현재의 컴퓨터는 2진수로 계산을 하지만 에니악은 10진수를 채용했다. ENIAC는 10자리 링 카운터(ring counter)를 사용하여 숫자를 저장했다. 각 자릿수를 저장하는데 36개의 진공관이 필요했다. 에니악은 십진수 10자리의 곱셈을 0.0028초에 처리할 수 있는, 당시에는 획기적인 컴퓨터였다. 결론적으로 10진수를 이용해서도 컴퓨터를 만들 수 있다. 하지만 왜 현대적인 컴퓨터는 2진수를 사용할까? 잠시 생각해보자.

### 10진법과 2진법

여기서 잠깐 수를 나타내는 진법을 복습하고 지나가자. 인간이 숫자를 나타내기 위하여 사용하는 진법은 10진법이다. 즉 다음과 같이 하나의 자리수가 10의 거듭제곱을 나타낸다.

## 10 진법

기본숫자

| 0, 1, 2, 3, 4, 5, 6, 7, 8, 9 |

| $100 \times 3 + 10 \times 2 + 1 \times 7$ |

➡ | 327 |

진법은 주어진 수를 몇 개의 기호를 사용하여서 나타낼 것인가에 관한 법칙이다. 진법은 사용할 수 있는 개수로 결정된다. 10진법은 0~9까지의 숫자를 사용하여 수를 표현하는 방법이다. 2진법은 0, 1만을 가지고 숫자를 표현한다. 8진법은 0~7까지의 숫자를 사용하고, 16진법은 0~9와 알파벳 A, B, C, D, E, F를 추가로 사용한다.

2진법은 0과 1만을 사용하여 모든 수를 나타낸다.

### 2진법

이진법의 전개식

$$0010 = 0 \times 2^3 + 0 \times 2^2 + 1 \times 2^1 + 0 \times 2^0$$
$$= 2$$

2진수에서 모든 값은 0과 1의 조합으로 구성되는데, 이진수의 하나의 자리수를 비트(bit)라고 한다. 비트는 0 또는 1이다.

| 0 | 0 | 1 | 0 | 1 | 0 | 0 | 0 |
|---|---|---|---|---|---|---|---|
| $2^7$ | $2^6$ | $2^5$ | $2^4$ | $2^3$ | $2^2$ | $2^1$ | $2^0$ |

2진수의 각 자리수는 위와 같은 값을 나타낸다. 다음과 같은 수식을 이용하여서 2진수를 10진수로 바꿀 수 있다.

$$0 \times 2^7 + 0 \times 2^6 + 1 \times 2^5 + 0 \times 2^4 + 1 \times 2^3 + 0 \times 2^2 + 0 \times 2^1 + 0 \times 2^0 = 40$$

## 현대적인 컴퓨터가 2진수를 사용하는 이유

이유는 '하드웨어'때문이다. 전자 공학의 관점에서 보면, 10개의 전압레벨보다 2개의 전압레벨을 구별하는 회로를 설계하는 것이 훨씬 쉽다. 전압 0V와 5V를 구별하는 것이 0V와 0.5V를 구별하는 것보다 쉽다. 이것을 비유를 들어서 설명해보자. 두 사람이 공원에 앉아 있다가 폭죽이 터지는 것을 들었다고 하자. 두 사람은 큰 소리가 났다는 것에 동의 할 것이다. 하지만 청각 능력은 사람마다 다르므로 폭죽 소리가 얼마나 강력했는지(1부터 9까지의 숫자로)에 대해서는 일치하지 않을 수 있다. 컴퓨터 시스템의 경우도 마찬가지이다. 컴퓨터 내부의 하드웨어는 전압의 크기를 감지하기보다는 전압이 있는지 없는지를 더 잘 감지 할 수 있다.

- 컴퓨터 시스템에서 만약 10진수를 사용한다면 우리는 0V에서 5V의 범위를 10개의 단계로 나누어서 사용하여야 한다.

| 전압 | 값 |
|------|-----|
| 0.0 | 1 |
| 0.5 | 2 |
| 1.0 | 3 |
| 1.5 | 4 |
| … | … |

- 컴퓨터 시스템에서 만약 2진수를 사용한다면 우리는 다음과 같이 0V와 5V를 이용하여서 0과 1을 표시하면 충분하다. 0V와 5V는 외부에서 웬만큼 잡음이 들어와도 쉽게 구별할 수 있다.

| 전압 | 값 |
|------|-----|
| 0.0 | 0 |
| 5.0 | 1 |

결론을 내려 보자. 컴퓨터 내부에 10진수로 데이터를 저장하려면 하나의 스위치가 10개의 상태를 가지고 있어야 하고 이들 상태를 신뢰성 있게 유지하여야 한다. 이것은 불가능하지는 않지만 상당히 어렵다. 예를 들어서 0V에서 5V 전압 구간을 10

개로 나누어서 0, 1, 2, ..., 9를 표현할 수도 있겠지만 이들 스위치는 잡음에 아주 민감할 것이다.

2진수의 0과 1은 전자 스위치를 이용하여 아주 쉽게 구현할 수 있다. 이들 전자 스위치들은 ON 상태와 OFF 상태를 가진다. 따라서 ON 상태를 이진수의 1로 해석하고 OFF 상태를 0으로 해석하면 하나의 2진수를 여러 개의 스위치로 나타낼 수 있다.

컴퓨터의 전자 스위치는 트랜지스터 회로를 이용하여서 구현된다.

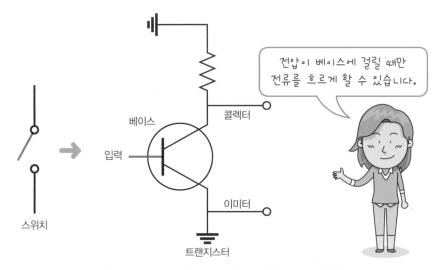

**그림 2.13** 컴퓨터 안에서 스위치는 트랜지스터로 구현된다.

2진수 시스템은 모든 종류의 정보가 컴퓨터에 저장되는 방식에 핵심적인 역할을 한다. 2진수를 이해하면 컴퓨터에서 많은 수수께끼를 풀 수 있다. 왜냐하면 가장 기초적인 수준에서 보면 컴퓨터는 단지 2진수를 나타내는 전자 스위치를 켜거나 끄면서 모든 작업을 하는 기계이기 때문이다.

### 모든 정보는 2진수로 저장된다.

1과 0의 조합을 **2진수**(binary number)라고 한다. 이진수는 컴퓨터 작동 방식의 핵심이다. 2진수를 이해하는 것은 익숙하지 않은 사용자에게 조금 난해할 수 있지만 컴퓨터를 이해하기 위하여 중요한 개념이다. 디지털 기술의 출현 이후, 2진수는 일상생활에 필수적인 요소가 되었다. 우리는 1과 0의 조합을 이용하여 우리들의 소중한 정보를 저장하고 처리한다. 그러므로 이 장에서 우리는 유명한 1과 0들이 다양한 종류의 데이터를 어떻게 표현하고 처리하는지 살펴보자.

컴퓨터 내부의 모든 데이터는 1과 0의 신호로 저장되고 전송되고 처리된다. 따라서 컴퓨터가 텍스트, 이미지 및 소리 등과 같은 다양한 종류의 데이터를 처리 할 수 있으려면 데이터들을 1과 0의 조합으로 변환해야 한다. 데이터가 1과 0의 조합으로 변환되지 않는다면 컴퓨터는 이를 이해하지 못하거나 처리할 수 없다.

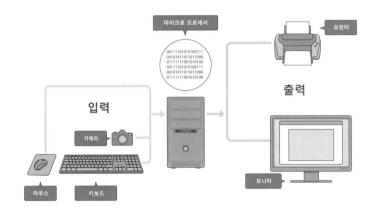

 Note

**10진수와 2진수**

본문에서는 10진수가 2진수에 대하여 항상 불리한 것처럼 설명하였는데 10진수를 사용하면 한가지의 장점이 발생한다. 즉 적은 자리수로도 큰 수를 표현할 수 있다는 것이다. 다음을 비교해보자.

• 10자리의 10진수는 0에서 9999999999까지의 수를 표현할 수 있다.
• 10자리의 2진수는 0에서 1023까지의 수를 표현할 수 있다.

따라서 10진수가 훨씬 효율적인 것처럼 보인다. 하지만 2진수도 비트개수가 많아지면 큰 수를 얼마든지 나타낼 수 있다. 비트는 하드웨어로 만들기가 쉬워서 비트 개수 늘리는 것은 비교적 쉽다.

• 32자리의 2진수는 약 21억까지의 수를 표현할 수 있다.
• 64자리의 2진수는 약 18,446,744,073,709,551,615까지의 수를 표현할 수 있다.
• …

# 06

## 비트에 대하여 좀 더 알아보자

비트(bit)는 "binary digit"의 약자로서 이진수에서 하나의 자리수이다. 비트는 컴퓨터에서 정보를 저장하는 가장 기본적인 단위이다. 비트는 전구로 나타낼 수 있다. 전구가 ON 상태이면 1을 나타낸다. 전구가 OFF 상태이면 0을 나타낸다. 컴퓨터는 이 간단한 비트들을 많이 모아서 복잡한 데이터를 나타낸다. 8비트가 보인 것을 바이트(byte)라고 한다.

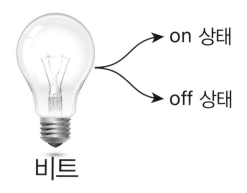

비트는 너무 단순한 시스템이다. 컴퓨터에서는 어떻게 이렇게 단순한 비트를 사용하여 다양하고 복잡한 정보를 저장할 수 있을까? 아무리 단순한 것이라도 많이 모으면 복잡한 정보를 표현할 수 있다. 예를 들어서 우리는 1과 0만을 사용하여 거의 모든 정수를 나타낼 수 있다. 어떻게 나타낼 수 있을까?

1, 2, 3, ...

비트를 전구로 표시하자. 전구(비트)가 3개 있다고 가정한다. 전구의 "ON" 상태를 1로 생각한다. 반대로 전구의 "OFF" 상태를 0으로 생각하자. 전수 3개를 이용하여 만들 수 있는 상태는 모두 8개이다. 각 상태로 정수를 표시하게 하면 0부터 7까지를 나타낼 수 있다.

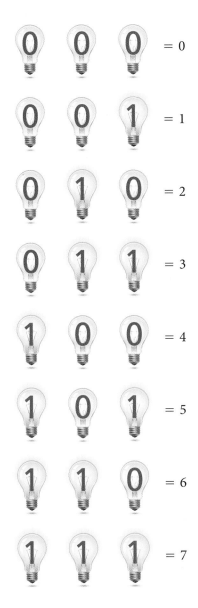

이것은 다음과 같이 생각하는 것이 편하다. 각 전구가 2의 거듭 제곱을 나타낸다고 생각한다. 가장 오른쪽의 전구는 $2^0$을 나타낸다. 다음 전구는 $2^1$을 나타낸다. 가장 왼쪽의 전구는 $2^2$을 나타낸다.

$$1 \times 2^2 + 0 \times 2^1 + 1 \times 2^0 = 5$$

위의 그림에서 보면 비트 수와 표현할 수 있는 값의 개수 사이에 관계가 있음을 알 수 있다. 비트가 4개 있으면 어떤 범위의 정수를 나타낼 수 있을까? 0부터 15까지 나타낼 수 있다. 비트가 32개 있다면 0부터 4294967295까지 나타낼 수 있다. 어떤 규칙을 발견할 수 있는가? 일반적으로 $n$비트로는 $2^n$개의 상태를 나타낼 수 있다. 따라서 $n$비트를 사용하면 0부터 $(2^n - 1)$까지의 정수를 나타낼 수 있다.

$n$비트로 표시 할 수 있는 값의 개수는 $2^n$이다. 따라서 아무리 방대한 정보라고 하더라도 비트의 개수만 늘리면 1과 0을 사용하여 나타낼 수 있다.

## 비트 패턴으로 여러 개의 사물 나타내기

여기서는 이진 표현의 원리에 대하여 생각하여 보자. 하나의 비트는 0 또는 1이 될 수 있다. 따라서 하나의 비트는 2가지의 사물을 나타낼 수 있다. 예를 들어서 색상을 검정색과 흰색으로 분류하려면 하나의 비트만 있어도 된다. 즉 비트가 0이면 검정색이고 비트가 1이면 흰색으로 생각하면 된다. 하지만 색상을 8가지로 분류하려면 한 비트는 충분하지 않다.

여러 개의 사물을 나타내기 위해서는 여러 개의 비트를 필요로 한다. 만약 비트가 2개 있다면 몇 가지의 사물을 나타낼 수 있을까? 2개의 비트는 00, 01, 10, 11과 같이 4개의 조합을 만들 수 있기 때문에, 4개의 사물을 나타낼 수 있다. 예를 들어서 컴퓨터를 desktop, tablet, smartphone, notebook으로 구분하는데 사용할 수 있다. desktop은 00으로, tablet은 01로, smartphone은 10, notebook은 11로 표현할 수 있다.

4개보다 더 많은 사물을 나타내야 한다면 2개의 비트도 부족하다. 3개의 비트는 8개의 사물을 나타낼 수 있다. 왜냐하면 3개의 비트로 0과 1의 조합을 만들어보면 8가지가 나오기 때문이다. 000, 001, 010, ..., 111. 비슷하게 4개의 비트로는 16개의 사물을 표현할 수 있고 4개의 비트로는 32개의 사물을 표현할 수 있다.

일반적으로는 $n$개의 비트가 있다면 $2^n$개의 사물을 표현할 수 있다. 비트가 하나 늘어날 때 마다 표현할 수 있는 사물의 개수는 2배가 된다.

이번에는 반대로 20개의 사물이 있다고 가정하자. 이 사물들을 컴퓨터 안에서 나타내려면 몇 개의 비트가 필요할까? 4비트는 $2^4 = 16$개의 사물만을 나타낼 수 있기 때문에 충분하지 않다. 따라서 적어도 5개의 비트가 필요하다. 5개의 비트는 최대 32개의 사물을 나타낼 수 있다.

# 07

# 10진수 ↔ 2진수 변환

컴퓨터는 2진수를 기반으로 돌아간다. 하지만 인간은 여전히 10진수를 사용하고 있다. 어떻게 하면 좋을까? 인간한테 정수를 출력할 때는 2진수를 10진수로 변환하여 보여주면 된다. 인간으로부터 정수를 받을 때도 10진수로 받아서 2진수로 변환하여 사용하면 되는 것이다. 컴퓨터에게 이 정도는 아무것도 아니다.

## 10진수를 2진수로 변환하는 방법

❶ 주어진 수를 2로 나누어서 몫과 나머지를 기록한다.

❷ 몫이 0이 아니면 ❶의 과정을 되풀이 한다.

❸ 몫이 0이면 마지막 단계의 몫과 나머지들을 역순으로 기록하면 된다.

예를 들어서 25를 이진수로 바꾸면 아래 그림과 같이 11001이 된다.

```
2 | 25
2 | 12     1
2 |  6     0
2 |  3     0
     1     1
```

## 2진수를 10진수로 변환하는 방법

2진수 1001이 있다고 하자. 이것을 10진수로 바꾸면 얼마가 되는가? 이것은 다음과 같은 식을 이용하여 쉽게 계산할 수 있다.

$$1001_2 = 1 \times 2^3 + 0 \times 2^2 + 0 \times 2^1 + 1 \times 2^0$$
$$= 8 + 0 + 0 + 1$$
$$= 9$$

# 이진수 이해하기

2진수란 0과 1을 사용하여 모든 수를 표현한다. 0과 1만을 사용하여 어떻게 모든 수를 표현할 수 있을까? 2진수를 이해하기 위하여 다음과 같이 점이 그려진 카드가 있다고 하자. 왼쪽으로 갈수록 점의 개수는 2배가 된다.

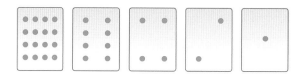

카드는 보이지 않게 엎어질 수도 있다. 카드가 보이지 않으면 0을 나타낸다. 카드의 점이 보이면 1을 나타낸다. 따라서 다음과 같이 카드가 배열되어 있으면 십진수 9를 나타낸다. 보이는 점의 개수의 합이 십진수이다.

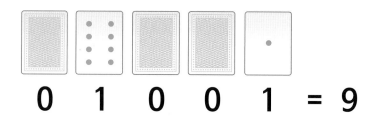

$$0 \quad 1 \quad 0 \quad 0 \quad 1 = 9$$

17을 위의 카드로 나타내보자. 어떤 카드를 사용해야 하고 엎어야할 카드는 어떤 카드인가? 잘 생각해보면 모든 수를 1과 0만을 이용하여 나타낼 수 있다.

# 2진수 게임

2진수는 현대 컴퓨터를 가능하게 한 중요한 기초 개념이다. 10진수를 2진수로 변환하는 연습을 하여 보자. 아래의 표를 메꾸도록 하자. 10진수가 주어지면 해당되는 2진수를 입력한다. 2진수가 주어지면 옆에 10진수를 입력한다.

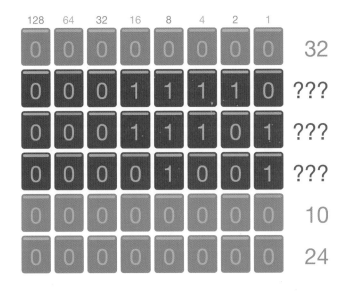

games.penjee.com/binary-numbers-game 사이트에 가면 2진수 게임을 할 수 있다.

# 2진수로 조난 신호 보내기

어떤 사람이 등산을 하다가 조난당했다. 밤이고 멀리 떨어진 곳에서 인가의 등불이 보인다. 현재 스마트폰은 기지국이 없어서 통화가 안 된다. 가지고 있는 것은 플래시 뿐이다. 이 플래시를 깜빡거려서 인가에 구조 신호를 보내려고 한다. 플래시를 깜빡거려서 "HELP"라는 메시지를 보낼 수 있을까? 모르스 부호는 모르고 2진수만 안다고 가정하자.

우리는 앞에서 2진수를 사용하여 정수를 나타낼 수 있다고 배웠다. 2진수는 텍스트를 나타내는 용도로도 사용된다. 다음과 같은 표를 이용하여 알파벳을 2진수로 표현한 후에(이것을 코드라고 한다) 2진수의 비트값에 따라 플래시를 길게 켜거나 짧게 켜면 된다. 즉 0이면 플래시를 1초 동안 켜고 1이면 플래시를 3초 동안 켠다.

| a | b | c | d | e | f | g | h |
|------|------|------|------|------|------|------|------|
| 0000 | 0001 | 0010 | 0011 | 0100 | 0101 | 0110 | 0111 |

| i | j | k | l | m | n | o | p |
|------|------|------|------|------|------|------|------|
| 1000 | 1001 | 1010 | 1011 | 1100 | 1101 | 1110 | 1111 |

HELP → 0111(H) 0100(E) 1011(L) 1111(P)

# Summary

- 컴퓨터는 하드웨어와 소프트웨어로 구성된다.

- 명령어들의 집합이 프로그램이다.

- 컴퓨터는 고대의 계산하는 장치에 프로그래밍 기능을 추가한 것이다.

- 컴퓨터는 중앙처리장치, 메인 메모리, 보조 기억 장치, 입력 장치, 출력 장치로 이루어진다.

- 메인 메모리에 데이터뿐만 아니라 프로그램도 기억시키는 방법을 내장 프로그래밍 방식이라고 한다.

- 컴퓨터는 0과 1로만 이루어진 2진수를 사용한다.

- bit는 이진수에서 하나의 자리수로서 0 아니면 1이다.

- n비트로 표시할 수 있는 값의 개수는 $2^n$이다.

COMPUTATIONAL THINKING

CHAPTER

# 03

# 분해

**이번 장에서는 다음과 같은 내용을 학습합니다.**
▶ 컴퓨팅 사고의 개념 중에서 분해를 살펴본다.
▶ 분할정복 알고리즘을 살펴본다.

너무 복잡한 문제 때문에
고로워요. 어떻게
해야 하죠?

간단한 문제들로
분해해보세요.

COMPUTATIONAL THINKING

# 분해

**분해**(decomposition)는 컴퓨팅 사고의 4가지 기초개념 중 하나이다. 분해는 복잡한 문제를 쪼개서 해결 가능한 크기의 작은 문제들의 집합으로 바꾸는 기술이다. 예전부터 수학에서는 분해기법을 많이 사용해왔다. 이러한 방법은 컴퓨팅 사고에서도 사용된다. 복잡한 문제를 분해를 통하여 더 작은 문제로 바꾸고 이 문제들을 해결하는 것이다.

**그림 3.1** 분해는 복잡한 문제를 해결 가능한 작은 문제들로 나누는 것이다.

분해는 우리가 일상 생활에도 많이 사용하는 기법이다. 예를 들어서 아침식사를 만드는 문제를 생각해보자. 아침식사를 만드는 문제는 "토스트를 만드는 문제"와 "커피를 끓이는 문제"로 분해할 수 있다.

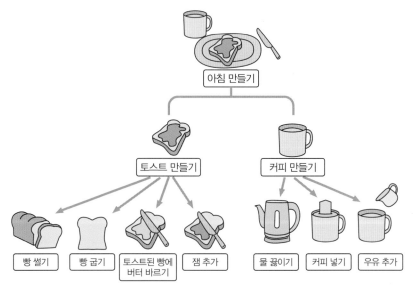

분해는 복잡한 문제를 이해하기 쉬운 작은 문제들로 나누는 것이다. 작은 문제는 규모가 작고 이해하기 쉽기 때문에 쉽게 해결할 수 있다. 복잡한 문제를 한 번에 해결하는 것보다 복잡한 문제를 여러 개의 작은 문제로 분해하고 한 번에 하나씩 해결하는 것이 훨씬 쉽다. 문제를 작은 부분으로 나누면 작은 문제를 자세히 조사 할 수 있기 때문이다.

작은 문제 **+** 작은 문제 **+** 작은 문제 **=** **크고 복잡한 문제**

복잡한 시스템이 어떻게 작동 하는지를 이해하려면 분해를 사용하는 것이 너 쉽다. 예를 들어 자전거가 어떻게 작동하는지 이해하려면 전체 자전거를 작은 부품으로 분리하고 각 부품을 검사하여 각 부품의 작동 방식을 자세하게 파악하는 것이 더 간단하다.

어떻게 주어진 문제를 작은 부분으로 분해할 것인지에 초점을 맞추는 과정을 **분석** (analysis)이라고 한다. 반대로 부분을 모아서 주어진 문제에 대한 해답을 만드는 과정을 **합성**(synthesis)라고 한다. 문제가 더 작은 부분으로 분해될 때, 각 부분문제는 동시에(병렬적으로) 해결될 수도 있다. 작은 문제들을 해결하는데 다중 작업을 사용하는 것을 **병렬처리**라고 한다. 병렬처리는 여러분이 음식을 조리할 때 많이 사용하는 기법이다. 예를 들어서 우리는 야채를 삶으면서 스테이크를 구울 수 있다. 문제에 따라서는 작은 문제들을 병렬적이 아니라 순차적으로 해결해야 하는 경우도 있다.

**그림 3.2** 우리는 요리할때 병렬처리를 이용한다.

예제 **다각형의 면적 계산하기**

수학에서는 오래 전부터 분해 기법을 사용해왔다. 예를 들어서 다음과 같은 다각형의 면적은 어떻게 계산하는 것일까? 이거야 말로 정말 복잡한 문제이다.

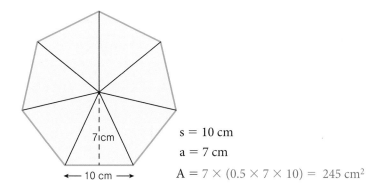

s = 10 cm

a = 7 cm

A = 7 × (0.5 × 7 × 10) = 245 cm²

7 cm

← 10 cm →

**그림 3.3** 다각형의 면적은 삼각형들로 분해하여 계산한다.

다각형의 면적은 기본적으로 다각형을 삼각형으로 잘게 쪼갠 후 각 삼각형의 면적을 구해서 모두 합치면 된다. 물론 볼록다각형이냐 오목다각형이냐에 따라서 면적 계산 알고리즘은 달라진다.

예제 **이솝 이야기**

이솝 동화 중에서 "The Old Man and his Sons"라고 이름 붙여진 동화가 분해의 중요성을 말해주고 있다. 노인에게는 끊임없이 서로 싸우는 아들들이 있었다. 그가 죽음에 가까워지자 그는 그들을 불러서 화합의 필요성을 말해주는 교훈을 준다. 여러 개의 막대기를 묶어서 아들들에게 부러 뜨리라고 말한다. 아들들은 부러뜨릴 수가 없었고 노인은 막대들의 묶음을 풀어서 막대를 하나씩 부러뜨리도록 한다. 아들들은 쉽게 부러뜨릴 수 있었다. 물론 이야기는 아들들이 단결해야 한다는 것이지만 우리는 컴퓨팅 사고에서 분해의 중요성을 설명한 동화로도 볼 수 있다.

**그림 3.4** 작은 문제는 해결하기 쉽다.

**예제** **피자 만들기**

피자를 만드는 문제를 생각해보자. 피자를 만드는 문제는 다음과 같이 5개의 부분 문제로 나눌 수 있다.

문제를 나눈 후에 부분 문제를 개별적으로 해결하여 본 문제를 해결하면 된다.

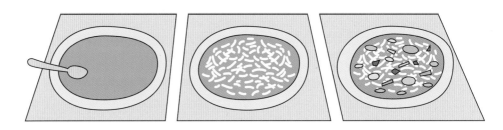

**예제** **컴퓨터 프로그램 작성**

컴퓨터 프로그래머들이 컴퓨터 프로그램을 만들 때도 분해 기법을 사용한다. 사실 분해 기법은 프로그래밍에서 아주 많이 사용된다. 프로그래머들이 프로그램을 작성할 때는 코드를 작은 크기의 덩어리로 분해해서 작성한다. 분해해서 개발하게 되면 개발 기간이 짧아지고, 분해된 코드는 다른 프로그램을 개발할 때 재사용할 수 있기 때문이다. 이것을 하향식 설계(top-down design)이라고 한다.

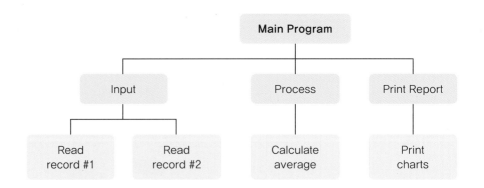

**컴퓨터 게임 개발**

컴퓨터 게임을 개발하는 작업을 분해해보면 아마 다음과 같을 것이다.

**자동차의 작동 이해**

자동차와 같은 복잡한 시스템이 어떻게 작동되는지를 이해하는 한 가지 방법은 자동차를 몇 개의 기능 모듈로 나누어서 각 모듈들이 어떻게 동작하는지를 이해하는 것이다. 예를 들어서 프레임, 동력발생장치(엔진), 동력전달장치, 조향장치, 제동장치, 현가장치 등으로 분해하여 각각을 이해하는 방법이다.

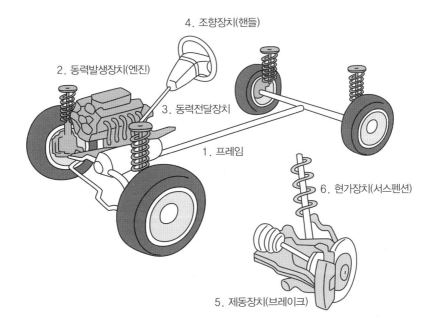

# 범죄해결

여러분이 형사라고 생각하자. 범죄가 저질러졌다. 고려해야 할 것이 많기 때문에 범죄를 해결하는 것은 매우 복잡한 문제가 될 수 있다. 어떻게 해결할 것인가? 이때 는 다음과 같은 작은 문제들로 분해한 후에 하나씩 해결하는 것이 좋다.

- 어떤 범죄가 저질러졌는가?
- 언제 범죄가 저질러졌는가?
- 범죄가 저질러 진 곳은 어디인가?
- 어떤 증거가 있는가?
- 목격자가 있는가?
- 최근에 유사한 범죄가 있었는가?

범죄 해결이라는 복잡한 문제는 개별적으로 자세히 조사할 수 간단한 문제로 나뉘 어졌다.

# 작문 개요 작성하기

작문을 할 때도 분해 기법이 사용된다. 작문을 작성하기 전에 우리는 개요(outline) 부터 작성하게 된다. 만약 개요도 없이 글을 작성하는 것은 마치 설계도 없이 집을 짓는 것과 같다. 집을 중간까지 짓다가 마음에 안 들어서 이미 지은 것까지 포기해야 한다면 얼마나 안타까운 일인가?

개요는 전체 글을 주요 소주제로 분해하여 나열하는 것이다. 각 소주제들은 다시 세부항목으로 나뉠 수 있다. 더 이상 나눌 수 없을 때까지 세부 항목을 나누면 된다. 개요는 대개 다음과 같이 계층적으로 작성하는 것이 보통이다.

# 컴퓨터 조립 비용 계산

우리가 직접 컴퓨터를 조립한다고 하자. 컴퓨터의 조립 비용을 계산해보자. 이 문제를 해결할 때도 분해를 자동적으로 사용하게 된다. 컴퓨터는 메인보드, CPU, 메모리, 하드디스크로 이루어진다고 하자. 다음과 같은 부품을 구입한다고 하자. 총비용을 계산해보자.

| 분류 | 가격 | 수량 | 합계 |
|------|------|------|------|
| CPU | 72000 | 1 | 72,000 |
| 메인보드 | 67000 | 1 | 67,000 |
| 메모리 | 36000 | 4 | 144,000 |
| 하드디스크 | 50000 | 2 | 100,000 |
| | | | 383,000 |

우리가 해결할 문제는 컴퓨터를 조립하는 비용을 계산하는 것이다. 어떻게 이 문제를 해결할 것인가?(물론 간단한 문제이긴 하다) 각 부품들은 다른 가격을 가지고 있고 다른 수량으로 사용되므로 분석을 해보면 다음과 같이 각 재료들의 비용을 계산하고 이들을 모두 더하여 전체 비용을 계산하는 것인 논리적인 방법이다.

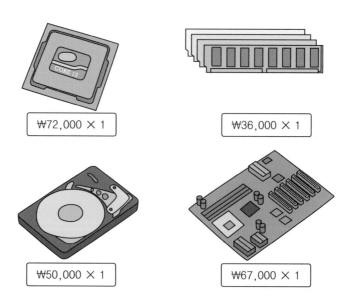

₩72,000 × 1

₩36,000 × 1

₩50,000 × 1

₩67,000 × 1

# 비봇 게임

1장에서 비봇(beebot)이라는 로봇을 소개한 적이 있다. 이 로봇이 꽃을 찾아가는 경로를 찾는 문제에서 분해를 사용할 수 있을까? 알다시피 사용자는 비봇 위의 화살표키를 이용하여 비봇을 움직일 수 있다. 비봇은 한 번에 하나의 명령어만을 실행할 수 있다. 이것도 분해를 사용하면 쉽다. 즉 길이 막힐 때까지 전진한다. 길이 막히면 그때 오른쪽이나 왼쪽, 위쪽, 아래쪽으로 이동한다. 이것을 되풀이하면 목표물을 찾을 수 있다.

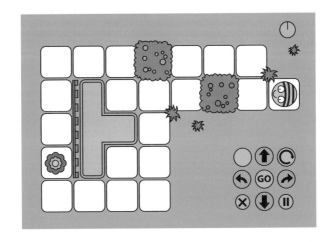

예를 들어서 위의 경로에서 꽃이 있는 위치까지 가려면 다음과 같이 문제를 분해한다.

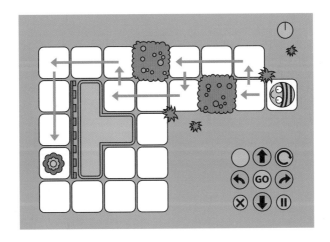

# 이미지 압축 문제

흑백 이미지는 런길이 엔코딩 방법으로 압축될 수 있다. 이미지의 어떤 줄이 4, 2, 4로 표현되면 4개의 흰색 픽셀, 2개의 검정색 픽셀, 4개의 흰색 픽셀이라는 의미이다. 0이 나오면 그 줄이 검정색 픽셀부터 시작한다는 의미이다(http://www.csfieldguide.org.nz/releases/1.9.9/_static/interactives/cc/run-length-encoding/index.html 참고).

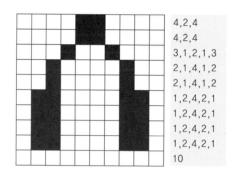

런길이 엔코딩을 할 때 우리는 분해 기법을 사용하고 있는 것이다. 이미지를 각 줄로 나누어서 한 줄씩 숫자로 바꾸고 있기 때문이다. 이미지의 모든 줄에 대하여 숫자가 계산되면 이것들을 모으면 된다. 이것은 합성 기법이다.

런길이 엔코딩으로 압축된 숫자를 받아서 원본 이미지를 복원하는 과정도 분해와 합성을 사용하고 있다. 이미지의 각줄이 다 칠해지면 이들을 모아서 원래 이미지를 복원하는 것이다.

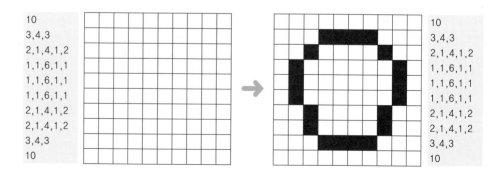

# 스티커 붙이기

다음과 같이 큐브가 모여 있는 형상이 있다. 이 형상 안에 있는 규브의 모든 면에 스티커를 붙이려고 한다. 스티커는 몇 장이 있어야 하는가?

위의 형상을 다음과 같이 분해하면 문제가 쉬워진다.

각 큐브들은 6개의 면을 가지고 있고 여기에 스티커를 하나씩 붙여야 하므로 각 큐브에 스티커를 붙이는데 6개가 필요하다. 큐브는 모두 8개이므로 모두 48개의 스티커가 필요하다.

# 분할 정복 알고리즘

컴퓨터 공학에는 **분할 정복 알고리즘**(Divide and conquer algorithm)이라 불리는 알고리즘이 있다. 이 알고리즘도 분해 기법을 사용한다. 분할 정복 알고리즘은 너무 복잡해서 해결할 수 없는 문제를 작은 문제로 분할한다. 이들 작은 문제를 해결한 후에, 작은 문제의 해답을 모아서 원래의 문제를 해결하는 알고리즘이나. 컴퓨팅 사고에서 이야기하는 분해 기법과 동일하다.

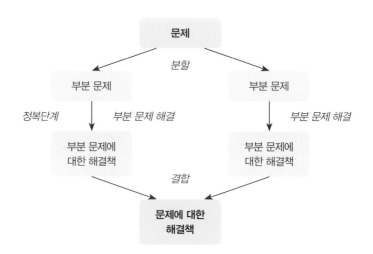

분할 정복 알고리즘의 가장 대표적인 예는 **이진 탐색**(binary search)이다. 숫자들의 리스트가 있다고 가정하자. 숫자들은 크기순으로 정렬되어 있다. 이진 탐색은 리스트에서 하나의 숫자를 찾는 알고리즘이다. 예를 들어서 다음과 같은 숫자들의 리스트에서 30을 찾는다고 가정하자. 어떻게 하면 빠르게 찾을 수 있을까? 리스트 안의 숫자들이 정렬되었다는 사실을 이용하여야 한다.

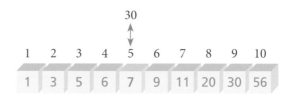

리스트의 중앙에 있는 값을 탐색값과 비교한다. 만약 일치하면 탐색값을 찾은 것이
므로 성공이다. 만약 탐색값이 중앙값보다 작으면 우리가 찾고자하는 값은 리스트
의 전반부에 있을 것이다. 따라서 리스트의 후반부는 탐색의 범위에서 제외할 수
있다. 반대로 만약 탐색값이 중앙값보다 크면 우리가 찾고자하는 값은 리스트의 후
반부에 있을 것이다. 따라서 리스트의 전반부는 탐색의 범위에서 제외할 수 있다.
이러한 기법을 남아 있는 숫자들에 대하여 반복적으로 적용한다. 이진 탐색에서는
한 번 비교할 때마다 탐색의 범위가 절반으로 줄어든다.

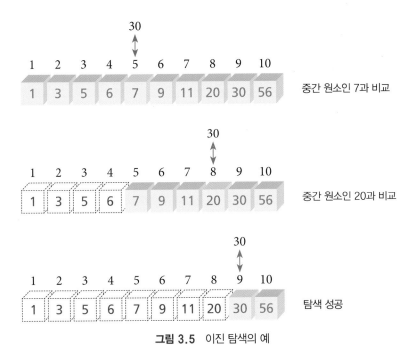

**그림 3.5** 이진 탐색의 예

1024개의 숫자를 가지는 리스트를 탐색하는데 얼마만큼의 비교가 필요할까? 한번
비교를 할 때마다 탐색 범위가 절반씩 줄어든다. 첫 번째 비교를 하면 탐색 범위가
512로 줄어들고 이후로 비교를 할 때마다 탐색 범위가 256, 128, 64, 32, 16, 8, 4, 2,
1이 된다. 탐색 범위가 1이 되면 이미 탐색이 성공하던지 실패한 것이다. 이것은 최
악의 경우를 가정한 것이다. 중간에 만약 일치하는 숫자가 있으면 탐색이 종료된
다. 따라서 $2^{10}$ = 1024이므로 최대 10번의 비교만 있으면 된다. 만약 리스트 안의
숫자의 개수가 $2^{30}$(약 10억개)이라고 하더라도 이진 탐색은 30번만 비교하면 어떤
숫자라도 찾을 수 있다. 반면에 앞에서부터 차례대로 비교해서 찾는 순차 탐색은
평균 약 5억번의 비교가 필요하다.

이진 탐색에서는 비교가 이루어질 때마다 탐색 범위가 급격하게 줄어든다. 즉 찾고
자하는 항목이 속해있지 않은 부분은 전혀 고려할 필요가 없기 때문이다. 이러한

방법을 반복적으로 사용하는 방법이 이진 탐색이다. 이진 탐색을 적용하려면 탐색하기 전에 리스트가 반드시 정렬되어 있어야 한다.

 Note

실생활에서의 이진 탐색의 예를 들어보자. 두 사람이 서로 상대방이 생각하고 있는 숫자를 맞추는 게임을 생각하자. 예를 들어 1에서 100만까지의 숫자를 하나 생각하라. 상대방은 하나의 숫자를 추측하여 말하고 다른 상대방은 그 숫자가 맞는지 아니면 큰지, 작은지 만을 알려준다. 이러한 게임에서 몇 번 만에 상대방이 생각하는 숫자를 맞출 수 있을까? 정답은 20번이다. 만약 숫자의 범위가 더 작다면 훨씬 적은 횟수만으로 맞출 수 있다. 이러한 방법이 이진 탐색이다.

# 보물 찾기

12명의 학생들이 있고 그 중의 하나의 학생이 보물을 가지고 있다. 어떤 학생이 보물을 가지고 있는지 알아내는 게임이다. 우리는 반장 학생한테 특정한 학생이 보물을 가지고 있냐고 질문할 수 있고 반장 학생은 yes 또는 no로 우리의 질문에 답할 수 있다. 우리가 반장 학생의 답변을 이용하여 보물을 찾는 게임이다.

어떻게 해야 가장 적은 질문을 하면서 보물을 찾을 수 있을까? 즉 어떻게 해야 가장 효율적으로 보물을 찾을 수 있는가?

# 보물 찾기

12명의 학생을 중간 학생을 기준으로 하여 두 그룹으로 나눈다. 반장 학생에게 보물이 오른쪽 그룹에 있는지를 질문한다. 답변에 따라서 하나의 그룹을 제외시키고 나머지 그룹에 대하여 똑같은 방법을 적용한다. 최대 4번이면 보물을 찾을 수 있다. 이러한 방법을 **"분할하여 정복하기**(divide and conquer)**"**라고 한다.

# 숫자 추측 게임

분해의 예로서 숫자 추측 게임을 살펴보자. 추측 게임을 하기 위해 사람 (경기자 A)이 0에서 100까지의 숫자 중에서 임의의 숫자를 선택할 것이고, 다른 사람 (경기자 B)은 경기자 A의 숫자를 추측해야 한다. 경기자 A는 경기자 B가 추측한 숫자가 자신이 선택한 숫자보다 높거나 낮으면 경기자 B에게 알려준다. 경기자 B는 어떤 알고리즘을 사용해야 최선의 결과를 얻을 수 있을까? 최대 몇 번 만에 숫자를 맞출 수 있을까?

경기자 A : 1에서 100까지의 숫자를 생각하고 있습니다. 7번 이내에 내 숫자를 추측 할 수 있습니까?

경기자 B : 물론이죠, 50 아닌가요?

경기자 A : 아닙니다. 더 낮습니다.

경기자 B : 25가 맞습니까?

경기자 A : 아닙니다. 더 높습니다.

경기자 B : 37이 맞습니까?

경기자 A : 아닙니다. 더 높습니다.

경기자 B : 좋습니다. 43입니까?

경기자 A : 네, 축하합니다. 4번 만에 정답을 맞혔습니다!

이진 탐색 기법을 사용하여 신속하게 해답을 찾을 수 있다. 제일 먼저 50보다 적은지 큰지를 물어 보아야 한다. 1에서 100까지의 숫자를 추측하는 데 필요한 최대 시도 횟수는 $\log_2(100) = 7$이다. 따라서 최악의 경우에도 7번 만에 숫자를 맞출 수 있습니다.

박물관 안에 안전하게 보관 중이던 다이아몬드가 도난당하는 범죄가 발생하였다. 우리는 범죄가 일어난 시각을 정확히 알아야 한다. 다이아몬드를 찍고 있었던 카메라가 있는데 5분 간격으로 정지 사진을 촬영하였다. 사진들은 상당한 양이어서 효과적으로 찾는 방법이 필요하다. 어떻게 하면 좋을까?

1. 직원들은 일요일에 분명히 있었던 다이아몬드가 월요일 아침에 없어졌다고 보고했다. 따라서 도난은 일요일 아침에서 월요일 아침 사이에 발생한 것이 확실하다.

2. 다이아몬드를 찍고 있었던 카메라가 있었는데, 24시간 동안 5분에 한 번씩 다이아몬드를 촬영하였다. 즉 1시간에 12장의 사진이 찍혔고 총 12 * 24 = 288 사진이 촬영되었다.

이 실습 문제는 구글의 Exploring Computational Thinking 웹페이지에 실린 문제이다.

# 범죄 해결

이것도 **"분할하여 정복하기**(divide and conquer)**"** 방법을 사용하면 된다. 즉 사진들 중에서 중간에 있는 사진(즉 288장의 사진 중에서 144번째 사진)을 본다. 다이아몬드가 아직도 사진에서 보이면 중간 이전 사진들을 볼 필요는 없다. 중간 이후 사진만 보면 된다. 똑같은 방법을 되풀이하여서 적용한다.

예를 들면 다음과 같을 수 있다.

1. 144번째 사진을 확인한다.

2. 72번째 사진을 확인한다.

3. 36번째 사진을 확인한다.

4. 18번째 사진을 확인한다.

5. ...

감금 증후군(Locked-In 증후군)은 의식은 있지만 전신마비로 인하여 외부자극에 반응하지 못하는 상태이다. 환자가 자발적인 움직임을 보이지 않고 말을 하지 않기 때문에 외관상 혼수상태로 잘못 판단할 수 있지만, 혼수상태와 달리 감금 증후군에서는 각성이 유지되어 있고 단지 운동기능만 차단되어 있다. 척수에서 양쪽 운동신경이 모두 손상을 받으면 얼굴을 포함하여 팔다리를 움직이지 못하게 된다. 그러나 이 경우 중뇌는 손상되지 않았기 때문에 눈을 뜨거나 수직 방향으로 안구를 움직이는 것은 가능하다. 따라서 일부 환자들은 눈을 뜨고 감는 방법으로 다른 사람과 의사소통을 할 수 있다. 또한 감금 증후군 환자는 각성에 관여하는 기관 및 감각신경은 정상이기 때문에 신체감각 및 청각 자극이 대뇌로 전달될 수 있다.

감금 증후군 환자가 외부와 소통할 수 있는 프로그램을 개발하고자 한다. 환자가 모니터에 지나가는 알파벳('A, B, C, …') 중에서 자신이 생각한 알파벳이 오면 눈을 깜빡인다. 눈의 깜빡임을 감지하면 프로그램은 그 글자를 입력한다. 이 프로그램의 문제점은 A부터 시작하여서 Z까지 알파벳이 지나가는데 너무 오래 걸린다는 점이다. 만약 "zzzz" 단어는 26 × 4개의 글자를 보아야 한다. 어떤 방법을 사용해야 감금 증후군 환자가 더 쉽게 알파벳을 선택할 수 있을까?

# 감금 증후군

몇 가지의 방법이 있다. 먼저 일상 생활에서 많이 사용되는 알파벳('E…S…A…R…') 을 먼저 지나가게 하는 것이다. 하지만 이 방법도 최악의 경우에는 26개의 알파벳 을 보아야 한다. 감금 증후군 환자 Jean-Jacques Beineix는 이 방법을 사용하여 책 을 썼다고 한다. 그는 누군가가 사용 빈도 순으로 글자 목록을 읽을 때 깜박임으로 써 의사 소통하는 방법을 배웠다.

하나의 방법은 컴퓨터 프로그래밍에 사용되는 분할 정복 알고리즘을 사용하는 것 이다. 알파벳 중에서 중간에 있는 글자인 n을 기준으로 다음과 같이 질문한다.

a b c d e f g h i j l m n o p q r s t u v w x y z

n 앞에 있는가?

만약 대답이 "yes"라면 우리는 절반의 알파벳은 제외할 수 있다. 이런 방법으로 탐 색의 범위를 절반씩 줄인다면 처음에 26, 13, 7, 3, 2, 1과 같이 줄어들 것이다. 따라 서 26개의 글자 중에서 하나를 선택하는 문제에서는 최악의 경우라고 하더라도 5 번만 눈을 깜빡이면 된다.

장난감 로봇을 만드는 공장이 있다. 크리스마스 선물을 대비하여 열심히 장남감 로 봇을 생산하여 포장하던 중에 직원의 실수로 하나의 선물 박스에 로봇이 들어가지 않은 채로 포장이 되어 버렸다. 이 선물을 받은 아이의 슬픔을 해결하기 위하여 우 리는 방법을 찾아야 한다. 직원은 한명 뿐이고 선물의 개수는 1024개나 되어서 선 물을 일일이 하나씩 확인하기에는 너무 시간이 오래 걸린다. 우리가 사용할 수 있 는 기구는 천칭뿐이다. 어떻게 하면 될까?

# 잘못된 선물 골라내기

제일 먼저 전체 선물 상자를 2개로 나눈다(선물 상자들이 쌓여 있을 것이고 이것을 지게차로 옮긴다고 가정하자). 이것을 천칭의 양쪽에 올린다. 만약 어느 쪽 한쪽이 올라가면 장남감이 들어 있지 않은 선물 상자는 그쪽에 있는 것이다.

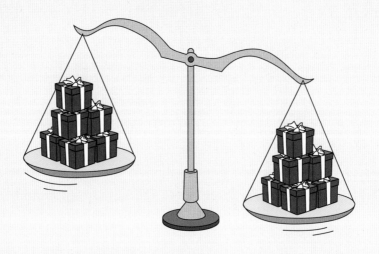

이 과정을 되풀이하면 결국 찾아야 할 선물의 개수가 1024 → 512 → 256 → 128 → ... 1로 줄어 들고 약 10번 만에 쉽게 잘못된 선물 상자를 찾을 수 있다.

# 버킷 정렬

분해 기법은 숫자를 정렬하는데 사용할 수 있다. 다음과 같은 숫자들을 크기순으로 정렬하려고 한다. 첫 번째 단계를 숫자들을 해당되는 버킷에 넣는 것이다.

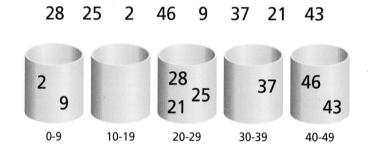

해당되는 숫자들이 버킷에 들어가면 이것은 원래의 문제에 비하여 더 간단한 문제이다. 이것을 해결한다. 각 버킷을 정렬하면 전체 숫자도 정렬된다. 이것을 버킷 정렬(bucket sort)이라고 한다.

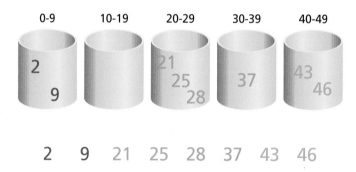

합병정렬은 하나의 리스트를 두 개의 균등한 크기로 분할하고 분할된 부분 리스트를 정렬한 다음, 두 개의 정렬된 부분 리스트를 합하여 전체가 정렬된 리스트를 얻고자 하는 것이다. 합병정렬은 분할 정복(divide and conquer) 기법에 바탕을 두고 있다. 분할 정복 기법은 문제를 작은 2개의 문제로 분리하고 각각을 해결한 다음, 결과를 모아서 원래의 문제를 해결하는 전략이다. 분리된 문제가 아직도 해결하기 어렵다면, 즉 충분히 작지 않다면 분할 정복 방법을 연속하여 다시 적용한다. 분할 정복 기법은 대개 순환 호출을 이용하여 구현된다. 합병 정렬은 다음의 단계들로 이루어진다.

1. **분할**(Divide): 입력 리스트를 같은 크기의 2개의 부분 리스트로 분할한다.

2. **정복**(Conquer): 부분 리스트를 정렬한다. 부분 리스트의 크기가 충분히 작지 않으면 부분 리스트에 다시 분할 정복 기법을 적용한다.

3. **결합**(Combine): 정렬된 부분 리스트들을 하나의 리스트에 통합한다.

(a) 분할          (b) 정복

간단한 예를 들어서 위의 개념을 설명하여 보자. 다음과 같은 숫자들의 리스트가 있다고 가정하자.

27 10 12 20 25 13 15 22

1. **분할**(Divide): 리스트를 27 10 12 20 과 25 13 15 22의 2개의 부분 리스트로 나눈다.

2. **정복**(Conquer): 부분 리스트를 정렬하여 10 12 20 27 과 13 15 22 25를 얻는다.

3. **결합**(Combine): 부분 리스트를 통합하여 10 12 13 15 20 22 25 27을 얻는다.

각각의 부분 리스트들을 어떻게 정렬하여야 할까?

해답은 부분 리스트들을 정렬할 때도 합병 정렬을 순환적으로 적용한다는 점이다. 즉 위의 예에서 부분 리스트인 27 10 12 20을 정렬할 때도 합병 정렬의 개념을 다시 적용한다. 따라서 위의 예에 대한 합병 정렬을 그림으로 그려보면 다음 그림과 같다.

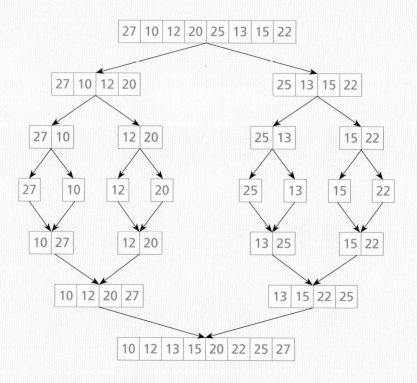

# Summary

- 분해는 복잡한 문제를 쪼개서 해결 가능한 크기의 작은 문제들로 나누는 기술이다. 작은 문제들의 해결책을 모으면 복잡한 문제의 해결책을 얻을 수 있다.

- 분해된 각각의 문제들은 병렬 처리가 가능하다.

- 분할 정복 알고리즘도 분해 기법을 사용하는 대표적인 알고리즘이다.

- 이진 탐색(binary search)은 데이터가 정렬되었을 때 사용할 수 있는 아주 빠른 탐색 기법이다. 이진 탐색에서는 찾고자 하는 값을 중앙값과 비교한다. 비교 결과에 따라서 전반부 혹은 후반부를 완전히 탐색에서 배제할 수 있다. 우리는 이진 탐색을 통하여 많은 문제들을 쉽게 해결할 수 있다.

COMPUTATIONAL THINKING

CHAPTER

# 04

# 패턴인식

이번 장에서는 다음과 같은 내용을 학습합니다.
▶ 패턴인식의 개념을 간단히 소개한다.

패턴 인식이란 무엇인가? 01

패턴을 인식하면
어떤 장점이 있어요?

유사한 패턴은 같은
해결책을 사용할 수
있게 됩니다!

COMPUTATIONAL THINKING

# 01

# 패턴 인식이란 무엇인가?

여러분은 자연에서 패턴(pattern)을 발견한 적이 있을 것이다. 패턴은 동일한 것이 반복되는 것을 의미한다. 자연계에도 많은 패턴들이 관찰된다. 매일 아침에는 해가 뜨고 저녁에는 해가 진다. 바닷가에서는 밀물과 썰물이 반복된다. 파도의 소리, 비 내리는 소리와 같이 움직이고 있는 것, 소리를 내는 것에는 패턴이 있다. 음악에도 리듬이 있다. 리듬은 가락, 화성과 함께 음악의 3요소로서 비슷한 것이 규칙적으로 되풀이되는 것이다. 우리가 문제를 해결할 때 문제 안에 내재된 패턴을 발견한다면 문제를 쉽게 해결할 수 있고 또 추후에 동일한 문제가 발생했을 경우에 동일한 해결책을 사용할 수 있다.

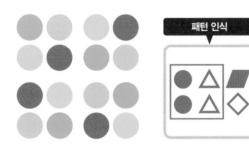
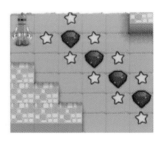

우리는 복잡한 문제를 관찰하고 분해하는 과정에서, 어떤 유사점과 패턴을 찾을 수도 있다. 패턴은 여러 가지 문제들이 공유하는 유사성(similarities) 또는 특성(characteristics)이다. 패턴 인식(pattern recognition)은 컴퓨팅 사고의 4가지 기본 기법 중 하나이다. 패턴 인식은 분해된 작은 문제 사이의 유사성 또는 패턴을 찾는다. 패턴 인식은 우리가 복잡한 문제를 효율적으로 해결하는 데 도움이 된다.

특히 컴퓨터를 사용하여 문제를 해결하는 경우에는 패턴을 인식하는 것 중요하다. 왜냐하면 동일한 코드(동작)가 반복적으로 필요하면 이것은 반복 구조를 사용하여 동일한 코드를 반복하거나 함수(코드의 묶음)를 이용하여 이미 작성된 코드를 재사용할 수 있기 때문이다. 패턴을 발견하면 동일한 결과를 더 간단한 코드로 얻을 수 있다. 예를 들어서 스크래치를 이용하여 두더지 게임을 작성하였다고 하자. 두더지는 랜덤한 위치에서 연속하여 나타나야 한다. 즉 어떤 패턴이 있는 것이다.

이것은 아래 그림의 ❶과 같이 코드를 중복하여 작성할 수도 있다. 하지만 패턴이 반복되는 것을 인식하였다면 아래 그림의 오른쪽과 같이 반복 구조를 이용하여 코드를 간단하게 할 수도 있는 것이다.

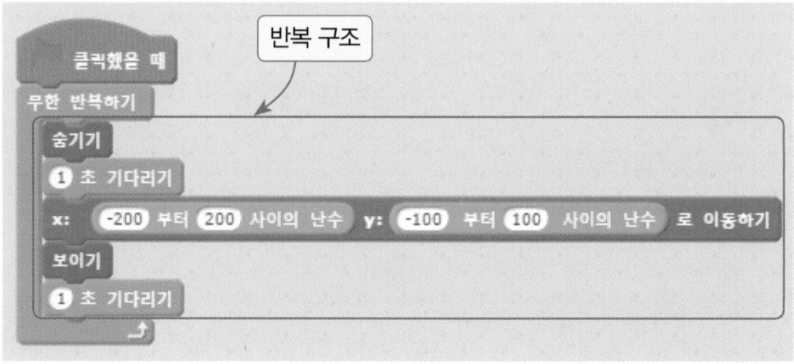

패턴은 많은 곳에서 이용하고 있다. 과거의 패턴을 이용하여 미래를 예측하는 것도 여기에 해당한다. 예를 들어서 일기 예보를 할 때는 과거 기록에서 누적된 패턴을 사용하여 예보를 한다. 또 우리가 대중 교통을 이용할 때도 어떤 패턴이 있다. 출퇴근 시간에는 주로 지하철을 이용하고 나머지 시간에서는 자가용을 이용하는 것도 하나의 패턴이 될 수 있다.

- 수학자들은 파이값(3.1415 ....)과 소수 (1, 3, 5, 7, 11, 13 ...)의 패턴을 찾으려고 노력하였다.
- 천문학자들은 수세기 동안 100% 정확한 달력을 만들려고 시도하였다.
- 유전공학자들은 어떤 질병에 대한 원인을 찾기 위해 유전자에서 패턴을 찾고 있다.

● 통계학자들은 스포츠 경기, 날씨, 주식 시장 등의 결과를 예측하기 위해 엄청난 양의 데이터를 조사하여 패턴을 분석하고 있다.

우리가 패턴을 발견하게 되면 패턴에 근거하여 추측을 할 수 있고 또 규칙을 만들 수 있으며 패턴을 이용하여 일반적인 문제를 해결할 수 있다. 컴퓨터 과학에서는 어떤 부류의 문제들에 대하여 일반적인 접근방법을 찾는 것을 **일반화**(generalisation)라고 한다.

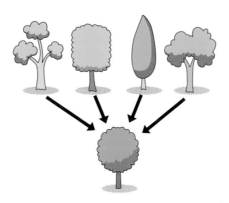

**그림 4.1**   여러가지 종류의 나무들로부터 일반적인 나무의 특징을 추출하는 것이 일반화이다.

## 패턴이란 무엇인가?

우리가 세일보트(sailboat: 바람에 따라 항해하는 보트)을 그린다고 가정해보자. 세일보트는 어떻게 그려야 모든 사람들이 세일보트라고 인정해줄까? 일단 세일보트를 자세히 관찰하여야 한다. 세일보트는 몇 개의 공통적인 특징을 공유한다.

세일보트들은 모두 돛, 마스트, 선체를 가지고 있다. 물론 돛의 크기나 색깔은 다르지만 위의 3가지의 특징을 가지고 있기 때문에 우리는 이러한 일반적인 특징을 이용하여 세일보트를 그릴 수 있다.

컴퓨팅 사고에서는 이러한 일반적인 특징은 **패턴**(pattern)으로 알려져 있다. 하나의 세일보트를 기술하는 방법을 알게 되면 우리는 단순히 이 패턴에 따라, 다른 세일보트를 쉽게 기술할 수 있다. 특징의 구체적인 값은 달라질 수 있다. 즉 범선의 돛의 색상이 흰색이거나 하늘색일 수도 있다. 선체는 클 수도 있고 작을 수도 있다. 마스트의 높이는 2m 또는 10m도 가능하다.

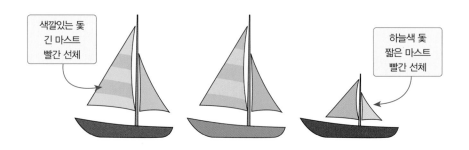

## 왜 패턴을 찾아야 하는가?

패턴을 찾는 것은 매우 중요하다. 패턴을 이용하면 우리의 작업이 간단해지기 때문이다. 패턴을 발견하고 공유하게 되면, 동일한 패턴이 나타날 때마다 동일한 해결책을 사용할 수 있다. 우리가 더 많은 패턴을 찾아서 저장하고 있다면, 문제 해결의 속도는 더 빠르고 쉽게 될 것이다.

이것을 세일보트 그리기 문제에 적용해보자. 우리가 많은 세일보트를 빠르게 그리는 것을 원한다면, 우리는 세일보트를 설명하는 일반적인 패턴을 찾으면 된다. 예를 들어서 세일보트들은 모두 돛, 마스트, 선체를 가지고 있다는 것을 알면 작업을 빠르고 쉽게 할 수 있다. 우리는 모든 세일보트가 이 패턴을 따를 것을 알기 때문에, 그래서 우리는 새로운 세일보트를 그릴 때마다 이 문제에 대하여 고민할 필요가 없다.

프로그램을 작성할 때 패턴은 반복 구조나 함수로 변환된다. 유사한 일을 처리하는 코드를 여러 곳에서 사용하는 것이다.

### 우리가 패턴을 찾지 않으면 어떻게 될까?

우리가 세일보트의 전형적인 패턴을 찾지 않았다고 가정하자. 우리는 세일보트를 그릴 때마다, 우리는 작업을 중지하고 세일보트를 어떻게 그릴 것인지를 고민해야 한다. 이것은 우리의 작업을 상당히 느리게 할 것이다. 세일보트를 그릴 수는 있지 만 세일보트를 그리는 시간이 훨씬 더 오래 걸릴 것이다. 이것은 매우 비효율적이 고 작업을 해결하는 빈약한 방법이다.

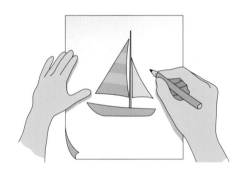

우리가 패턴을 찾지 않았다면, 우리는 모든 세일보트가 돛, 마스트, 선체를 가지고 있다는 사실을 모를 수도 있다. 패턴을 발견하지 않고 세일보트를 그렸을 때, 세일 보트처럼 보이지 않을 수도 있는 것이다. 패턴 인식 과정을 거치지 않으면, 문제를 잘못 해결할 수 있다.

패턴은 문제를 해결할 때 효율성을 높일 수 있는 기회이다. 컴퓨팅 사고를 이용하 여 문제를 해결할 때, 패턴을 인식하는 것은 문제 해결 과정의 기본 단계이다. 컴퓨 팅 사고는 어떤 동작이 필요하고 수행될 필요가 있는 지를 결정하는데 도움을 준 다. 이것은 특히 컴퓨팅 사고의 목표가 컴퓨터를 사용하여 처리 과정을 자동화하는 것일 때는 패턴을 인식하는 것이 더욱 중요해진다. 동일한 작업이 몇 번이고 반복 되면 이것을 한번만 입력하고 차후에는 이것을 반복하도록 할 수 있다. 이때 반복 구조와 함수(코드의 묶음)가 사용된다.

구체적인 예를 들어보자. 우리가 다음과 같은 숫자들의 리스트를 받았다고 하자. 어떤 패턴이 발견되는가?

```
1, 4, 7, 10, 13, 16, 19, 22, 25,...
```

위의 숫자들을 자세히 보면 앞의 수에 3을 더하여 다음 수를 만들고 있다. 따라서 이것은 등차 수열이 된다. 등차 수열의 일반항을 작성하면 다음과 같이 될 것이다.

$$A_n = A_{n-1} + 3$$

### 예제　도형 맞추기

패턴 인식을 간단한 예로 살펴보자. 다음과 같은 그림을 보고 다음에 어떤 도형이 올지를 예측해보자.

도형이 나타나는 패턴을 분석해보면 ? 자리에는  가 올 것이다.

### 예제　공통으로 가지고 있는 것

다음과 같은 물건들이 공통적으로 가지고 있는 것은 무엇일까?

이들 물건들은 모두 회전한다는 특징을 공유한다.

**예제** **패턴을 찾아서 문제 해결하기**

영희는 학교 가기 전에 항상 학교 앞의 편의점에서 과자 1봉지를 산다. 이것 때문에 종종 영희는 학교에 지각을 하게 되고 선생님께 야단맞는다. 어떻게 이 문제를 해결할 수 있을까? 영희 엄마가 분석해 보니 영희의 아침 시간에 일정한 패턴이 있음을 알게 되었고 영희에게 1주일에 한 번씩 편의점에 가서 과자 5봉을 사라고 권고하였다. 패턴을 분석하여 문제를 해결할 수 있는 것이다.

**예제** **문제의 해결책 사이의 유사성**

우리가 여러 가지 문제의 해결책들을 검토해보면 문제의 해결책 사이에 매우 유사한 것이 있을 수 있다. 패턴은 하나의 문제 안에도 있을 수 있지만 다른 문제들 사이에서도 존재한다. 우리는 양쪽을 모두 찾을 필요가 있다. 예를 들면, 우리가 여러 가지 종류의 찌개를 만드는 방법을 살펴보면, 찌개를 만드는 어떤 패턴이 존재하기 때문에 우리는 김치찌개나 된장찌개를 만드는 것도 큰 차이가 없다는 것을 알 수 있다.

❶ 냄비에 멸치와 물을 넣고 끓여 체에 걸러 멸치 국물을 만든다.

❷ 양파, 고추, 대파, 두부, 김치를 썬다.

❸ 멸치국물과 앞에서 준비한 재료를 넣고 끓인다.

❹ 김치가 푹 무를 때까지 끓인 후 참치를 넣고 끓인다.

❺ 두부, 양파를 넣고 더 끓인다.

❻ 대파, 고추, 고춧가루, 설탕, 후춧가루를 넣고 끓인다.

❶ 냄비에 멸치와 물을 넣고 끓여 체에 걸러 멸치 국물을 만든다.

❷ 무, 두부, 호박, 고추, 대파, 버섯을 썬다.

❸ 냄비에 멸치 국물을 붓고 된장을 풀어서 끓인다.

❹ 호박, 두부, 고추, 대파, 팽이버섯, 고춧가루를 넣고 끓인다.

우리는 2가지 요리법 중에서 다음과 같은 공통적인 과정을 찾을 수 있다.

- 재료를 써는 과정이 필요하다.
- 재료들은 지정된 양이 필요하다.
- 재료를 넣어 함께 끓이는 과정이 필요하다.

우리가 문제 해결책 사이에서 어떤 패턴을 식별하면, 공통 해결책을 사용할 수 있다. 우리는 유사한 문제에 그 패턴을 적용할 수 있다. 변경되는 것은 오직 세부 사항이다.

# 숫자 패턴

패턴 인식은 데이터의 유사점 또는 차이점을 인식하는 능력이다. 패턴 인식은 예측을 하거나 우리를 해결책으로 인도하는 지름길이 된다. 패턴 인식은 문제를 해결하고 알고리즘을 설계하기 위한 기초가 된다. 여기서 간단한 연습으로 숫자들의 시퀀스에서 패턴을 찾아보자.

❶ 아래 숫자 시퀀스에서 $n$을 추측해보자.

- 3, 6, 9, 12, 15, $n$

- 1, 3, 5, 7, 9, 11, $n$

❷ 다음과 같은 숫자 시퀀스에는 어떤 패턴이 있을까?

- 1 1 2 3 5 8 13, . . .

---

❶

- 3, 6, 9, 12, 15, n

  답변: 3의 배수이므로 n은 18이 된다.

- 1, 3, 5, 7, 9, 11, n

  답변 : 등차 수열이므로 n은 13이 된다.

❷

- 1 1 2 3 5 8 13, . . .

  답변 : 피보나치 수열로서 앞의 숫자 2개를 더하여 뒤의 숫자를 만든다.

철수가 파티를 한다고 하자. 4사람이 앉을 수 있는 테이블이 있다. 테이블들은 붙여서 배치해야 한다. 만약 참석자가 10명이라면 4인용 테이블이 몇 개나 필요할까? 테이블이 1개일 때와 2개일 때, 3개일때를 그려보자. 다음과 같을 것이다.

여러분들은 어떤 패턴을 찾을 수 있는가? 하나의 테이블이 추가될 때마다 참석자는 2만큼 증가되는 것을 알 수 있다. 왜 2만큼만 증가되는 것인가? 자세히 살펴보면 하나의 테이블은 좌석이 4개가 있지만 2개의 테이블을 붙일 때는 좌석 2개가 없어지기 때문이다. 따라서 참석자의 수는 2 × (테이블의 수) + 2이다. 이것이 바로 패턴이다. 여러분들은 이 문제에서 발생하는 패턴을 발견한 것이다.

유사한 문제를 풀어보자. 학교의 테이블이 모두 정삼각형이다. 정삼각형 테이블에는 3명이 앉을 수 있다. 2개의 테이블을 합치면 4명의 학생이 앉을 수 있다. 3개의 테이블이 합쳐지면 5명이 앉을 수 있다. 50명이 앉으려면 정삼각형 테이블이 몇 개나 필요한가?

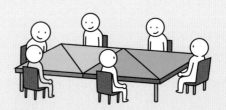

# 늘어나는 좌석은 몇개?

다음과 같은 패턴을 찾을 수 있다. 50명의 학생이 앉으려면 48개의 책상이 있어야 한다.

| 책상 | 학생 |
|---|---|
| 1 | 3 |
| 2 | 4 |
| 3 | 5 |
| 4 | 6 |
| 5 | 7 |
| 6 | 8 |
| ⋮ | ⋮ |
| 48 | 50 |

# 물리학에서의 패턴 인식

과학자들과 엔지니어들은 데이터에서 패턴을 찾아서 이론이나 모델을 정립한다. 대표적으로 뉴턴은 사과가 땅으로 떨어지는 것이나 지구가 태양의 주위를 움직이는 것이 같은 패턴이라는 것을 발견하였다. 사실 물리학 법칙이라는 것은 모두 현실 세계에서 어떤 패턴을 찾아서 수학식으로 정리한 것이다.

하나의 예를 들어보자. 갈릴레오는 진자의 움직임을 지배하는 법칙을 발견하였다. 진자 운동은 고정된 한 축이나 점의 주위를 추가 일정한 주기로 진동하는 운동이다. 갈릴레오는 흔들리는 샹들리에를 보면서 영감을 얻었다. 그는 샹들리에가 완전한 스윙을 완료하는 데 걸린 시간이 샹들리에의 시작 각도와 상관없이 일정하게 유지되는 것을 발견하였다. 이것을 이용한 것이 추시계이다. 흥미로운 것은 현장에 스톱워치가 없어서 갈릴레오는 시간을 재기 위하여 맥박에 의존했다고 한다.

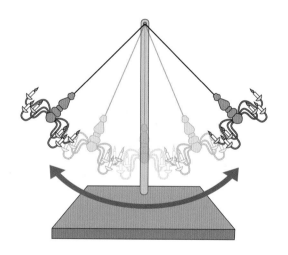

❶ **분해 단계**: 갈릴레오는 진자의 움직임을 다음과 같은 요소들로 분해하였다.

- 시작각도
- 중력
- 진자줄의 길이
- 진자의 질량

❷ **패턴 인식 단계**: 갈릴레오는 여러 가지 실험을 통하여 진자의 운동은 진자의 무게와는 관계가 없고 진자의 길이와 관계가 있다는 것을 발견한다. 즉, 진자의 길

이가 짧으면 빨리 움직이고, 진자의 길이가 길면 천천히 움직인다.

❸ **추상화 단계:** 스윙 시간의 변화는 진자의 길이에 따라 기하급수적으로 변화하는 것을 발견하고 이것을 다음과 같은 공식으로 추상화하였다.

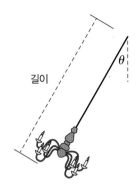

$$주기(초) = 2\pi \sqrt{\frac{주기}{g}}$$

여기서 $g$는 중력가속도로 $9.8\ m/s^2$

# 목걸이의 비용 계산

우리가 수작업으로 목걸이를 제작한다고 가정하자. 우리의 목걸이는 진주 원석, 사파이어 원석, 목걸이줄로 구성된다. 진주 원석과 사파이어 원석은 여러 개를 사용할 수 있다. 목걸이 줄은 1미터당 1000원이다. 목걸이의 비용을 계산해보자. 이 문제는 그다지 복잡하지는 않지만 복잡한 것처럼 생각하고 다음과 같이 작은 문제들로 분해해보자.

**1.** 진주 원석의 총비용을 계산한다.

**2.** 사파이어 원석의 총비용을 계산한다.

**3.** 목걸이줄의 총비용을 계산한다.

분해된 문제 **1, 2, 3**을 관찰해보면 모두(1개의 가격 × 사용된 개수)과 같은 패턴으로 계산하면 된다.

**1.** (진주 원석의 가격) × (진주 원석의 수)

**2.** (사파이어 원석의 가격) × (사파이어 원석의 수)

**3.** (1미터당 목걸이줄의 가격) × (목걸이줄의 길이)

각 문제의 해답을 찾는 작업은 동일하다. 각 하위 문제는 각 재료의 개수를 결정하여 재료의 비용을 계산한다. 우리는 하위 문제를 함수로 작성하여 재사용할 수 있다.

# 암호학에서의 패턴 인식

문제 해결에서 패턴이 사용되는 고전적인 예를 살펴보도록 하자. 암호는 메시지를 감추기 위하여 사용되는 기호 시스템이다. 암호화된 메시지를 해독하려면 사용자는 기호에 사용된 패턴을 식별해야 한다.

예를 들어, 간단한 암호는 문자를 숫자로 나타내는 것이다.

$$예: A = 1, B = 2, C = 3, \ldots$$

이와 같은 코드를 깨기 어렵게 하기 위해 문자 번호를 일정한 수만큼 이동할 수 있다. 이것을 이동 암호라고 한다.

$$예: A = 3, B = 4, C = 5, D = 6, E = 7, F = 8, G = 9, H = 10, \ldots,$$
$$W = 25, X = 26, Y = 1, Z = 2$$

이러한 코드를 해독하려고 할 때, 사용되었던 간단한 장치가 디코더 링(decoder ring)이었다. 디코더 링은 장난감의 일종으로 1930년대부터 소매점, 라디오 및 TV 프로그램을 통해 판촉물로 자주 사용되었다. 디코더 링은 반지 형태로 되어 있으며 이것을 이용하여 아이들이 암호화된 메시지를 서로 주고받을 수 있었다.

| A | B | C | D | E | F | G | H | I | J | K | L | M | N | O | P | Q | R | S | T | U | V | W | X | Y | Z |
|---|---|---|---|---|---|---|---|---|---|---|---|---|---|---|---|---|---|---|---|---|---|---|---|---|---|
| 3 | 4 | 5 | 6 | 7 | 8 | 9 | 10 | 11 | 12 | 13 | 14 | 15 | 16 | 17 | 18 | 19 | 20 | 21 | 22 | 23 | 24 | 25 | 26 | 1 | 2 |

위의 디코더 링을 이용하여 만든 다음과 같은 암호가 있다. 해독해보자.

- 25, 3, 22, 5, 10

A가 3이므로 25는 W가 된다. 이런 식으로 해독해보면 아래와 같은 단어가 된다.

- WATCH

상형 문자

민중 문자

그리스 문자

역사상 가장 유명한 "디코더 링"은 로제타 스톤 (Rosetta Stone)이다. 로제타 스톤은 1799년에 이집트의 "로제타"에서 발견된 실제 돌이다. 기원전 196년에 제작된 이 돌은 열두 살 난 파라오 프톨레마이오스 5세의 즉위를 축하하기 위해 만든 것이다. 로제타 스톤이 발견되기 전에는 고대 이집트의 상형 문자를 누구도 이해할 수 없었다. 로제타 스톤에는 동일한 구절이 이집트의 상형 문자와 민중 문자, 그리스 문자 3개의 다른 언어로 돌에 새겨져 있었다. 따라서 이집트 상형 문자에서 이해하지 못했던 상징이 무엇을 의미 하는지를 알려면 우리가 알고 있는 언어를 사용하면 되었다. 프랑스인 학자인 샹폴리옹은 오랜 연구 끝에 3가지 문자가 모두 같은 내용임을 밝혀냈으며, 이를 기초로 상형 문자를 읽는 데 성공하였다. 로제타 스톤으로 인하여 이집트의 상형 문자에 대한 비밀이 풀렸고 우리는 고대 이집트에 대하여 더 자세히 알 수 있었다.

# 빈도를 이용한 암호 해독

암호학에서 치환 암호(substitution cipher)는 일정한 법칙에 따라 평문(plaintext)의 문자를 다른 문자로 치환하는 암호화 방식이다. 예를 들어서 알파벳에서 각 문자를 다음 순서의 문자로 치환해보자. 즉, a는 b로, b는 c로, c는 d로, …, 마지막으로 z는 a로 치환할 수 있다. 이 방법을 사용하면 "Hello"가 "Ifmmp"로 암호화된다. 만약 규칙성을 가지지 않도록 각각의 문자들을 치환한다면 경우의 수는 상당히 많아진다. 즉 A를 알파벳 중의 하나로 치환하고 B를 다른 알파벳으로 치환하는 것이다. 이렇게 하면 26개의 문자로 이루어진 평문을 암호화하는 방법은 약 26!이 된다. 26!은 26 × 25 × 24 × ... × 1로서 403291461126605635584000000가지가 된다. 치환 암호에서 가능한 경우의 수는 많지만 결정적인 약점이 있다. 무엇일까?

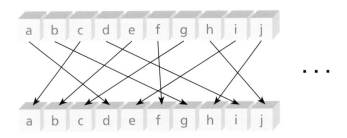

치환 암호는 결정적으로 패턴 인식 방법에 약하다. 치환 암호 해독의 한 가지 방법은 글자들이 나타나는 빈도를 분석하는 것이다. 예를 들어서 영어 알파벳인 경우에는 일반적으로 다음과 같이 글자들이 나타난다.

- E는 가장 일반적인 문자이고, q와 z는 가장 적게 나오는 문자들이다.
- 단일 문자 단어는 A 또는 I일 가능성이 높다.
- 반복되는 문자는 EE, SS, OO, LL 또는 TT일 가능성이 높다.

따라서 위의 몇 가지 간단한 규칙을 사용하여 암호 해독 전략을 수립 할 수 있다. 평문에서의 알파벳 빈도는 암호문에서의 알파벳 빈도와 일치하기 때문에 암호문에서 빈번하게 나타나는 문자를 분석하면 대략적인 평문을 만들어 낼 수 있다. 아래는 일반 영어 문장에서 사용되는 알파벳의 빈도이다.

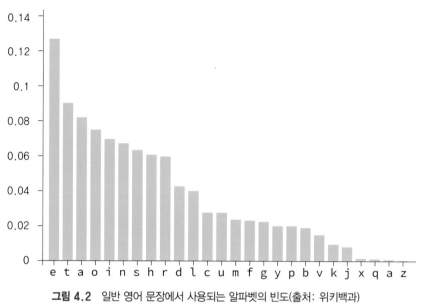

**그림 4.2** 일반 영어 문장에서 사용되는 알파벳의 빈도(출처: 위키백과)

에드가 알란 포우의 황금벌레(the gold bug) 소설에서 치환 암호를 푸는 방법이 소개되어 있다.

```
53‡‡†305))6*;4826)4‡.)4‡);806*;48†8
¶60))85;;]8*;:‡*8†83(88)5*†;46(;88*96
*?;8)*‡(;485);5*†2:*‡(;4956*2(5*—4)8
¶8*;4069285);)6†8)4‡‡;1(‡9;48081;8:8‡
1;48†85;4)485†528806*81(‡9;48;(88;4
(‡?34;48)4‡;161;:188;‡?;
```

위의 암호문에서 가장 빈번하게 사용된 기호는 바로 "8"이고 이것은 즉 영어 알파벳의 "e"일 것이다. 그리고 가장 많이 사용된 단어는 ";48"로서 이것은 아마 "the"일 것이다. 이런 식으로 하나씩 해결하면 다음과 같은 평문을 얻을 수 있었다.

```
A good glass in the bishop's hostel in the devil's seat
twenty-one degrees and thirteen minutes northeast and by north
main branch seventh limb east side
shoot from the left eye of the death's-head
a bee line from the tree through the shot fifty feet out.
```

# 콜레라의 발병 원인 찾기

패턴 인식은 1800년대 후반 런던에서 발생한 런던의 콜레라 발병 원인을 찾는데도 역할을 하였다. 당시 런던의 많은 주민들은 콜레라를 앓았고 콜레라의 원인은 제대로 이해되지 않았다. 그 당시에는 콜레라의 발병 원인이 무엇인지 알 수 없었다. 조사를 통해 존 스노우(John Snow)라는 의사는 오염된 물을 통해 콜레라(Cholera)가 퍼졌다고 가정하고 발병 원인을 규명하기 위해 콜레라가 발병한 시기와 발병한 곳 사이의 패턴을 조사하였다. 패턴을 조사한 후에 존 스노우는 발병원이 오염된 도시 수도 펌프임을 발견하였다. 존 스노우는 "거의 모든 사망자가 도시 수도 펌프에서 가까운 거리에서 발생했다"는 것을 밝혔다.

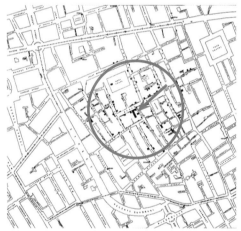

그림 4.3   존 스노우와 콜레라 지도

# 세일보트 그리기

본문에서 여러 세일보트를 분석하여서 세일보트의 특징을 파악하였다. 세일보트의 독특한 패턴을 발견하여서 이것을 이용하여 세일보트를 그려보자. 첫 번째 단계는 분해 및 패턴 찾기이다. 여러 세일보트들이 공통적으로 가지고 있는 특징은 무엇인가?

- 세일보트들은 모두 돛을 가지고 있다.
- 돛의 색상은 세일보트마다 다를 수 있다.
- 돛의 개수는 세일보트마다 다를 수 있다.
- 세일보트들은 모두 마스트(돛대)를 가지고 있다.
- 세일 보트들은 선체를 가지고 있다.

여러 개의 세일보트를 그려야 한다면 세일보트를 그리기 위한 알고리즘을 만들어 놓고 사용하는 것이 좋을 것이다. 일반적인 세일보트는 돛의 색상이나 개수가 다를 수 있으므로 이것은 외부에서 전달받으면 좋을 것이다. 즉 알고리즘이 외부로부터 데이터를 받아서 동작하게 된다. 프로그래밍에서는 이것을 함수(function)로 구현할 수 있다.

```
알고리즘 drawSailBoat(number, color)
    색상은 color인 돛을 number개만큼 그린다.
    마스트를 그린다.
    선체를 그린다.
```

세일보트를 그리는 것이 필요할 때면 이 알고리즘을 실행하면 된다.

# 터틀 그래픽스(파이썬 사용자만)

터틀 그래픽은 화면에서 거북이를 이용하여서 그림을 그리는 기능이다. 거북이가 펜을 가지고 있고 우리가 화면에서 거북이를 움직이면 그림이 그려진다.

터틀 그래픽은 다음과 같이 동작한다.

1. 터틀 그래픽을 시작하면 종이의 한 가운데 거북이가 나타난다.

2. 거북이에게 명령을 내리면 거북이가 움직인다. 예를 들어서 "앞으로 전진(forward)", "뒤로 후진(backward)", "오른쪽으로 방향 전환(right)" 등의 명령을 사용할 수 있다.

3. 거북이가 움직이면서 종이 위에 그림이 그려진다. 거북이가 펜을 가지고 움직인다고 생각하면 된다.

터틀 그래픽을 이용하여 다음과 같은 정사각형을 그리는 알고리즘을 작성해보자.

# 터틀 그래픽스(파이썬 사용자만)

터틀 그래픽스를 사용하여 정사각형을 그리는 것도 문제라고 생각해서 문제를 해결해보자. 다음과 같은 과정을 거칠 수 있다.

- **분해**: 정사각형을 그리는 것을 일련의 전진과 회전으로 분해한다.
- **패턴 인식**: 반복되는 단계와 그려진 모양 사이의 상관관계를 확인한다.
- **추상화/일반화**: 회전각도 및 반복횟수의 패턴을 사용하여 다각형의 각도와 변의 개수와의 관계를 이해한다.
- **알고리즘 설계**: 모든 다각형을 그리는 알고리즘을 개발한다.

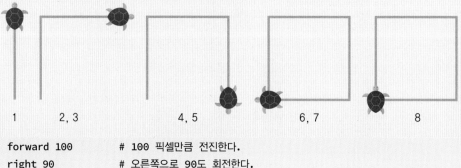

| 1 | 2, 3 | 4, 5 | 6, 7 | 8 |

```
forward 100        # 100 픽셀만큼 전진한다.
right 90           # 오른쪽으로 90도 회전한다.
forward 100        # 100 픽셀만큼 전진한다.
right 90           # 오른쪽으로 90도 회전한다.
forward 100        # 100 픽셀만큼 전진한다.
right 90           # 오른쪽으로 90도 회전한다.
forward 100        # 100 픽셀만큼 전진한다.
right 90           # 오른쪽으로 90도 회전한다.
```

위의 코드를 보면 같은 내용이 반복되어 있다. 따라서 어떤 패턴이 있는 것이다. 다음과 같이 반복시키는 명령어 repeat를 사용하여 간단히 표시할 수 있다.

```
repeat 4
    forward 100        # 100 픽셀만큼 전진한다.
    right 90           # 오른쪽으로 90도 회전한다.
```

그리고 이것을 외부에서 변의 개수를 입력받도록 수정해보자.

```
알고리즘 drawPolygon(n)
    repeat n
        forward 100        # 100 픽셀만큼 전진한다.
        right 360/n        # 오른쪽으로 (360/n)도 회전한다.
```

# 구글 검색에서 잘못된 단어 검색

Google은 하루에 수십억 개의 검색어를 받는다. 이러한 데이터는 잘못된 검색어를 바로잡는데 도움이 된다. 다음은 [Britney Spears]에 대한 Google 검색 사용자의 검색어 샘플이다. 이것은 사람들이 각 유형의 철자를 얼마나 자주 사용했는지 보여 준다.

```
488941 britney spears     29 britent spears      9 brinttany spears    5 brney spears
 40134 brinttany spears    29 brittnany spears    9 britanay spears     5 broitney spears
 36315 brinttney spears    29 brittany spears     9 britinany spears    5 brotny spears
 24342 britany spears      29 btiney spears        9 britn spears        5 bruteny spears
  7331 britny spears       26 brrttney spears      9 britnew spears      5 btiyney spears
  6633 briteny spears      26 breitney spears      9 britneyn spears     5 btrittney spears
  2696 britteny spears     26 brinity spears       9 britrney spears     5 gritney spears
  1807 briney spears       26 britenay spears      9 brtiny spears       5 spritney spears
  1635 brittny spears      26 britneyt spears      9 brtittney spears    5 bittny spears
```

구글은 이러한 패턴을 분석하여서 사용자에게 검색어를 바로잡도록 제안을 할 수 있다. 위의 데이터에서 브리트니 스피어스의 가장 정확한 철자가 무엇인지 판단 할 수 있다. 검색어 제안을 하는 알고리즘은 실제로 Britney Spears가 누구인지 알 필요가 없다. 무조건 더 많이 들어오는 데이터를 기반으로 알고리즘이 결정된다. 따라서 어떤 경우에는 가장 빈번한 검색어가 잘못된 철자를 사용하는 것도 가능하다. 이 모든 것이 패턴을 분석하여 이루어진다. 이 예제는 구글의 컴퓨팅 사고 자료에서 발췌하였다.

# 하노이 탑 문제

"하노이 탑"이라는 게임이 있다. 이 게임에서는 왼쪽 막대기에 쌓인 디스크를 가장 오른쪽 막대기로 옮기면 된다.

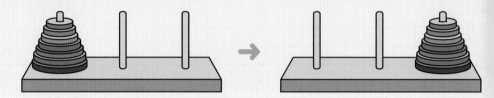

하노이 탑 문제를 해결할 때 따라야하는 규칙은 다음과 같다.

- 한 번에 하나의 디스크 만 이동할 수 있다.

- 각 이동은 스택 중 하나에서 상위 디스크를 가져 와서 다른 스택 맨 위에 놓는 것이다. 즉, 디스크가 스택의 최상위 디스크인 경우에만 디스크를 이동할 수 있다.

- 작은 디스크 위에는 큰 디스크를 놓으면 안 된다.

다음과 같이 3개의 디스크가 있는 하노이 탑이 있다. 몇 번 만에 풀 수 있으며 이 게임을 해결할 때 나오는 패턴은 무엇인가? 분해와 패턴 인식을 사용하여야 한다.

**3 디스크**

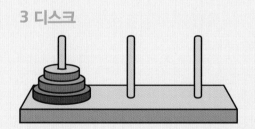

# 하노이 탑 문제

3개의 디스크가 있는 하노이 탑 문제는 다음과 같이 7번 만에 해결할 수 있다. 어떤 패턴을 찾을 수 있는가?

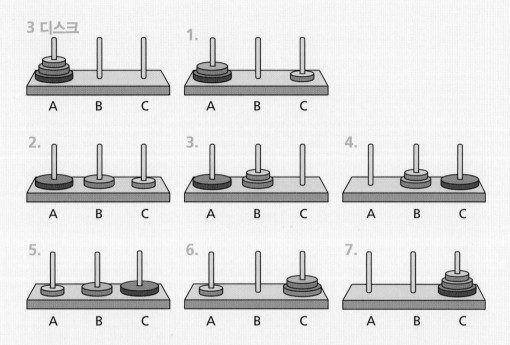

항상 비어 있는 막대기에 작은 디스크를 이동하고 남아있는 막대기에 큰 디스크를 이동한 후에 작은 디스크를 그 위에 놓으면 된다. 자세히 관찰해보면 이런 패턴이 반복적으로 사용되는 것을 알 수 있다.

## Summary

- 패턴 인식(pattern recognition)은 분해된 작은 문제 사이의 유사성을 찾는 것이다. 패턴 인식이 성공적으로 이루어지면 효율적으로 문제를 해결할 수 있다.

- 패턴은 원래의 문제 안에 포함될 수도 있고, 입력과 출력에 대한 패턴일 수도 있다. 각각의 문제에는 다양한 패턴이 있을 수 있다.

- 패턴을 발견하게 되면 패턴에 근거하여 추측을 할 수 있고 규칙을 만들 수 있다.

- 컴퓨터를 사용하여 문제를 해결하는 경우, 패턴은 반복 구조나 함수(코드의 묶음)으로 구현된다.

- 패턴을 식별하면 유사한 문제에 대하여 동일한 해결책을 사용할 수 있다. 이것을 일반화라고 한다.

- 우리는 물리학, 수학, 암호학에서 패턴 인식의 예를 찾을 수 있다.

CHAPTER

# 05

# 추상화

**이번 장에서는 다음과 같은 내용을 학습합니다.**

▶ 추상화의 개념을 간단히 소개한다.

"추상화"면 "구체화"의
반대개념 인가요?

추상적(일반적)인 개념을
도출하는 것입니다.

COMPUTATIONAL THINKING

# 추상화란 무엇인가?

우리는 미술 분야의 추상화는 잘 알고 있다. 추상화의 대가 피카소는 "예술은 필요 없는 것을 제거하는 과정이다."라고 하였다. 아래 그림은 앙리 마티스의 "이카루스" 라는 그림이다. 우리는 아래 그림이 사람을 그렸다는 것은 쉽게 알 수 있다. 하지만 많은 세부사항들이 생략되었다. 이 그림은 단지 파랑색과 검정색, 노란 색, 빨강색 만을 사용하고 구체적인 모습이나 색상은 생략되었다. 이것이 추상화이다.

추상화는 문제를 쉽게 해결 하기 위하여 불필요한 세부 사항을 제거하는 기법입니다.

컴퓨터 과학에서 추상화(abstraction)는 2가지의 과정을 의미한다.

- 문제를 쉽게 해결하기 위하여 불필요한 세부 사항을 제거하는 기법이다.
- 복잡한 시스템의 구체적인 예로부터 공통적인 특성을 추려내서 일반적인 개념 을 형성하는 과정이다. 이것을 일반화(generalization)이라고도 한다.

## 불필요한 세부 사항 제거

지도를 예로 들어서 추상화를 설명해보자. 만약 어떤 사람이 지하철을 타고 출퇴근 한다면 지도에 온갖 세부사항들을 표시할 필요는 없다. 지도에 지하철 노선만 나와 있으면 되는 것이다. 아래 지도에 한강이 표시되어 있지만 정확하지는 않다. 하지 만 우리는 한강이라고 인식하면 되는 것이다.

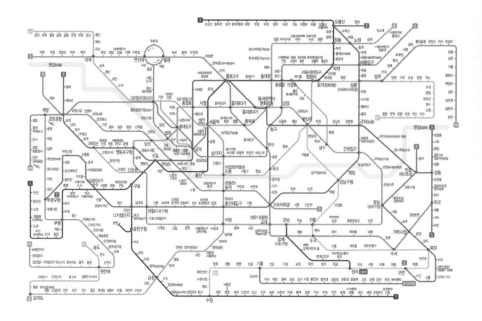

추상화(abstraction)는 컴퓨팅 사고의 네 가지 기본 요소 중 하나이다. 추상화는 우리가 하는 일에 집중하기 위해 필요하지 않은 특징을 걸러내는 과정이다. 또한 불필요한 세부 정보를 필터링하는 것이다. 추상화 과정을 거치면 우리가 해결하려고 노력하고 있는 문제의 모델(model)을 생성할 수 있다.

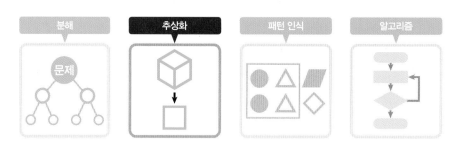

추상화가 잘되어 있으면 유사한 문제에 대한 일반적인 해결 기술을 얻을 수 있다. 패턴 인식과 추상화는 아이디어나 처리과정을 일반적인 변수로 표현할 수 있게 한다. 따라서 유사한 다른 문제를 해결할 때도 사용할 수 있다. 우리는 일상생활이나 컴퓨팅 분야에서 정말 많은 추상화 기법을 사용하고 있다. 대표적인 것들은 다음과 같다.

- 도로 위의 표지판이나 각종 심볼도 추상화의 훌륭한 예이다. 세부사항을 제거하고 핵심적인 부분만을 표시하고 있다.

- 이진수는 기계수준에서의 전기신호를 1과 0으로 추상화한 것이다.

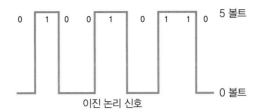

- 함수(function)는 매개변수를 통하여 코드를 재사용하기 위한 추상화의 일종이다.

- 인터넷 프로토콜은 많은 복잡한 세부 사항을 제거하고 있다.
- 모델과 시뮬레이션은 실세계의 추상화이다.
- 과학에서의 추상화는 간략화된 물 순환 싸이클을 들 수 있다.

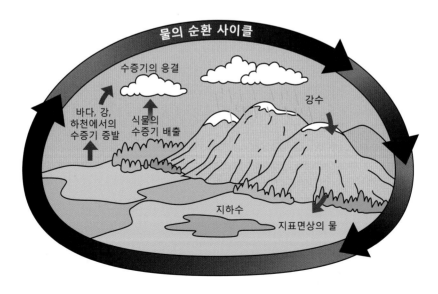

- 자동차를 운전할 때, 운전대와 브레이크, 엑셀 페달만을 사용하는 것도 추상화의 일종이다.

- 화학에서 주기율표도 지구상의 모든 물질을 간략하게 표현한 것이다.
- 수학에서의 삼각형이나 점, 사각형의 개념들은 모두 추상화의 예이다.

## 일반화

여러 가지 사실로부터 공통된 특징을 추출하여 일반적인 법칙을 만들어 내는 것이다. 일반화가 된다면 동일한 코드를 사용하여 유사한 문제들을 해결할 수 있다.

- 생물을 분류하는 것이 일반화의 좋은 예이다. 예를 들어서 강아지와 고양이는 많은 특성을 공유한다. 따라서 이들은 보다 일반적인 개념인 "동물"로 묶을 수 있다. 포유류라던지 파충류도 일반화의 일종이다.
- 예를 들어서 강아지를 먹일 때는 강아지 먹이를 그릇에 덜어준다고 하자. 고양이를 먹일 때는 고양이 먹이를 그릇에 덜어준다. 이러한 사실로부터 "동물을 먹일 때는 동물 먹이를 그릇에 덜어주면 된다."와 같은 일반적인 법칙을 얻을 수 있다.
- 물리학에서 모든 물리 법칙들도 특수한 사실에서 일반적인 법칙을 얻어내는 일반화의 일종이다.
- 수학에서의 싸인 함수도 일반화의 예이다. 0도에서의 싸인값이 0이고, 45도에서 0.5이고, 90도에서 1.0이라고 말하는 대신에 우리는 다음과 같이 간략한 식으로 표현할 수 있다.

$$y = \sin(x)$$

- 영문법도 일반화의 예이다. 예를 들어서 영어의 3형식은 다음과 같이 정의된다.

주어  +  동사  +  목적어

# 02

# 특성이나 특징은 무엇인가?

강아지를 생각해보자. 강아지는 어떤 특성을 가지고 있을까? 모든 강아지는 눈, 귀, 다리, 꼬리를 가지고 있고 청각과 후각이 뛰어나다. 잡식성이며 사람을 잘 따르고 "멍멍"이라고 소리를 낸다. 강아지는 수영을 할 수 있으며 높은 곳에서도 잘 뛰어 내린다. 이러한 것은 모든 강아지가 공통적으로 가지고 있는 일반적인 특성 (general characteristic)이다.

이번에는 이웃집 강아지를 생각해보자. 검은 눈, 처지지 않은 귀, 긴 다리, 긴 꼬리와 같은 특성을 가지고 있다고 하자. 이것을 세부 사항(specific characteristic, detail)이라고 한다.

우리는 일반적인 강아지를 도화지에 그려야 한다고 가정하자. 즉 우리가 해결해야 하는 문제는 "일반적인 강아지를 그리는 문제"이다. 일반적인 강아지를 그리기 위

해, 우리는 강아지가 눈, 귀, 다리, 꼬리를 가지고 있음을 알 필요가 있다. 이러한 특성은 중요하다. 하지만 우리는 강아지가 내는 소리나 강아지가 사람을 잘 따르는 사실은 알 필요가 없다. 이러한 특성은 문제를 해결하는데 도움이 되지 않기 때문이 필터링하여 제거할 수 있다. 또 우리는 강아지가 눈, 귀, 다리, 꼬리를 가지고 있음을 알 필요가 있지만 구체적으로 다리의 길이, 꼬리의 길이, 눈의 색상은 알 필요가 없다. 이러한 세부 사항도 걸러내야 한다.

우리가 가지고 있는 일반적인 강아지의 특성 (눈, 귀, 다리, 꼬리)에서 우리는 강아지에 대한 기본적인 생각(개념), 즉 강아지가 기본적으로 어떻게 생겼는지를 만들 수 있다. 강아지가 어떻게 생겼는지 알게 되면 일반적인 강아지를 그리는 방법을 작성할 수 있다. 이것을 강아지를 찍어낼 수 있는 도장을 만든다고 생각하여도 좋다. 강아지 도장은 구체적인 세부 사항이 없는 일반 고양이 모델이라고 할 수 있다.

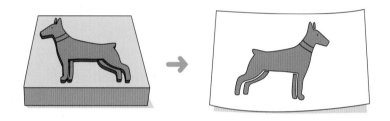

강아지를 찍을 수 있는 도장이 만들어지면 차후에 강아지를 빠르게 그려야할 필요가 생기면 단순히 강아지 도장을 찍으면 된다. 우리는 모든 강아지가 이러한 일반적인 특성을 가지고 있다는 것을 알고 있기 때문에 새로운 강아지를 그릴 때마다 이 문제에 대하여 고민할 필요가 없다.

# 03

# 추상화하는 방법

추상화를 하려면 먼저 일반적인 특징들을 수집한 후에 특징 중에서 우리가 필요로
하지 않는 것을 제외시키면 된다. 찌개를 만드는 요리법을 생각해보자. 여러 가지
종류의 찌개가 있다. 우리가 여러 가지 찌개를 만들 때는 몇 가지의 일반적인 특성
이 있었다. 예를 들면 다음과 같은 특징을 생각할 수 있다.

김치 찌개                          된장 찌개

- 찌개를 만들 때는 재료가 있어야 하고 재료들을 썰어야 한다.
- 찌개의 재료들은 지정된 양이 필요하다.
- 찌개를 만들 때는 반드시 끓이는 과정이 필요하다.

추상화할 때, 우리는 관련 없는 세부 사항을 제거하고 일반적인 사항만을 유지
한다.

| 일반적인 사항 | 특수한 세부사항 |
| --- | --- |
| 찌개는 재료를 가진다. | 재료가 무엇인지는 알 필요가 없다. |
| 각 재료들은 지정된 양이 필요하다. | 그 양이 얼마인지는 알 필요가 없다. |
| 찌개는 끓이는 과정이 필요하다. | 그 시간이 얼마인지는 알 필요가 없다. |

## 모델 만들기

모델(model)은 우리가 해결하고자 하는 문제에 대한 일반적인 생각이다. 예를 들
어, 강아지의 모델은 일반적인 강아지를 나타낸다. 모델은 긴 꼬리와 짧은 다리를

가진 특수한 강아지뿐만 아니라 모든 강아지를 나타낸다. 강아지 모델에서, 우리는 모든 강아지의 모습을 대략적으로 알 수 있다.

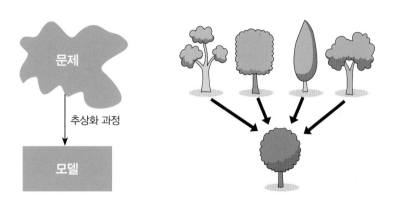

주상화를 통해 문제가 무엇이고 문제를 해결하는 방법에 대한 일반적인 아이디어를 얻을 수 있다. 이 과정은 모든 세부 사항을 제거하고, 문제를 해결하는 데 도움이 되지 않는 특성을 제거하게 한다. 이러한 과정은 문제에 대한 개념을 형성하는 데 도움이 된다.

우리가 추상화하지 않으면 우리가 해결하려고하는 문제에 대하여 잘못된 해결책을 만들 수 있다. 강아지 예를 들어보자. 우리가 추상화하지 않았으면 모든 강아지가 긴 꼬리와 짧은 다리를 가지고 있다고 생각했을 수 있다. 추상화 과정을 거치면 강아지는 꼬리와 다리가 있지만 모든 꼬리가 길지는 않으며 모든 다리가 짧지는 다는 것을 알고 있다. 이 경우, 추상화 과정은 강아지의 더 명확한 모델을 형성하는 데 도움이 되었다.

모든 강아지는 꼬리, 눈, 다리를 가지고 있지만 각각의 특성은 강아지마다 다를 수 있다. 유사하게, 찌개를 끓일 때도 찌개 모델은 김치찌개나 된장찌개처럼 구체적인 찌개가 아니다. 찌개 모델은 모든 찌개를 나타내는 것이다. 찌개 모델에서 우리는 모든 찌개에 적용되는 패턴을 사용하여, 어떠한 찌개도 끓일 수 있는 방법을 알 수 있다. 우리가 어떤 문제에 대한 모델을 가지게 되면, 우리는 일반적인 문제를 해결하는 알고리즘을 설계할 수 있다.

# 수학에서의 추상화

추상화를 가장 많이 이용하는 학문 분야가 어디일까? 바로 수학이다. 수학에서는 고도의 추상화를 이용한다. 숫자도 실제 사물의 개수를 추상화한 개념이다. 아래 그림에는 무엇이 있을까?

우리는 금방 사진 안에 사자 3마리가 있다는 것을 알 수 있다. 이것도 고도의 추상화 과정을 거친 것이다. 즉 사진에서 배경을 분리한 후에 각 사자들을 서로 분리한다. 각 사자의 차이점을 제거하고 3마리라는 결론에 이른 것이다.

모든 수학적인 연산도 마찬가지이다. 예를 들어서 1/2는 2/4와 같다는 식은 다음과 같이 구체적인 예에서 추상적인 개념을 도출한 것이다.

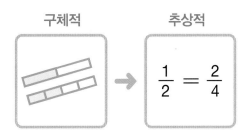

기하학에서의 점과 선, 삼각형 등의 개념도 모두 추상적이다. 점은 2차원 공간 상에

서 면적이나 색을 가지지 않는다고 정의한다. 오직 위치만을 가진다. 실제로는 그 럴 수가 없지만 세부사항을 제거하면 연산이 편해진다. 삼각형도 3개의 꼭지점과 3 개의 선분, 3개의 각도를 가진 도형으로 추상화된다.

- 점은 쪼갤 수 없는 것이다.
- 선은 폭이 없이 길이만 있는 것이다.

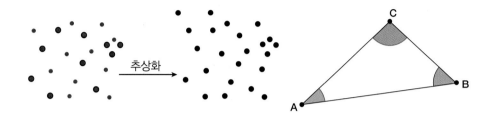

# 추상화의 예: TV

예를 들어서 TV를 추상화해보자. TV에는 지금까지 우리가 축적한 엄청난 기술이 들어 있다. 따라서 TV의 모든 것을 표현하려면 엄청나게 많은 특징들이 필요하다. 우리가 필요한 몇 개만을 남기고 불필요한 것들은 삭제해야 할 것이다. 예를 들어서 TV는 전원 버튼, 채널 버튼, 볼륨 버튼만을 가지고 있다고 가정할 수 있다. 이것이 바로 추상화이다. 추상화는 복잡성을 관리하는데 사용된다. 추상화를 사용하지 않으면 문제를 해결하는 것이 너무 복잡해진다.

실제 객체 　　　　　추상화된 객체

물론 추상화는 우리가 해결하려는 문제에 따라서 달라진다. 우리가 TV로 게임을 하려고 해서 TV의 해상도와 방식, HDMI 입력의 개수가 우리의 관심사라면 추상화는 다음과 같이 진행될 것이다.

대각선 길이: 75 인치 (189 cm)
화면 비율: 16:9
해상도: 1920 x 1080p, Full-HD
방식: LED (패널: LCD)
*HDMI 입력 x 4
*USB 호스트 x 3
디지털 방송 수신
내추럴 블랙패널
화질개선 엔진: 하이퍼리얼 엔진
240 CMR: 일반 60 Hz 동영상보다 4배 선명
*스피커 출력: 20 W (2채널)
*DTS 스튜디오 사운드
*DTS 프리미엄 사운드 5.1
*CPU: 쿼드 코어
*타이젠OS
  직관적인 UI와 최근 컨텐츠, 추천 컨텐츠
  등을 하단 바 형태로 노출하여 쉽게 선택
*스마트 허브:
*홈 네트워크(DLNA): All Share
*WiFi 다이렉트:
*퀵 커넥트:
…

# 추상화의 예: 영어 문법

영어의 문법에는 3형식이 있다. 이것도 여러 가지 문장에서 일반적인 규칙을 찾아 낸 것으로 추상화의 일종이라 할 수 있다. 예를 들어서 3형식 문장들의 예를 보자.

```
Andy ate cereal.
She loves him.
I like an apple.
I finished the work.
I like puppies.
They did a lot of work.
```

어떻게 추상화를 할 수 있을까? 각각의 단어들은 다르지만 위의 문장들은 모두 다음과 같은 구조로 되어 있음을 알 수 있다.

```
Subject(주어) + Verb(동사) + Object(목적어)
```

스크래치와 파이썬을 이용하여 영어의 3형식 문장을 자동으로 생성하는 프로그램을 작성해보자. 리스트에 "주어", "동사", "목적어"를 저장하고 이것들을 랜덤으로 결합하여서 3형식의 문장들을 출력해보자. 어떤 알고리즘을 사용해야 할까? 이것을 미국에서 아이들이 하는 Mad Libs 게임과 유사하게 작성해보자.

Mad Libs 게임에서는 빈칸을 가지고 있는 문장이 있고 경기자는 빈칸을 단어로 대체하여서 우스꽝스럽게 읽는 단어 템플릿 게임이다. 이 게임은 파티 게임이나 오락으로 자주 사용된다. 예를 들어서 초창기 책에는 다음과 같은 문장이 제시되었다.

> "_____! he said _____ as he jumped into his convertible
>    exclamation             adverb
>
> _____ and drove off with his _____ wife."
>  noun                         adjective

하나의 예로 다음과 같은 단어들을 입력할 수 있다.

> "Ouch! he said stupidly as he jumped into his convertible
> cat and drove off with his brave wife."

# StarLogo TNG

시뮬레이션은 네이버 국어사전에 "복잡한 문제나 사회 현상 따위를 해석하고 해결하기 위하여 실제와 비슷한 모형을 만들어 모의적으로 실험하여 그 특성을 파악하는 일"라고 되어 있다. 복잡한 사회 현상을 모형을 만들어서 실험하려면 복잡한 현상 중에서 우리에게 중요한 것만 추려내어야 한다. 이것이 바로 "추상화"이다.

StarLogo TNG라는 도구를 이용하여 전염병이 퍼지는 시뮬레이션을 수행해보자. StarLogo TNG은 프로그래밍 언어를 이용하지 않고 블록들을 이용하여 게임이나 시뮬레이션을 진행할 수 있다. StarLogo TNG는 학생과 교사가 복잡한 시스템을 이해하기 위한 3D 게임 및 시뮬레이션을 제작할 수 있는 다운로드 가능한 프로그래밍 환경이다. **http://education.mit.edu을 방문하여 설치하면 된다.**

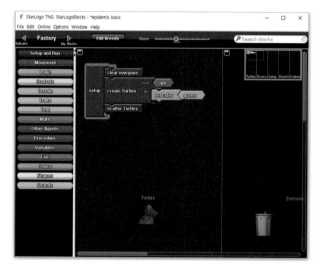 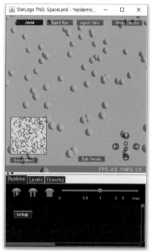

전염병이 퍼지는 시뮬레이션은 http://education.mit.edu/portfolio_page/starlogo-tng/의 튜토리얼 페이지를 참조하여 실습해보자. 예를 들어서 시뮬레이션에서는 사람을 원 모양으로 간략하게 표현하는데 이것이 바로 추상화이다.

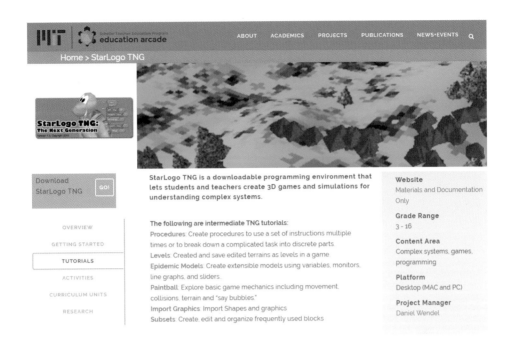

StarLogo TNG is a downloadable programming environment that lets students and teachers create 3D games and simulations for understanding complex systems.

The following are intermediate TNG tutorials:
Procedures: Create procedures to use a set of instructions multiple times or to break down a complicated task into discrete parts
Levels: Created and save edited terrains as levels in a game.
Epidemic Models: Create extensible models using variables, monitors, line graphs, and sliders.
Paintball: Explore basic game mechanics including movement, collisions, terrain and "say bubbles."
Import Graphics: Import Shapes and graphics
Subsets: Create, edit and organize frequently used blocks

**Website**
Materials and Documentation Only

**Grade Range**
3 - 16

**Content Area**
Complex systems, games, programming

**Platform**
Desktop (MAC and PC)

**Project Manager**
Daniel Wendel

빨간 점이 감염된 사람이다. 이제 사람을 움직이면 어떻게 감염되는지를 시뮬레이션 할 수 있다.

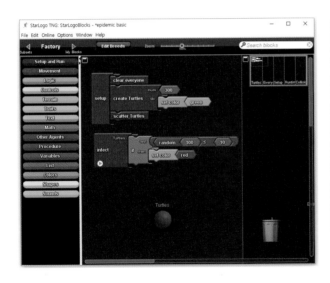

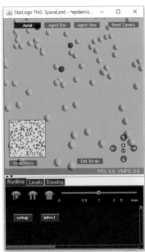

# 이진수와 컴퓨터

실제로 컴퓨터 안에서도 여러 가지 추상화 계층이 있다고 볼 수 있다. 컴퓨터 네트워킹에서는 다음과 같은 추상화 계층을 사용한다.

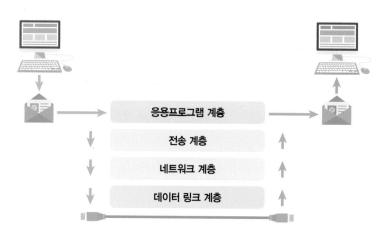

- 데이터 링크 계층은 2개의 장치사이에서 데이터를 송수신하는 역할을 담당한다.

- 네트워크 계층은 여러개의 장치가 연결된 네트워크에서 데이터를 송수신하는 역할을 담당한다.

- 전송계층은 네트워크 계층을 바탕으로 안정적인 흐름제어를 담당한다.

- 응용프로그램 계층은 응용프로그램 사이에서 데이터를 주고받는 기능을 담당한다.

# 컴퓨터에서의 추상화 계층

우리는 3장에서 컴퓨터는 기본적으로 2진수를 사용하여 모든 연산을 한다고 설명한바 있다. 그러면 인간이 프로그램을 작성할 때도 2진수를 사용해야 하는 것인가? 전혀 그렇지 않다. 컴퓨터는 2진수 위에서 모든 것을 구현하고 있지만 우리는 2진수를 사용할 필요가 없다. 컴퓨터는 2진수를 이용하여 10진수 연산을 우리에게 제공해준다. 그리고 이미지나 사운드가 본질적으로는 2진수로 표현되지만 추상화 계층을 이용하여 사람이 보기에 편한 방법으로 표시된다. 이미지 같으면 숫자가 아니고 픽셀의 밝기나 색상을 이용하여 표시하고 사운드 같으면 소리로 변환하여 우리에게 들려준다.

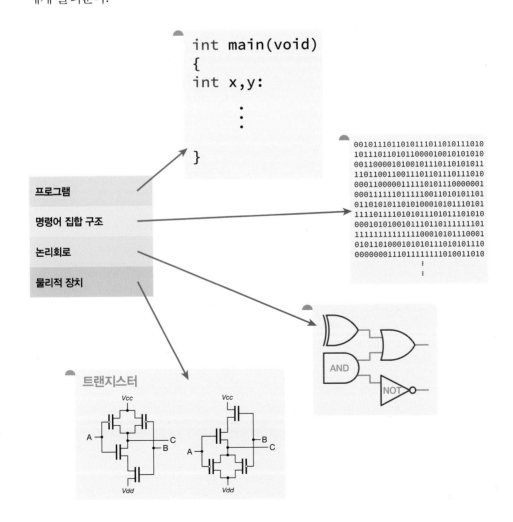

# 버스 경로 찾는 작업

예를 들어서 우리가 버스를 타고 A지점에서 B지점으로 가는 경로를 찾는다고 하자. 지도에는 많은 정보들이 표시되어 있는데 여기에는 우리의 문제를 해결하는데 필요 없는 정보도 많다. 예를 들어서 관광객들을 위한 정보들도 필요 없다. 추상화에서는 이러한 불필요한 세부사항을 무시하라고 말한다. 또한 고속도로 정보도 필요 없다. 왜냐하면 우리는 버스를 탈 예정이기 때문이다.

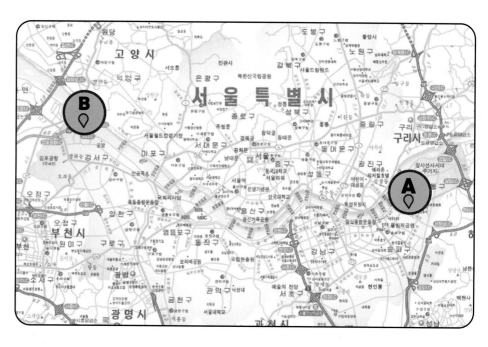

따라서 우리에게 가장 중요한 정보는 어디서 버스를 타고 어떤 버스를 타며 어떤 시간에 타야 하는 지, 어디서 버스에서 내려야 하는지이다.

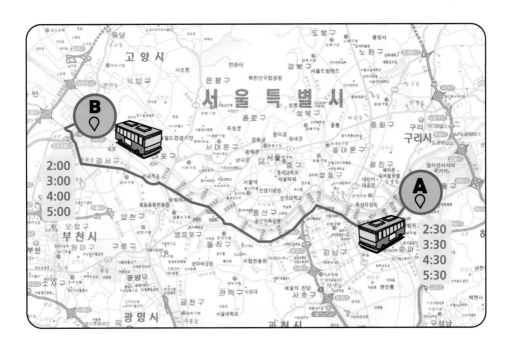

출발지, 버스 시간, 도착지, 버스 번호, 버스 경로 등은 우리의 문제를 해결하는데 중요한 정보이다. 이들 5가지의 정보는 많은 버스 경로를 나타낸다고 할 수 있다. 하나의 추상화된 정보는 유사한 것들을 전부 나타낼 수 있다.

# 지도의 추상화

추상화는 항상 목적을 가지고 만들어진다. 예를 들어서 다음과 같은 추상화된 지도에는 각각의 목적이 있다.

첫 번째 지도는 강남역 인근의 일반적인 지도이다. 두 번째 지도는 교통 상황을 색깔로 표시한 지도이다. 세 번째 지도는 지적편집도를 보여주는 지도이다. 네 번째 지도는 위성이 찍은 지도이다. 모든 지도는 동일한 지역을 보여주고 있지만 각 지도는 추상화를 이용하여서 목적에 맞지 않는 세부 사항을 제거하고 필요한 세부 사항만을 보여주고 있다.

추상화는 핵심적인 정보에만 집중하도록 하여서 복잡한 시스템을 쉽게 이해할 수 있도록 도와준다.

# 게임에서의 추상화

게임을 제작할 때도 많은 추상화 기법이 사용된다. 예를 들어서 공을 떨어뜨리는 게임을 생각해보자. 현실 세계에서 공을 위에서 떨어뜨리면 중력, 공기 저항 등의 많은 점을 고려해야 한다. 그러나 공기 저항은 중력에 비하여 상대적으로 작다. 따라서 우리는 컴퓨터 게임을 작성할 때 공기 저항을 무시하고 프로그래밍을 할 수 있는 것이다. 스크래치와 파이썬으로 실습해보자.

여기서 "앵그리 터틀" 게임에서 어떻게 알고리즘을 만들 것인지 고민하여 보자. "앵그리 터틀"에서는 거북이를 발사하여서 초기 속도와 초기 각도에 의하여 비행하다가 목표물에 맞으면 성공이다.

이 게임의 주인공은 날아가는 거북이이다. 따라서 거북이에 대한 많은 변수가 필요하다. 다음과 같은 변수를 선언하였다.

- ballV; - 거북이의 속도이다.
- ballVx; - 거북이의 x 방향 속도이다.
- ballVy; - 거북이의 y 방향 속도이다.
- ballX; - 거북이의 현재 x좌표이다.
- ballY; - 거북이의 현재 y좌표이다.

이 게임은 거북이가 움직인다. 거북이의 움직임을 어떻게 계산하여야 하는가? 모든 게임에는 물리 엔진이 필요하다. 물리 엔진이란 물리학적인 법칙에 따라서 여러 가지 계산을 해주는 라이브러리를 말한다. 우리 게임은 너무 단순해서 이러한 엔진을 사용할 필요가 없다. 여러분도 고등학교 물리 시간에 학습하였듯이 거북이에는 현재 속도가 있고 속도는 x방향 속도와 y방향 속도로 나누어진다.

거북이의 x 방향 속도는 변하지 않는 것으로 가정한다. 물론 실제 상황에서는 공기의 저항을 받겠지만 이것은 무시하도록 하자(추상화). 공의 y 방향 속도는 중력 가속도 때문에 점점 느려질 것이다.

- ballVx; 초기 속도에서 변하지 않는다.
- ballVy; 초기 속도에서 중력 가속도 만큼 점점 느려진다.

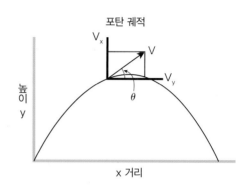

따라서 시간이 흘러가면 ballVy에서 중력 가속도 만큼을 빼주면 된다. 중력 가속도는 원래 9.8 m/sec²이지만 게임에서는 단위가 미터가 아니기 때문에 적당한 값을 빼주면서 실험해보면 된다.

```
ballVx = ballVx
ballVy = ballVy - 10        # 중력 가속도을 10이라고 가정한다.
```

거북이의 현재 위치는 어떻게 계산하면 될까? 현재 위치는 이전 위치에 속도*시간을 더하면 된다. 시간이 1초 흘렀다고 가정하면 다음과 같이 단순히 현재 위치에 속도를 더하면 된다.

```
ballX = ballX + ballVx;      # x축 방향으로 1초 동안 공이 움직인 좌표를 계산한다.
ballY = ballY + ballVy;      # y축 방향으로 1초 동안 공이 움직인 좌표를 계산한다.
```

## Summary

- 추상화(abstraction)는 문제를 쉽게 해결하기 위하여 불필요한 세부 사항을 제거하는 것이다.

- 추상화가 잘되어 있으면 유사한 문제에 대한 일반적인 해결책을 얻을 수 있다.

- 컴퓨터에서는 추상화가 많은 단계에서 사용된다. 예를 들어서 이진수의 0과 1은 0V와 5V를 추상적으로 표현한 것이다.

- 추상화를 하려면 세부사항에서 불필요한 사항들을 삭제하면 된다. 이것을 모델이라고 한다. 모델은 우리가 해결하고자 하는 문제에 대한 일반적인 생각이다.

COMPUTATIONAL THINKING

CHAPTER

# 06

# 알고리즘 I

**이번 장에서는 다음과 같은 내용을 학습합니다.**
▶ 알고리즘의 개념을 간단히 소개한다.

알고리즘이란 무엇인가? 01

알고리즘의 기술 02

"알고리즘"이란 말은
많이 들어봤어요!

알고리즘은 문제를 해결하는
순차적인 방법입니다.

COMPUTATIONAL THINKING

# 알고리즘이란 무엇인가?

**알고리즘**(algorithm)은 컴퓨팅 사고의 4가지의 토대 중 하나이다. 알고리즘 (algorithm)은 문제를 해결하기 위한 단계적인 절차이다. 알고리즘은 사람이 수행 하기도 하지만 대부분의 경우, 컴퓨터를 이용하여 문제를 해결하려고 할 때 필요하 다. 알고리즘을 프로그래밍 언어로 구현하면 컴퓨터 프로그램이 된다. 컴퓨터를 위 한 알고리즘은 명령어들의 순서 있는 집합이라고 할 수 있다.

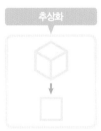

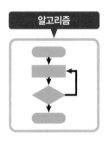

우리는 이미 일상생활에서 알고리즘을 많이 사용하고 있다. 우리가 요리를 만들거 나 차를 운전하고 회사에 출근하는 것도 일종의 알고리즘을 따르는 것이다. 알고리 즘은 흔히 **요리법**(recipe)에 비유된다. 여러분도 요리법에 따라 요리를 만들어 본 적이 있을 것이다. 예를 들어 빵을 만드는 알고리즘은 다음과 같다.

❶ 빈 그릇을 준비한다.
❷ 이스트를 밀가루, 우유에 넣고 저어준다.
❸ 버터, 설탕, 계란을 추가로 넣고 섞는다.
❹ 따뜻한 곳에 놓아두어 발효시킨다
❺ 170~180도의 오븐에서 굽는다

## 알고리즘은 요리법과 같다.

빵을 만들 때도 순서가 잘못되면 빵이 만들어지지 않는다. 같은 빵을 만드는 방법도 여러 가지가 존재할 수 있듯이 하나의 문제에 대하여 알고리즘은 여러 개가 존재할 수 있다. 알고리즘에 있어서 가장 중요한 것은 정확성과 효율성이다. 동일한 문제를 해결한다고 하더라도 실행 속도에 차이가 있을 수 있다. 이 경우 가장 효율적인 알고리즘을 선택하는 것이 중요하다.

**Note**

알고리즘은 페르시아의 수학자인 Al-Khwarizmi의 이름과 "숫자"를 의미하는 그리스 단어 arithmos의 이름을 따서 명명되었다. "알고리즘"은 1230년에 처음으로 사용되었으며 최근과 같은 의미로 사용된 것은 19세기 후반이다.

### 알고리즘의 조건

문제를 풀기 위한 단계적인 절차를 알고리즘이라고 하였다. 알고리즘이란 문제가 주어진 상태에서 문제를 해결하는 방법을 사람이나 컴퓨터가 이해할 수 있는 명령어로 정밀하게 기술한 것이다. 따라서 알고리즘은 특정한 일을 수행하는 명령어들의 집합이라고 할 수 있다. 모든 명령어들의 집합이 알고리즘이 되는 것은 아니고 알고리즘이 되기 위한 조건을 만족하는 집합만이 알고리즘으로 정의된다.

- 입력: 외부에서 제공되는 0개 이상의 입력이 존재하여야 한다.
- 출력: 1개 이상의 출력이 존재하여야 한다.
- 명백성 : 각 명령어의 의미는 모호하지 않고 명확해야 한다.
- 유한성 : 한정된 수의 명령어가 실행된 후에는 반드시 종료되어야 한다.
- 유효성 : 각 명령어들은 실행 가능한 연산이어야 한다.

따라서 알고리즘에는 입력은 없어도 되지만 출력은 반드시 하나이상 있어야 하고 모호한 방법으로 기술된 명령어들의 집합은 알고리즘이라 할 수 없다. 또한 컴퓨터가 실행할 수 없는 명령어(예를 들면 0으로 나누는 연산)를 사용하면 역시 알고리즘이 아니다. 또한 무한히 반복되는 명령어들의 집합도 알고리즘이 아니다.

## 알고리즘의 예 #1

우리가 라면을 끓일 때 사용하는 조리법도 알고리즘이라 할 수 있다.

❶ 물 550ml(3컵 정도)에 건더기 스프를 넣고 물을 끓인다.
❷ 면과 분말 스프, 후레이크를 같이 넣고 4분 30초 더 끓인다.
❸ 별첨 스프를 넣고 취향에 따른 토핑을 올려서 먹는다.

## 알고리즘의 예 #2

우리가 인터넷에서 조립 가구를 사면 상세한 조립 설명서가 포함되어서 배송된다. 가구를 조립하는 설명서도 알고리즘의 일종이라고 할 수 있다. 어린이 장남감인 레고 조립 설명서도 일종의 알고리즘이다.

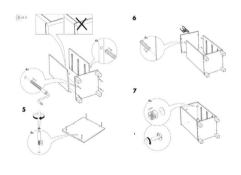 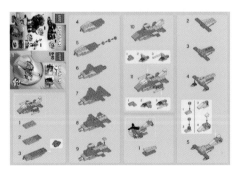

## 알고리즘의 예 #3

아침에 일어나서 옷을 입는 것도 간단하지만 알고리즘이라고 할 수 있다. 속옷을 먼저 입고 겉옷을 입어야 한다. 만약 반대로 한다면 상당히 우습게 될 것이다. 또 손을 올바르게 씻는 방법도 알고리즘이라 할 수 있다.

## 알고리즘의 예 #4

자동차를 출발하게 하는 것도 알고리즘이라 할 수 있다.

❶ 안전벨트를 착용한다.

❷ 브레이크 페달을 밟는다.

❸ 시동 스위치를 「START」 위치까지 돌리고 엔진에 시동이 걸리면 키에서 손을 뗀다.

❹ 자동 변속기를 D 위치로 이동한다.

❺ 주차 브레이크를 푼 다음, 브레이크 페달에서 발을 떼고 가속 페달을 밟아 천천히 출발한다.

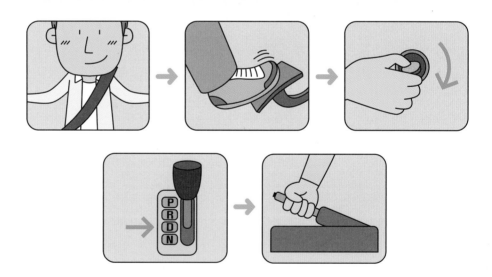

# 수학적인 알고리즘

수학적인 알고리즘을 하나 살펴보자. 1부터 10까지의 합을 구하는 문제를 해결하는 알고리즘을 만들어보자. 다음과 같이 몇 가지의 방법을 생각할 수 있다. 각각의 방법은 하나의 알고리즘이 된다.

❶ 1부터 10까지의 숫자를 직접 하나씩 더한다.

$$1 + 2 + 3 + ... + 10 = 55$$

❷ 두수의 합이 10이 되도록 숫자들을 그룹핑하여 그룹의 개수에 10을 곱하고 남은 숫자 5를 더한다.

$$(0 + 10) = 10$$
$$(1 + 9) = 10$$
$$(2 + 8) = 10$$
$$(3 + 7) = 10$$
$$(4 + 6) = 10$$
$$5$$

$$10 \times 5 = 50 \ + \ 5 \ = \ 55$$

❸ 공식을 이용하여 계산할 수도 있다.

$$10 \times (1 + 10)/2 = 55$$

앞에서도 이야기 하였지만 동일한 문제를 해결하는 알고리즘도 여러 개가 있을 수 있다. 위의 3개 알고리즘을 효율성으로 판단하면 ❸ → ❷ → ❶ 순이 된다.

# 유클리드 GCD 알고리즘

최대 공약수란 정수들의 공통 약수 중에서 가장 큰 수를 의미한다. 예를 들어서 12과 8의 최대 공약수는 4가 된다. 왜냐하면 4는 12의 약수이면서 동시에 8의 약수이고 공통 약수 중에서 가장 크기 때문이다.

최대 공약수를 구하려면 아무래도 정교한 수학적인 알고리즘이 필요하다. 최대 공약수를 구하는 알고리즘은 기원전 300년 전에 이미 유클리드에 의하여 개발되었다.

❶ 두 수 가운데 큰 수를 x, 작은 수를 y라 한다.
❷ y가 0이면 최대 공약수는 x와 같고 알고리즘을 종료한다.
❸ r ← x % y
❹ x ← y
❺ y ← r
❻ 단계 ❷로 되돌아간다.

위의 알고리즘에서 x%y는 x를 y로 나눈 나머지를 의미한다. 예를 들어서 12과 8의 최대 공약수를 위의 알고리즘에 따라 계산해보면 다음 표와 같다.

| 단계 | x | y |
|------|-----|-----|
| 0 | 12 | 8 |
| 1 | 8 | 4 |
| 2 | 4 | 0 |

스크래치나 파이썬으로 이 알고리즘을 구현해보자.

# 이진 탐색 알고리즘

전화번호부에서 홍길동의 전화번호를 찾는 문제를 생각하여 보자. 어떤 알고리즘을 사용해야 하는가?

❶ 한 가지 방법은 전화번호부의 첫 페이지부터 시작하여 한 장씩 넘기면서 홍길동을 찾는 것이다. 이 방법은 엄청난 시간이 걸리는 방법이고 보통 이런 식으로 찾는 사람은 거의 없다.

❷ 하나의 방법은 전화번호부의 이름들이 정렬되어 있음을 이용하는 방법이다. 전화번호부의 중간 정도를 펼쳐서 거기에 있는 이름들과 홍길동을 비교하여 앞부분으로 가던지 뒷부분으로 간다. 다시 찾아야할 범위의 중간 부분에 있는 이름과 홍길동을 비교한다. 이러한 과정을 홍길동이란 이름을 찾을 때까지 되풀이 한다.

# 02

# 알고리즘의 기술

컴퓨팅 사고의 궁극적인 목적은 어떤 문제를 해결하는 알고리즘을 작성하여 컴퓨터로 자동화하는 것이다. 컴퓨터를 이용하여 알고리즘을 수행하려면 알고리즘이 컴퓨터가 실행할 수 있는 명령어(instruction)들의 집합으로 구성되어야 한다. 우리가 컴퓨터를 사용해서 어떤 문세를 해결하려면 우리는 문제를 해결하는 자세한 절차를 단계별로 컴퓨터에게 알려주는 알고리즘을 작성해야 한다. 이 알고리즘을 프로그래밍 언어로 구현하면 프로그램이 된다.

구체적인 예를 들어보자. 사용자로부터 3개의 정수를 받아서 평균을 계산하는 알고리즘은 순서도로 아래 그림의 왼쪽과 같이 표현할 수 있고 이러한 알고리즘을 프로그램으로 구현하면 엑셀과 같은 애플리케이션이 된다(물론 한참 기능이 떨어지는). 순서도는 다음에 학습하게 된다.

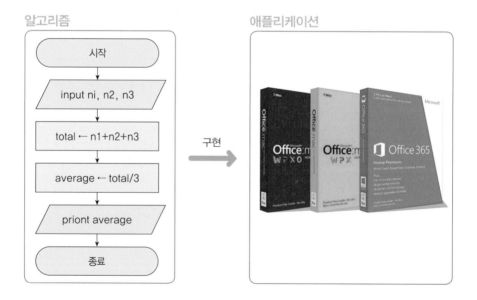

## 알고리즘의 기술 방법

일반적으로 알고리즘은 컴퓨터 프로그램 작성을 위한 출발점이다. 알고리즘을 기술하는 데는 다음과 같은 2가지의 방법이 있다.

- **순서도**(flowchart): 도형과 화살표를 이용하여서 알고리즘을 기술하는 것이다.
- **의사 코드**(pseudo-code): 명령어를 한글이나 영어로 한 줄씩 적는 것이다.

아래 그림은 2차 방정식의 근을 구하는 알고리즘으로 왼쪽이 순서도이며 오른쪽이 의사 코드이다.

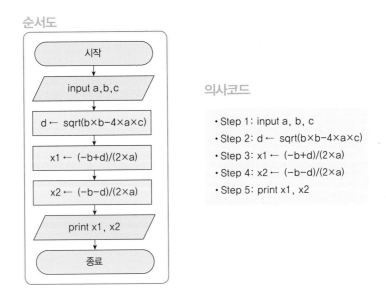

## 순서도

순서도는 플로우챠트(flowchart) 또는 흐름도라고도 하는 것으로 알고리즘에서의 작업 순서를 그림으로 표현하는 방법이다. 알고리즘을 작성할 때는 순서도를 통해 자신의 논리를 가시화하는 것이 좋다. 순서도는 단순한 기하학적 기호를 사용한다. 즉 처리는 직사각형으로, 판단은 마름모꼴, 입출력 처리는 마름모꼴 기호로 표시한다. 순서도에는 많은 기호가 있으나 우리는 다음과 같은 기호만을 사용해도 충분하다.

| 기호 | 의미 |
|---|---|
| → | 화살표는 알고리즘이 진행하는 방향을 나타낸다. |
| ⬭ | 수행의 시작(start), 종료(end) |
| ▭ | 처리(process)를 나타낸다. 예를 들어서 변수 x에 1을 더하는 연산이 여기에 해당된다. |
| ◇ | 판단(decision)을 나타낸다. yes/no질문이나 true/false 검사가 여기에 해당된다. 일반적으로 이 도형에서 나가는 2개의 화살표가 있다. |
| ▱ | 입력(input)이나 출력(output)을 나타낸다. 예를 들어서 사용자로부터 정수를 받아서 변수 x에 저장하는 연산이 여기에 해당된다. |

**그림 6.1** 순서도 작성에 사용되는 기호

학교 홈페이지에 로그인하는 알고리즘을 순서도로 표시해보자.

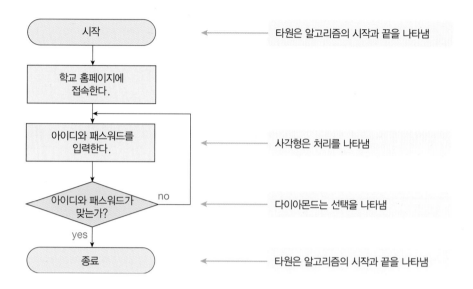

## 의사 코드

의사 코드(pseudo code)는 자연어보다는 더 체계적이고 프로그래밍 언어보다는 덜 엄격한 언어로서 알고리즘의 표현에 주로 사용되는 코드를 말한다. 의사 코드는 흔히 알고리즘을 기술하는데 선호되는 표기법이다.

알고리즘은 문제를 해결하는 절차이다. 알고리즘을 순서에 따라 실행되어야 하는 단계(step)들로 이루어져 있다. 알고리즘을 기술하는 데는 앞에서 살펴본 순서도를 사용할 수 있다. 하지만 알고리즘이 복잡해지면 그림을 그려서 알고리즘을 나타내는 것도 상당히 번거롭게 된다. 이러한 경우에는 프로그래밍 언어와 비슷하지만 문법적인 제약이 없는 의사 코드(pseudocode)를 사용하는 것이 좋다. "의사(pseudo)"란 유사하다는 의미이다. 유사 코드라고도 한다.

예를 들어서 학생 10명의 성적을 입력받아서 평균을 계산하는 알고리즘을 의사 코드로 표현하면 다음과 같다. 아직 우리가 학습하지 않은 while 구문을 사용하고 있다.

```
total ← 0
counter ← 1
while counter <= 10
        input grade
        total ← grade + total
        counter ← counter + 1
average ← total / 10
print average
```

의사 코드는 프로그래밍 언어와 유사하지만 프로그래밍 언어의 문법을 사용하지 않으며 간단한 명령어 집합만을 가지고 있다. 의사 코드의 장점은 프로그래밍 언어보다 이해하기 쉽고 알고리즘의 핵심적인 부분을 언어-독립적으로 기술할 수 있다는 점이다.

## 순서도의 단점

순서도는 입문자들에게 쉽게 알고리즘을 보여주는 훌륭한 도구이지만 다음과 같은 단점도 가지고 있다.

- 한번 작성된 순서도는 변경하기 어렵다.
- 알고리즘이 복잡해지면 기술하기가 힘들어진다.

## 알고리즘을 컴퓨터로 수행시키려면

알고리즘이란 문제를 해결하는 방법을 정밀하게 컴퓨터가 이해할 수 있는 언어로 기술한 것이다. 따라서 알고리즘은 특정한 일을 수행하는 명령어들의 집합이다. 만약 알고리즘을 인간이 수행한다면 각 명령어들은 인간이 수행 가능한 명령어이어야 한다. 만약 알고리즘을 컴퓨터를 이용하여 수행시키려면 알고리즘에서 사용한 명령어(instruction)들이 컴퓨터에서 수행 가능해야 할 것이다. 알고리즘을 컴퓨터로 수행시키려면 다음과 같은 다음과 같은 조건들을 만족하여야 한다.

- **입력과 출력**: 알고리즘은 입력과 출력을 가져야 한다. 입력이 없을 수는 있지만 출력은 반드시 있어야 한다.
- **명백성**: 각 명령어의 의미는 모호하지 않고 명확해야 한다. 예를 들어서 "큰 수"라고 하면 안 된다. "100보다 크고 200보다 작은 수"라고 하여야 한다. 요리법 알고리즘에서 "우유를 적당히 넣으시오."라고 하면 안 된다. "우유를 100 cc 넣으시오"라고 하여야 한다.
- **유한성**: 한정된 수의 단계 후에는 반드시 종료되어야 한다. 종료되지 않고 무한히 반복되는 명령어들의 집합은 알고리즘이 아니다. 일정한 시간이 지나면 종료되어야 한다.
- **유효성**: 각 명령어들은 실행 가능한 연산이어야 한다. 컴퓨터가 실행할 수 없는 명령어(예를 들면 0으로 나누는 연산)를 사용하면 역시 알고리즘이 아니다.

## 알고리즘의 중요성

인공 지능 컴퓨터가 아니라면 컴퓨터는 주어진 알고리즘만큼만 동작할 수 있다. 우리가 컴퓨터에게 좋지 못한 알고리즘을 주는 경우에는 나쁜 결과를 얻을 수밖에 없다. 컴퓨터가 항상 논리적인 동작만 하는 것은 아니다. 개발자가 논리적이지 않은 알고리즘을 만들어서 프로그램으로 실행하는 경우에는 컴퓨터가 비논리적으로 동작할 수도 있는 것이다. 이때까지 스마트폰이나 가전제품, 자동차가 많은 오류를 일으킨 것을 생각해보라. 알고리즘에 오류가 없어야 컴퓨터 프로그램도 논리적인 오류가 없이 동작하게 된다.

**그림 6.2** 알고리즘이 논리적인 오류를 가지고 있으면 프로그램도 오류가 발생한다.

# 프린터 고장 수리 알고리즘

예를 들어서 프린터 고장을 처리하는 알고리즘은 다음과 같다. 이 알고리즘은 컴퓨터가 아니라 인간을 위한 알고리즘이다.

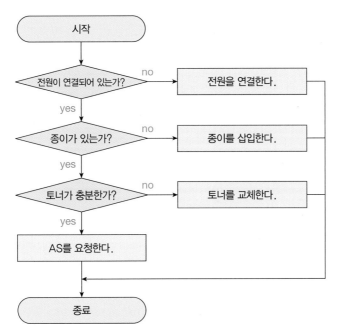

**그림 6.3** 순서도의 예: 프린터 고장을 처리하는 알고리즘

# 비봇 알고리즘

앞장에서 비봇(bee-bot)에 대하여 설명한 적이 있다. 비봇이 꽃을 찾아가는 알고리즘을 화살표 키를 이용하여 만들어보자. 아래의 왼쪽 그림에 대한 알고리즘은 오른쪽과 같다. 오른쪽과 같이 버튼을 눌러야만 이 비봇이 올바르게 꽃을 찾아갈 것이다.

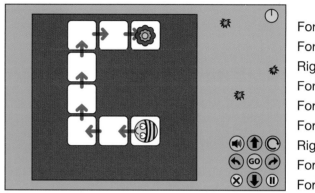

하나를 더 해보자. 비봇을 A지점에서 B 지점으로 이동하게 하려면 다음과 같은 순서로 비봇의 버튼을 눌러야 한다.

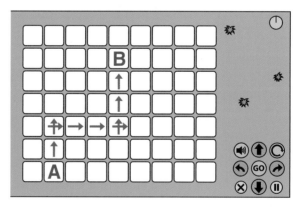

청소를 좋아하는 사람은 거의 없다. 하루 종일 쓸고 닦아도 집안 청소는 끝나지 않는다. 청소를 대신해주는 로봇이 있다면 얼마나 좋을까? 로봇 청소기는 "청소"라는 힘든 가사노동을 줄여주는 인기가 많은 가전제품이다. 로봇 청소기는 카메라, 초음파, 적외선, 범퍼를 이용하여 장애물을 감지하고 충돌을 피하면서 청소를 한다. 또 배터리가 부족해지면 자동으로 충전한다.

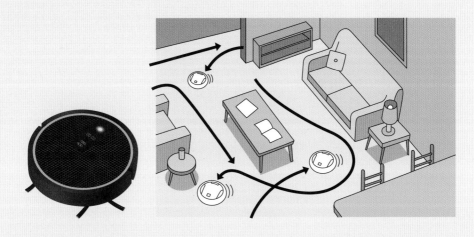

로봇 청소기는 어떤 알고리즘으로 청소를 하는 것일까? 물론 제조사에 따라서 서로 다른 청소 알고리즘을 가지고 있을 것이다. 우리는 그 중에서 하나를 선택하여 알고리즘을 작성해보자.

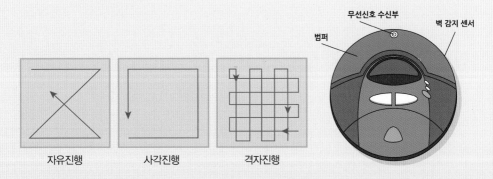

일단 가장 단순한 알고리즘을 작성해보자. 범퍼(충돌감지용) 센서 만을 가지고 있는 로봇 청소기는 장애물과 충돌 시 방향을 전환하면서 청소한다.

# 로봇 청소기 알고리즘

가장 간단한 알고리즘은 왼쪽이나 오른쪽 충돌 센서가 충돌을 감지하기 전까지는 전진하는 것이다. 충돌이 감지되면 오른쪽 충돌인지 왼쪽 충돌인지를 분간하여 반대쪽으로 회전한다.

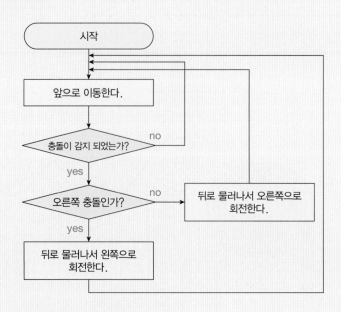

이 알고리즘을 적용하면 로봇 청소기는 다음과 같이 이동하면서 청소할 것이다.

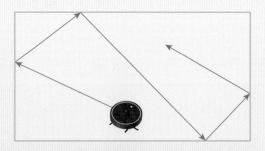

**도전문제**

다른 청소 알고리즘도 작성해보자. 다음과 같이 청소를 하려면 어떤 알고리즘이 있어야 하는가?

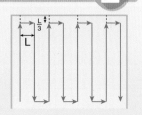

# iptv에서 볼 가족 영화 고르기

휴일이어서 모든 가족이 집에서 영화를 한 편 보려고 한다. 가족 영화 중에서 평점이 괜찮은 영화를 볼 예정이다. 어떤 알고리즘을 사용하면 좋을까? 이것은 의사 코드를 이용해보자.

Algorithm: 영화 고르기.

Steps:

1. 장르를 선택한다.

2. 성인용을 제외한다.

3. 평점이 나쁜 영화를 제외한다.

4. 남은 영화에 대하여 가족들이 투표하여서 볼 영화를 결정한다.

# 숙제하기 알고리즘

모든 사람들은 숙제하기 싫어한다. 자신이 숙제하는 알고리즘을 작성하여 보자. 아래는 인터넷 유머 사이트에 실린 알고리즘이다.

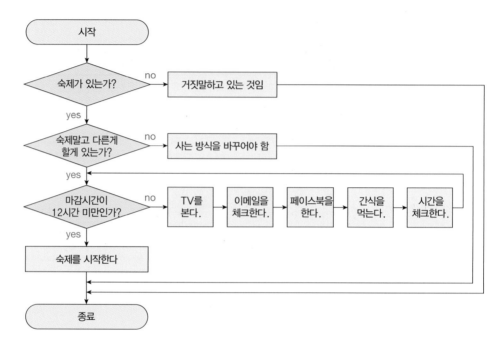

# 전화걸기 알고리즘

친구에게 전화 거는 알고리즘을 만들어보자. 의사 코드를 사용한다.

**Algorithm:** 친구에게 전화걸기.

**Input:** 친구이름.

**Output:** 없음.

**Steps:**

1. 스마트폰을 집어서 화면 잠금을 해제한다.
2. 연락처에서 친구의 전화번호를 찾아서 통화 버튼을 누른다.
3. 통화중이면 끊고 5분 기다렸다가 **Step 2**로 간다.
4. 전화를 받지 않으면 문자 메시지를 남긴 후 종료한다.
5. 전화를 받으면 통화를 한다.
6. 통화가 끝나면 종료한다.

# 자동차 시동거는 알고리즘

전자제품이나 자동차의 사용설명서도 알고리즘이라 할 수 있다. 사용 설명서에는 다음과 같이 자동차 시동을 거는 방법이 나열되어 있다. 이것을 순서도로 작성해 보자.

**1.** 주차 브레이크를 확실히 작동시켜 놓으십시오.

**2.** 브레이크 페달을 확실히 밟고 계십시오.

**3.** 시동 스위치를 「ON」 위치까지만 돌리십시오.

**4.** 계기판의 예열 표시등이 점등 후 소등될 때까지 기다리십시오.

**5.** 변속레버를 「P(주차)」위치에 놓은 후 브레이크 페달을 밟고 계십시오.

**6.** 시동 스위치를 「START」위치까지 돌리고 엔진 시동이 걸리면 키에서 손을 떼십시오.

## Summary

- 알고리즘(algorithm)은 문제를 해결하기 위한 단계적인 절차이다. 알고리즘을 컴퓨터 프로그래밍 언어로 구현하면 프로그램이 된다.

- 알고리즘을 이루는 명령어들은 의미가 명백하여야 한다. 또 컴퓨터에서 실행가능해야 한다.

- 알고리즘은 순서도와 의사코드로 기술된다.

- 순서도는 알고리즘에서의 작업 순서를 그림으로 그린 것이다.

- 의사코드는 프로그래밍 언어보다 덜 체계적인 언어로 알고리즘을 기술하는 데 사용된다.

COMPUTATIONAL THINKING

CHAPTER

# 07

# 알고리즘 II

**이번 장에서는 다음과 같은 내용을 학습합니다.**
▶ 3가지의 기본 제어구조를 살펴본다.

알고리즘에 흥미가
생겼어요!

컴퓨팅 사고의 최종적인
결과물도 알고리즘입니다.

COMPUTATIONAL THINKING

# 컴퓨터가 알고리즘을 수행하게 하자

6장에서는 컴퓨터가 아니라 인간이 수행하는 알고리즘을 주로 살펴보았다. 알고리즘 중에서는 단순한 동작을 반복하는 알고리즘도 많다. 이들 알고리즘은 인간보다는 컴퓨터를 이용하여 수행시키는 편이 훨씬 효율적이다. 7장에서는 주로 컴퓨터를 이용하여 알고리즘을 수행시키는 방법을 살펴보자. 컴퓨터를 이용하여 알고리즘을 수행하려면 컴퓨터 안의 변수와 배열을 사용하여야 한다. 또 알고리즘을 이루고 있는 3가지의 기본 제어 구조에 대하여 학습하는 것이 필요하다. 변수와 제어 구조를 학습한 후에 본격적으로 알고리즘에 대하여 살펴보자.

## 의사 코드

알고리즘은 문제를 해결하는 절차이다. 알고리즘을 순서에 따라 실행되어야 하는 단계(step)들로 이루어져 있다. 알고리즘을 기술하는 데는 6장에서 살펴본 순서도를 사용할 수 있다. 하지만 알고리즘이 복잡해지면 그림을 그려서 알고리즘을 나타내는 것도 상당히 번거롭게 된다. 이러한 경우에는 프로그래밍 언어와 비슷하지만 문법적인 제약이 없는 의사 코드(pseudocode)를 사용하는 것이 좋다. "의사"란 유사하다는 의미이다. 아래 그림에서 오른쪽이 의사 코드이다. 아직은 이해하지 못해도 좋다.

```
total ← 0
counter ← 1
while counter <= 10
        input grade
        total ← grade + total
        counter ← counter + 1
average ← total / 10
print average
```

의사 코드는 프로그래밍 언어와 유사하지만 프로그래밍 언어의 엄격한 문법을 사용하지 않으며 비교적 간단한 명령어 집합만을 가지고 있다. 의사 코드의 장점은 프로그래밍 언어보다 이해하기 쉽고 알고리즘의 핵심적인 부분을 언어-독립적으로 기술할 수 있다는 점이다.

의사 코드 방법에서는 알고리즘의 각 단계를 문장으로 기록한다. 일반적으로, 명령어와 변수는 소문자로 적는다. 의사 코드로 작성된 프로그램은 실행 가능한 프로그램이 아니기 때문에 의사 코드 문법에 대한 표준은 존재하지 않는다. 체계적인 표준 양식은 없지만 대개 프로그래밍 언어로부터의 제어 구조를 가져와서 사용한다. 이 장에서는 주로 의사 코드를 사용하여서 알고리즘을 표시할 것이다.

### 변수

인간이 알고리즘을 수행할 때도 노트를 사용하여 현재 값을 적을 수 있다. 컴퓨터도 알고리즘에서 나타나는 값들을 어딘가 적어놓을 수 있어야 한다. 이것을 변수 (variable)라고 한다.

**그림 7.1** 인간은 노트에 값을 기록하고 컴퓨터는 변수에 값을 저장한다.

변수는 수학에서도 등장하고 경제학에서도 등장한다. 수학에서의 "변수"란 값이 특정지어지지 않아 임의의 값을 가질 수 있는 문자를 뜻한다.

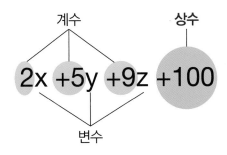

컴퓨터 분야에서도 변수가 등장한다. 컴퓨터에서는 값들이 저장되는 공간을 변수라고 한다. 변수에는 기호로 된 이름이 붙여진다. 변수가 가지고 있는 값은 언제든지 다른 값으로 변경될 수 있다(이런 이유로 변수라는 이름을 붙인 것이다). 변수는 컴퓨터의 메모리 안에 생성된다.

**그림 7.2** 변수는 데이터를 담아두는 상자와 같다.

변수는 데이터를 담아두는 상자와 같다고 생각할 수 있다. 상자들은 식별을 위하여 이름표를 붙이기도 한다. 변수도 마찬가지여서 변수와 변수를 구별하기 위하여 변수에 이름을 붙여준다. 따라서 상자의 앞면에는 변수의 이름을 표시할 것이다.

컴퓨터 분야에서 "변수"는 수학에서의 "변수" 개념과 직접적으로 일치하지 않을 수 있다. 수학에서의 "변수"의 값은 방정식이나 공식의 일부로만 사용되지만 컴퓨터에서의 변수는 수식을 넘어서 알고리즘에서 사용될 수 있다. 즉 한 곳에서 값을 저장하고 다른 곳에서 사용할 수 있으며, 다시 새로운 값을 저장할 수도 있다. 컴퓨터 분야의 변수는 상당히 긴 이름을 사용하지만 수학의 변수는 간결성을 위해 1~2자 길이의 이름을 갖는다. 그리고 결정적으로 수학에서의 변수는 메모리 공간을 나타내지 않는다.

알고리즘에서 변수 $x$에 10을 저장하는 명령어는 다음과 같다. ← 기호(연산자)는 왼쪽의 변수에 오른쪽의 값을 저장하는 연산자이다.

$$x \leftarrow 10$$

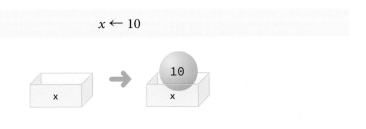

변수 $x$와 변수 $y$의 값을 합하여 변수 $z$에 저장하는 명령어는 다음과 같다.

$$z \leftarrow x + y$$

알고리즘에서는 필요한 만큼의 변수를 생성하여 사용할 수 있다.

### 연산

컴퓨터는 기본적으로 계산하는 장치이다. 따라서 알고리즘에서 필요하다면 계산할 수 있다. 이때는 다음과 같은 기호를 사용하여서 산술연산을 나타내기로 하자.

**표 1.3** 산술 연산자

| 연산자 | 의미 |
|---|---|
| x + y | x와 y를 더한다 |
| x − y | x에서 y를 뺀다 |
| x * y | x와 y를 곱한다 |
| x / y | x를 y로 나눈다 |

예를 들어서 알고리즘에서 변수 $x$에 변수 $y$를 곱해서 변수 result에 저장하는 명령어는 다음과 같다.

$$x \leftarrow 10$$
$$y \leftarrow 2$$
$$\text{result} \leftarrow x * y$$

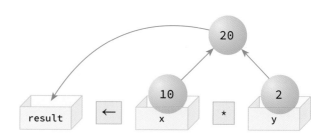

### 입력과 출력

컴퓨터에서 입력과 출력을 하려면 특별한 명령어가 필요하다. 입력과 출력 명령어는 컴퓨터 기종마다 다르다. 알고리즘에서는 input이나 print와 같은 추상적인 입출력 명령어를 사용한다.

예를 들어서 사용자로부터 값을 받아서 *x*, *y*, *z* 변수에 저장하였다가 1씩 증가한 후에 화면에 출력하는 명령어들은 다음과 같다.

```
print "3개의 값을 입력하시오: "
input x, y, z
x ← x + 1
y ← y + 1
z ← z + 1


print "변경된 값: ", x, y, z
```

만약 위의 알고리즘을 컴퓨터에서 실행한다면 실행 결과는 다음과 같을 것이다.

```
3개의 값을 입력하시오: 1 2 3
변경된 값: 2 3 4
```

## 적절한 변수 이름 짓기

변수의 이름을 지을 때는 상당히 신중하여야 한다. 변수는 반드시 이름이 있어야한다. 변수의 이름은 프로그래머가 마음대로 지을 수 있지만 몇 가지의 규칙을 지켜야 한다. 변수의 이름은 식별자의 일종이다. 식별자(identifier)란 변수 이름 등에사용되어서 다른 것들과 식별할 수 있게 해주는 것이다. "홍길동", "김철수"등의 이름이 사람을 식별하듯이 식별자는 변수와 변수들을 식별하는 역할을 한다.

변수의 이름을 짓는 것은 상당히 중요한 작업 중의 하나이므로 신중해야하고 시간을 투자해야 한다. 변수의 이름을 지을 때는 변수의 역할을 가장 잘 설명하는 이름을 지어야 한다. 좋은 변수 이름은 전체 프로그램을 읽기 쉽게 만든다. 하지만 반대로 즉흥적으로 지은 이름을 사용하게 되면 나중에 프로그램을 읽기가 아주 힘들어진다. 예를 들면 연도와 달, 일을 나타내는데 *i, j, k*라고 하는 것보다 year, month, date라고 하는 편이 이해하기 쉬울 것이다.

컴퓨터 과학자들은 잘 지어진 이름의 중요성을 예전부터 잘 알고 있었다. 가장 좋은 이름은 어떤 요소의 본질을 반영하는 이름이다. 잘 지어진 이름을 사용하면 알고리즘과 데이터에 대하여 확실한 정보를 준다. 다음 알고리즘은 일한 시간과 시급을 곱하여 아르바이트 생의 월급을 계산하는 문장이다. 어떤 알고리즘이 알아보기 쉬운가?

```
a ← 10
b ← 6000
c ← a * b
```
| 나쁜예

```
hours_worked ← 10
pay_rate ← 6000
monthly_pay ← hours_worked * pay_rate
```
좋은예

여러 단어로 되어 있는 변수 이름을 나타내는 데는 몇 가지의 방식이 존재한다. 먼저 가장 전통적인 방법은 bank_account처럼 중간에 밑줄 문자를 사용하는 것이다. 두 번째 방법은 BankAccount처럼 단어 첫 번째 글자를 대문자로 하는 것이다. 어떤 방식을 사용해도 상관없고 다만 일관성 있게 사용하면 된다.

### 변수의 용도

변수를 사용하면 프로그램을 더욱 유용하게 만들 수 있다. 예를 들어서 원화를 미국 달러로 환전해주는 프로그램을 작성해보자. 환율을 시시각각 변동되기 때문에 다음과 같이 항상 환율을 1130원으로 가정하고 알고리즘을 작성하는 것은 별로 쓸모가 없다.

```
won ← 100000
usd ← won * 1130
print usd
```

이때 변수를 사용하면 좋다. 환율을 변수로 표시하게 되면 매일 바뀌는 환율을 반영할 수 있다.

```
print "현재의 환율을 입력하시오: "
input exchange_rate
won ← 100000
usd ← won * exchange_rate
print usd
```

# 화씨 온도를 섭씨 온도로 변경하는 알고리즘

미국에서는 화씨 온도를 사용하고 나머지 국가에서는 섭씨 온도를 사용한다. 화씨 온도 100도가 섭씨 온도로 몇 도인지를 계산하는 알고리즘을 작성하여 보자.

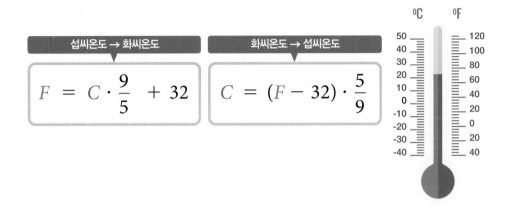

```
fahrenheit ← 100
celsius ← fahrenheit-32
celsius ← celsius*5
celsius ← celsius/9
print celsius
```

위의 알고리즘에서 한 번에 수식을 모두 계산할 수도 있다.

```
fahrenheit ← 100
celsius ← 5*(fahrenheit-32)/9
print celsius
```

# 음료를 바꾸는 문제

첫 번째 컵(A)에 주스가 들어 있고 두 번째 컵(B)에 커피가 들어 있다. 세 번째 컵 (C)은 비어 있다. 세 번째 컵을 이용하여 첫 번째 컵과 두 번째 컵의 음료를 서로 바꾸려고 한다. 어떤 알고리즘을 사용해야 하는가?

다음과 같은 알고리즘을 생각할 수 있다.

```
Steps:
1. 첫 번째 컵의 음료를 세 번째 컵으로 옮긴다.(A->C)
2. 두 번째 컵의 음료를 첫 번째 컵으로 옮긴다.(B->A)
3. 세 번째 컵의 음료를 두 번째 컵으로 옮긴다.(C->B)
```

만약 변수 a, b에 들어 있는 값을 또 하나의 변수 c를 이용하여 서로 교환한다면 어떤 알고리즘을 생각할 수 있을까? 다음과 같은 알고리즘은 명백히 잘못되었다!

```
a ← b
b ← a
```

올바른 알고리즘은 다음과 같다.

```
c ← a
a ← b
b ← c
```

# 3가지의 기본 제어 구조

우리가 알고리즘을 작성할 때, 사용할 수 있는 3가지의 기본적인 제어 구조가 있다.

- **순차 구조**(sequence): 명령어들이 순차적으로 실행되는 구조이다.
- **선택 구조**(selection): 둘 중의 하나의 명령어를 선택하여 실행되는 구조이다.
- **반복 구조**(iteration): 동일한 명령어가 반복되면서 실행되는 구조이다.

아래 그림은 순차 구조, 선택 구조, 반복 구조를 순서도(flowchart)로 나타낸 것이다.

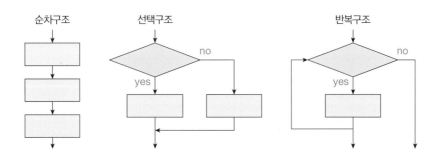

이것들이 알고리즘을 구성하는 기본 블록이다. 어떠한 알고리즘이라도 3가지의 기본 블록만 있으면 만들 수 있다. 기본 블록을 쉽게 이해하려면 이것을 자동차(CPU)가 주행하는 도로로 생각하면 된다.

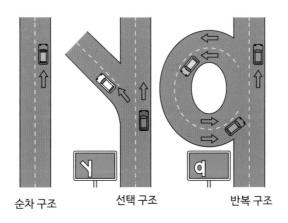

순차 구조는 자동차가 직진만 하는 도로라고 생각할 수 있다. 선택 구조는 자동차가 2가지의 길 중에서 하나를 선택하여 주행하는 교차로이다. 반복 구조는 자동차가 회전하면서 주행하는 회전 교차로라고 할 수 있다. 알고리즘은 이들 기본적인 구조를 서로 연결하여서 작성된다. 의사 코드에서 if와 else는 선택 구조를 나타내는 명령어이고 while은 반복 구조를 나타내는 명령어이다.

## 순차 구조

순차 구조는 순서대로 실행되는 명령어를 실행할 때 사용된다. 순차구조에서는 실행되어야 하는 순서대로 명령어를 나열하면 된다. 위에서 아래로 차례대로 실행된다.

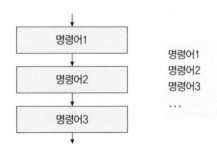

### 예제 #1

회사에 출근하는 알고리즘을 의사 코드로 표시해보자. 이것은 물론 컴퓨터로 실행할 수 있는 알고리즘은 아니다. 각 명령어들이 실행가능하지 않기 때문이다.

```
이를 닦는다.
세수를 한다.
머리를 빗는다.
옷을 입는다.
```

### 예제 #2

사용자로부터 사각형의 가로, 세로를 받아서 면적을 계산하여 화면에 출력하는 알고리즘을 의사코드로 작성해보자. 순차 구조만을 이용하면 된다.

```
print "사각형의 가로와 세로를 입력하시오"
input length, width
area ← length * width
print area
```

**예제** #3

사용자로부터 2개의 정수를 받아서 합계를 출력하는 프로그램을 의사코드로 작성해보자. 순차 구조만을 이용하면 된다.

```
print "정수 2개를 입력하시오"
input x, y
sum ← x + y
print sum
```

**예제** #4

예를 들어서 부가세를 계산하는 알고리즘을 만들어보자. 부가세는 상품의 가격의 10%이다.

```
print "상품의 가격을 입력하시오"
input price
vat ← price * 0.1
print vat
```

**예제** #5

사용자의 나이를 물어보고 1년 후의 나이를 출력한다.

```
print "나이를 입력하시오"
input age
age ← age + 1
print "내년이면 ", age, "가 되시는 군요"
```

# 선택 구조

일상생활에서도 조건에 따라서 결정을 내려야 하는 경우는 많이 있다. 예를 들어 날씨가 좋은 경우에만 운동을 하고 그렇지 않으면 공부를 한다고 하자. 이런 경우에 사용할 수 있는 구조가 선택 구조이다. 이것을 순서도로 그리면 아래 그림과 같다.

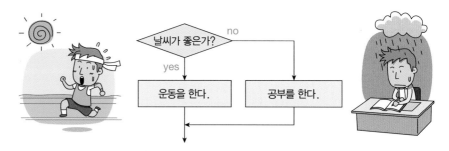

선택 구조를 의사 코드로 표현하면 다음과 같은 구조가 된다.

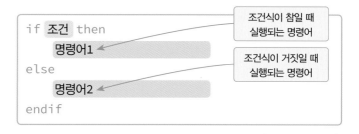

선택 구조에서는 주어진 조건을 계산하여 참이면 then 이하의 문장을 실행한다. 조건식이 거짓으로 계산되면 else 이하의 문장이 실행된다. 선택 구조에서 else는 생략될 수도 있다.

인터넷 쇼핑몰에서 2만원 이하의 상품을 구입하면 배송료가 3000원이지만 2만원을 초과하는 상품을 구입하면 배송료가 없다고 하자. 쇼핑몰의 배송료를 계산하는 알고리즘을 작성하여 보자.

```
print "상품의 가격을 입력하시오: "
input price
if price > 20000 then
    shipping_cost ← 0
else
    shipping_cost ← 3000
endif
```

이 알고리즘에서는 사용자에게 상품의 가격을 입력받아서 변수 price에 저장한다. 선택 구조를 사용하여 변수 price의 값이 20000보다 큰가를 체크한다. 여기서 조건은 "price > 20000"가 된다. 조건 "price > 20000"이 참이면 then 이하가 실행되어서 배송료를 나타내는 변수인 shipping_cost가 0이 된다. 만약 조건이 거짓이면 else 이하가 실행되어서 배송료를 나타내는 변수인 shipping_cost가 3000이 된다.

예제 #2

성적이 60점 이상이면 합격이라고 하자. 학생으로부터 성적을 입력받아서 합격인지를 출력하는 알고리즘을 작성하면 다음과 같다. 여기서는 else 이하는 생략되었다. 즉 if-then 선택 구조를 사용한다.

```
print "성적을 입력하시오: "
input grade
if grade ≥ 60 then
    print "합격"
endif
```

여기서 ≥ 기호는 크거나 같음을 나타내는 연산자이다.

예제 #3

일주일의 근무시간이 72시간을 넘으면 "초과근무"라고 출력하고 그렇지 않으면 "정상근무"라고 출력하는 알고리즘을 의사코드로 작성해보자.

```
print "근무 시간을 입력하시오: "
input work_hour
if work_hour > 72 then
```

```
        print "초과근무"
else
        print "정상근무"
endif
```

### 예제 #4

사용자가 정수를 입력하면 짝수인지 홀수인지를 출력한다.

```
print "정수를 입력하시오: "
input x
if (x mod 2) ≠ 0
        print "홀수"
else
        print "짝수"
endif
```

여기서 (x mod y)는 x를 y로 나눈 나머지를 의미한다. ≠ 기호는 같지 않음을 나타낸다.

### 예제 #5

이번에는 입력의 값에 따라서 서로 다른 작업을 하는 프로그램을 작성해보자. 예를 들어서 사용자가 2개의 정수를 입력하면 그 중에서 큰 수를 출력하는 프로그램을 작성해보자.

```
print "정수를 입력하시오: "
input x, y
if x > y then
        print x
else
        print y
endif
```

### 예제 #6

컴퓨터가 사용자의 이름과 나이를 물어보고, 간단한 답변을 하는 프로그램을 의사 코드를 사용하여 만들어 보면 다음과 같다.

```
print "이름: "
input name
print "나이: "
```

```
input age
if age ≤ 20 then
    print "프로그래밍을 배우는 최적의 나이입니다!"
else
    print "아직도 늦지 않았습니다!"
endif
```

여기서 ≤ 기호는 작거나 같음을 나타내는 연산자이다.

# 04

COMPUTATIONAL
THINKING

# 다방향 선택 구조

이제까지 우리는 두 개 중에서 하나만을 선택하였다. 하지만 알고리즘에서는 더 다양한 선택을 사용할 수도 있다. 예를 들어서 어떤 인터넷 쇼핑몰에서는 10만원 이상을 구입하면 무료 배송이지만 2만원 이상을 구입하면 배송료가 3000원이고 2만원 미만을 구입하면 배송료가 5000원일 수도 있다. 이런 경우에는 어떻게 알고리즘을 작성하여 배송료를 계산할 것인가? 우리는 3가지 중에서 하나를 선택하는 알고리즘을 작성하여야 한다.

| 구입가격 | 배송료 |
| --- | --- |
| 10만원 이상 | 0원 |
| 2만원에서 10만원 미만 | 3000원 |
| 2만원 미만 | 5000원 |

이 경우에는 선택 구조 안에 다른 선택 구조를 넣어야 한다. 선택 구조 안에는 얼마든지 다른 제어 구조를 넣어도 된다. 다만 들여쓰기를 확실하게 하여야 한다. 배송료를 계산하는 알고리즘을 순서도로 그리면 다음과 같이 된다.

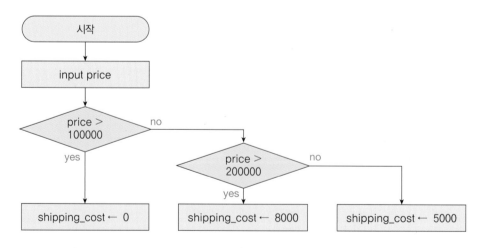

위의 알고리즘을 의사 코드로 표시하면 다음과 같다.

```
print "상품의 가격을 입력하시오: "
input price
if price > 100000 then
    shipping_cost ← 0
else
    if price > 20000 then
        shipping_cost ← 3000
    else
        shipping_cost ← 5000
    endif
endif
print "배송료= ", shopping_cost
```

# 큰수 출력하기

사용자로부터 2개의 수를 받아서 큰 수를 출력하는 알고리즘을 순서도와 의사 코드로 표시해보자.

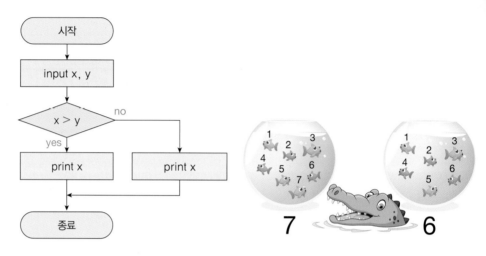

위의 순서도를 참고하여 의사 코드로 알고리즘을 표시해보자.

```
input x, y
if x > y then
    print x
else
    print y
endif
```

# 05

# 반복 구조(while 루프)

반복은 같은 처리 과정을 여러 번 되풀이하는 것이다. 반복은 왜 필요한가? 학생들의 국어, 영어, 수학 성적의 평균을 구하는 작업을 생각하여 보자. 학생수가 30명이라면 각 학생들의 국어, 영어, 수학 성적을 합하여 3으로 나누는 처리 과정을 30번 반복하여야 할 것이다. 만약 학생 수가 10000명이라면 10000번을 반복하여야 한다. 이러한 반복적인 작업을 사람이 하는 것은 아주 비효율적이다. 여기에 컴퓨터의 강점이 있다. 컴퓨터는 인간이 수행할 경우 막대한 시간이 소요되는 반복 작업을 빠르고 정확하게 처리할 수 있다. 이와 같이 어떤 대상에 대하여 같은 처리 과정을 반복하는 것은 프로그래밍에 있어서 자주 발생한다.

**그림 7.3** 반복은 같은 처리 과정을 반복하는 것이다.

반복 구조는 문장들을 반복시키기 때문에 흔히 루프(loop)라고 불린다. 루프는 동그라미 모양의 고리를 의미한다. 반복 구조는 어떤 조건이 만족되면 동일한 명령어들을 반복한다. 반복 구조에는 다음과 같은 2가지 종류가 있다. 개발자가 가장 적합한 구조를 선택하여 사용하면 된다.

- **while 루프**: 어떤 조건이 만족되는 동안, 반복을 계속하는 구조이다.
- **repeat-until 루프**: 먼저 반복하고 조건을 나중에 검사한다.

while 루프의 구조를 의사 코드로 작성하면 다음과 같다. while 루프 첫 부분에 반복의 조건을 기술한다. 조건이 만족되는 동안, 들여쓰기된 명령어들은 반복 실행된다.

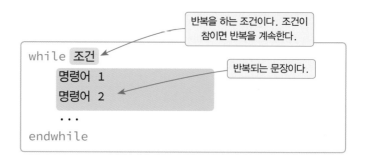

while 루프를 순서도로 그리면 다음과 같이 그릴 수 있다.

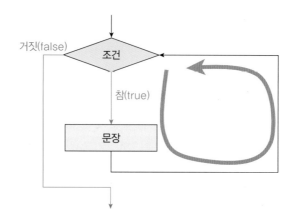

알고리즘에서는 어떤 경우에 반복이 필요할까? 예를 들어서 회사에 중요한 손님이
오셔서 화면에 "환영합니다."를 5번 출력해야 한다고 가정하자. 이제까지 학습한
방법만을 사용하면 다음과 같이 print 명령어를 5번 되풀이해야 한다.

```
print "환영합니다."
print "환영합니다."
print "환영합니다."
print "환영합니다."
print "환영합니다."
```

똑같은 문장을 5번 작성하는 것은 어느 정도 가능하다. 하지만 1000번 출력해야 한
다면 문제는 심각해진다. 이런 경우에 반복 구조가 필요하다. while 루프를 이용하
여 다시 작성하면 다음과 같다.

```
i ← 0
while i < 5
    print "환영합니다."
    i ← i + 1
endwhile
```

위의 코드에서 반복 조건에 해당하는 것은 수식 "i < 5"이다. 위의 코드가 의미하는 것은 i가 5보다 작은 동안에는 들여 쓰기 된 2개의 명령어를 실행하라는 것이다. i의 초기값은 0이고 i는 한번 반복될 때마다 1씩 증가된다. 따라서 i는 0->1->2->3->4와 같이 증가하게 되고 i가 5가 되면 수식 "i < 5"은 거짓이 되어 반복이 종료된다. 반복 조건은 while 루프에 처음으로 진입할 때 검사되고 한 번씩 반복할 때마다 반복을 계속할 것인지를 결정하기 위하여 검사된다.

여기서 주의하여야 하는 사항이 있다. 만약 우리가 i를 증가시키지 않는다면 반복 조건이 항상 참이 되어서 무한히 반복하게 된다.

```
i ← 0
while i < 5
    print "환영합니다."
endwhile
```

위의 코드에서 while 문의 몸체에는 변수 i의 값을 증가시키는 i ← i+1 명령어가 없기 때문에 while 루프의 조건은 몇 번을 반복하더라도 거짓이 되지 않는다. 이것을 무한 반복이라고 하며 이러한 결과가 나오지 않도록 주의하여야 한다.

---

**Note**

어떤 교실에서 학생이 수업(아마도 컴퓨팅 사고 수업) 중에 떠들어서 선생님이 "수업시간에 떠들지 않겠습니다."를 50번 쓰라고 하였다. 재치 있는 학생이 다음과 같은 의사 코드를 칠판에 적어서 위기를 모면하였다는 이야기가 있다.

# 0부터 9까지 출력하기

0, 1, 2, ..., 9까지를 차례대로 화면에 출력하는 알고리즘을 작성하여 보자. 다음과 같이 작성할 수도 있으나 중복이 심하다.

```
print "0"
print "1"
print "2"
print "3"
print "4"
print "5"
print "6"
print "7"
print "8"
print "9"
```

반복 구조를 사용하는 것이 좋다. 변수 x의 값을 0으로 초기화하고 반복하면서 x를 출력하고 1씩 증가시키면 된다. x가 10보다 작을 때까지 반복시키면 된다.

```
x ← 0
while x < 10
    print x
    x ← x + 1
endwhile
```

변수 x의 값은 0, 1, 2, 3, ..., 9까지 변경된다. x의 값이 10이 되면 반복 조건인 "x < 10"이 거짓이 되므로 반복 루프를 빠져 나오게 된다.

🏆 도전문제

0에서 시작하여 사용자가 입력한 값까지 출력하는 프로그램으로 수정해보자. 사용자가 20을 입력하면 0 → 1 → 2 → ... → 19까지 출력한다.

# 1부터 10까지의 합 계산하기

1부터 10까지의 정수의 합을 계산하여 출력하는 알고리즘을 작성해보자. 즉 (1 + 2 + 3 + ... + 9 + 10)의 값을 계산하는 알고리즘을 작성하여 보자. 이것은 공식으로도 계산할 수 있으나 우리는 반복 구조를 사용해보자.

```
x ← 1
total ← 0
while x ≤ 10
    total ← total + x
    x ← x + 1
endwhile
print total
```

위의 예제에서는 변수 x의 초기값이 1인 것이 편리하다. 현재 x의 값을 total에 합한다. x는 while 루프의 끝에서 1씩 증가된다. 만약 x를 증가시키는 명령어가 실수로 누락된다면 무한히 반복하게 되므로 주의하여야 한다. 반복 구조가 종료되지 않고 무한히 반복하는 오류는 프로그래밍에서 많이 발생하는 오류로서 무한 루프 (infinite loop)라고 한다.

 도전문제

등차수열의 합을 계산하는 방법으로도 알고리즘을 작성해보자.

$$1 + 2 + 3 + 4 + ... + n = \frac{n(n+1)}{2}$$

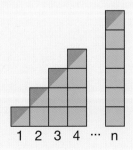

1  2  3  4  ⋯  n

# 3-6-9 게임

3-6-9 게임과 유사한 게임을 알고리즘으로 만들어보자. 사람들이 원형으로 둘러앉은 후에 1부터 100까지의 숫자를 돌아가면서 말한다. 만약 정해진 숫자의 배수가 나오면 숫자 대신에 박수를 치는 게임이다. 예를 들어서 3이라는 숫자를 미리 정했다면 3, 6, 9와 같이 3의 배수가 나오면 박수를 쳐야 한다.

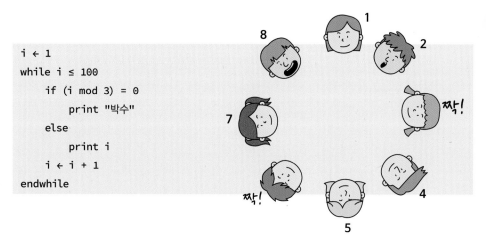

```
i ← 1
while i ≤ 100
    if (i mod 3) = 0
        print "박수"
    else
        print i
    i ← i + 1
endwhile
```

이 알고리즘에서 중요한 부분은 어떻게 3의 배수를 판단할 것인가이다. 이럴 때는 나머지 연산자인 mod를 사용하여야 한다. 3의 배수를 3으로 나누면 나머지가 0이 되므로 (i mod 3)의 값이 0이면 박수를 치고 아니면 숫자를 출력하면 된다.

# 팩토리얼 계산

팩토리얼을 계산하는 프로그램을 작성하여 보자. 팩토리얼 n!은 1부터 n까지의 정수를 모두 곱한 것을 의미한다. 즉, n! = 1 × 2 × 3 × …… × (n + 1) × n이다. 예를 들어서 10!을 계산하는 프로그램을 작성하여 보자.

```
1! = 1
2! = 2(1) = 2
3! = 3(2)(1) = 6
4! = 4(3)(2)(1) = 24
5! = 5(4)(3)(2)(1) = 120
```

```
i ← 1
factorial ← 1
while i ≤ 10
    factorial ← factorial * i
    i ← i + 1
endwhile
print factorial
```

팩토리얼 값은 엄청나게 커질 수 있음을 기억하여야 한다. 20!은 32비트 변수를 사용한다고 할지라도 오버플로우(값이 너무 커서 넘치는 것)가 발생하여서 저장이 불가능하다.

# 집 청소하기

방이 10개나 있는 큰 집이 있다고 하자. 반복 구조를 사용하여서 모든 방을 청소하는 알고리즘을 작성해보자. 순서도는 다음과 같다.

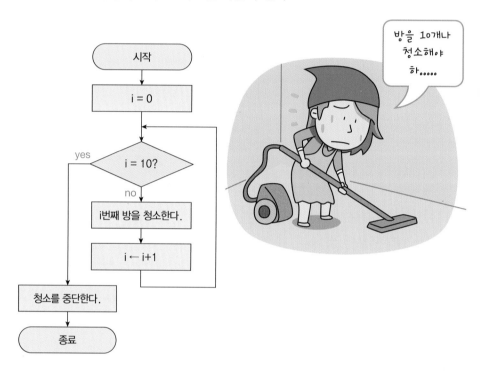

위의 순서도를 의사 코드로 바꾸어보자.

```
i ← 0
while i ≠ 10
    print i, "번째 방을 청소하는 중입니다"
    i ← i + 1
endwhile
청소를 중단한다.
```

# 주차장 알고리즘

여러분이 조그마한 무인 주차장을 운영하고 있다고 가정하자. 이 주차장에는 자동차 10대만을 주차할 수 있다. 주차장의 입구 게이트를 열고 닫는 알고리즘을 고안해보자.

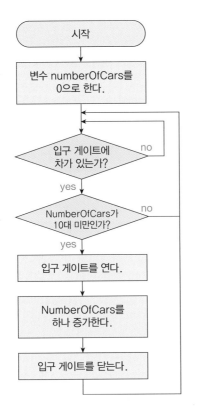

 도전문제

(1) 주차장의 출구에 있는 게이트를 위한 알고리즘을 작성해보자.

(2) 위의 알고리즘을 의사 코드로 작성해보자.

# 엘리베이터 알고리즘

아파트에 살면 항상 엘리베이터를 타게 된다. 엘리베이터는 어떤 알고리즘을 사용하고 있을까? 가상적으로 다음과 같은 조건을 가지는 엘리베이터를 위한 알고리즘을 작성하여 보자.

- 3개 층을 가지고 있다.
- 엘리베이터 안에는 각층을 갈 수 있는 3개의 버튼을 가지고 있다.
- 엘리베이터 안에는 각 층을 표시하는 3개의 LED를 가지고 있다.
- 각 층마다 엘리베이터를 호출할 수 있는 버튼이 있다.

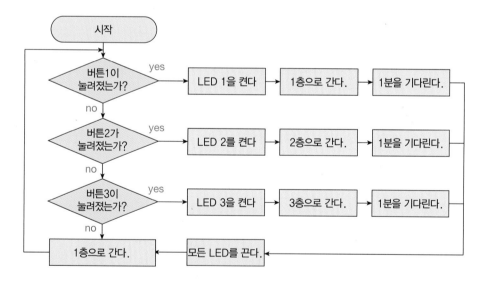

위의 알고리즘에는 오류가 없는가?

 도전문제

(1) 어떻게 하면 위의 알고리즘을 좀 더 향상시킬 수 있을까?

(2) 위의 알고리즘을 의사 코드로 작성해보자.

# 알고리즘 평가하기

어떤 문제에 대한 해결책이 컴퓨팅 사고를 이용하여 설계되면, 이 해결책이 목적에 맞는 지를 확인하는 것이 중요하다. 평가(evaluation)는 우리가 만든 해결책이 설계된 목적에 맞추어서 잘 수행되는 지를 확인하고 해결책을 향상시킬 수 있는 방법에 대해 생각하는 과정이다. 알고리즘이 작성되면, 우리는 다음과 같은 사항을 점검해야 한다 :

- 문제가 쉽게 이해되는가?  − 즉 문제가 완전히 분해되었는가?

- 완전한가? - 문제의 모든 측면을 해결하고 있는가?

- 효율적인가? -알고리즘이 가용 자원을 최대한 활용하여 문제를 해결하는가? (예를 들어 가능한 한 빨리 실행하고 작은 메모리 공간을 사용하는가?)

- 우리에게 주어진 설계 기준을 만족하는가?

만약 알고리즘을 평가했을 때 알고리즘이 위의 4가지 기준을 충족하면 올바르게 동작하는 것이다. 알고리즘을 평가한 후에 프로그램으로 작성되어야 한다.

**그림 7.4**  알고리즘에는 오류가 없어야 한다.

## 왜 우리는 평가 단계가 필요한가?

컴퓨팅 사고는 문제를 해결하고 컴퓨터를 프로그램 하는 데 사용될 수 있는 알고리즘을 설계하는 것을 것이다. 하지만 완성된 해결책에 결함이 있는 경우에는, 프로그램을 작성하는 것이 어려울 수 있다. 더 나쁜 것은, 완성된 프로그램이 제대로 문제를 해결하지 않을 수 있다는 점이다.

일단 해결책이 결정되고 알고리즘이 설계되었으면, 평가하는 단계를 생략하고 바로 프로그래밍을 시작하고 싶은 유혹이 있다. 그러나, 평가 없이는 알고리즘의 결함을 발견할 수 없다. 따라서 프로그램이 문제를 올바르게 해결할 수 없다. 만약 올바르게 해결하더라도 최적의 방법은 아닐 수 있는 것이다.

오류는 사소한 것일 수 있다. 예를 들어서 우리가 앞에서 예로 들었던 "어떻게 원화를 달러화로 바꿀 것인가" 문제의 해결책에 오류가 있을 수 있다. 즉 해결책을 이용하여 계산된 돈이 맞지 않을 수도 있다. 이 정도는 사소한 오류이다. 하지만 비행기나 우주선의 자동 조종 장치에 대한 해결책에 오류가 있다면 끔찍한 결과를 가져올 수 있는 것이다.

## 어떻게 평가할 것인가?

해결책을 평가하는 방법에는 여러 가지가 있다. 해결책이 정확하다는 것을 확신하기 위해, 다음과 같이 질문하는 것이 필요하다.

### ❶ 이 해결책은 이해가 되는가?

여러분이 문제를 해결하는 방법을 완전히 이해하는가? 여러분이 아직도 명확하게 문제를 해결하기 위해서 어떤 것을 해야 하는지를 모른다면, 첫 부분으로 가서 모든 것이 올바르게 분해되었는지 확인해야 한다. 여러분이 모든 작업을 수행하는 방법을 완벽하게 알면, 문제는 완벽하게 분해된 것이다.

| 도전 | 실패 | 다시 도전 | 성공 |

**❷ 이 해결책은 문제의 모든 부분을 커버하는가?**

강아지를 그리는 문제를 예로 들어 보자. 우리가 만든 해결책은 눈, 꼬리, 다리 뿐만 아니라 강아지를 그리는 데 필요한 모든 것을 설명하는가? 그렇지 않은 경우, 다시 가서 해결책이 완전하게 될 때까지 필요한 단계를 추가하여야 한다.

**❸ 해결책이 반복되는 작업을 요구하는가?**

만약 그렇다면, 반복을 줄이기 위한 방법을 생각해보자. 다시 돌아가서 해결책이 효율적으로 될 때까지 불필요한 반복을 제거하라.

### 모의 실습

해결책을 테스트하는 가장 좋은 방법 중 하나는 '모의 실습(dry run)'을 수행하는 것이다. 모의 실습은 군대에서 실제상황의 가정 하에 실탄을 사용하지 않고 실시되는 연습을 의미한다. 우리는 프로그램을 작성하기 전에 펜과 종이로, 알고리즘을 통해 작업을 하고 실행 경로를 추적할 수 있다. 이것이 바로 모의 실습이다.

예를 들어, 사용자의 이름과 나이를 물어보고, 이에 따라 적절한 메시지를 출력하는 알고리즘을 다음과 같이 작성하였다고 하자.

```
print "이름: "
input name
print "나이: "
input age
if age ≤ 20 then
    print "프로그래밍을 배우는 최적의 나이입니다!"
else
    print "아직도 늦지 않았습니다!"
endif
```

이 알고리즘을 테스트하여 보자. 나이 10와 60을 입력해보자. 나이로 60을 입력했을 때 사용할 때, 알고리즘이 어디로 가는가? 알고리즘은 올바른 결과를 출력하는가? 나이로 10을 입력했을 때, 알고리즘이 어떤 경로를 따라가는가? 그렇게 해도 올바른 출력을 제공하는가? 물론 우리의 알고리즘은 올바른 결과를 제공하지만 복잡한 알고리즘인 경우에는 이런 식의 모의 실습이 효과가 있다.

모의 실습을 수행했을 때 올바른 결과를 출력하지 않는 경우, 알고리즘에 잘못이 있는 것이다. 따라서 오류가 발생한 곳을 기록하여서 알고리즘을 수정하여야 한다.

## Summary

- 의사코드는 문법적인 제약이 없는 알고리즘 기술용 언어이다.

- 변수(variable)은 알고리즘에서 값을 저장하는 공간이다. 변수는 이름을 가지고 있다.

- 변수에 값을 저장하는 기호는 ← 이다.

- 덧셈, 뺄셈, 곱셈, 나눗셈은 +, -, *, /으로 나타낸다.

- 입력과 출력은 input과 print 명령어를 사용한다.

- 알고리즘은 3가지의 기본 제어 구조를 가지고 있다(순차 구조, 선택 구조, 반복 구조).

- 선택 구조는 둘 중 하나를 선택하여 실행하는 구조이다. 선택 구조는 if...else...endif 구문을 사용한다.

- 반복 구조는 동일한 명령어를 반복하여 실행하는 구조이다. 반복 구조는 while...endwhile 구문을 사용한다.

COMPUTATIONAL THINKING

CHAPTER

# 08

# 알고리즘 III

**이번 장에서는 다음과 같은 내용을 학습합니다.**
▶ 배열의 개념을 간단히 소개한다.
▶ 정렬 알고리즘을 살펴본다.
▶ 탐색 알고리즘을 살펴본다.

복잡한 알고리즘도
있나요?

그럼요, 복잡해 보이는
알고리즘 컴퓨터 프로그램
작성에 아주 중요합니다.

COMPUTATIONAL THINKING

# 01

# 자료 구조란?

여러분은 집안이 어질러져 있을 때 물건을 찾는 것이 얼마나 어려운지 잘 알고 있을 것이다. 컴퓨터에서도 마찬가지의 일이 발생한다. 컴퓨터 안의 자료들도 잘 정돈되어서 저장되어야 필요할 때 찾기가 쉽다. 컴퓨터 안의 자료들은 어떤 구조를 가지고 저장되어 있을까? 이번 장에서는 컴퓨터에서 사용되는 중요한 자료 구조들을 간단히 살펴보자.

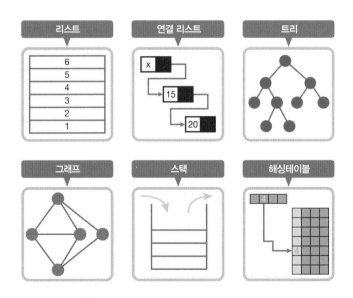

사람들은 일상생활에서 사물들을 정리하는 여러 가지 방법을 사용한다. 우리가 하루 중에 해야 할 일들은 보통 순차적으로 수첩에 기록한다. 책상에 책을 쌓아 놓는 것도 넓은 의미에서는 일종의 정리라 할 수 있다. 수퍼마켓에서는 물건을 보통 순서없이 비닐팩에 넣는다. 사람들이 상점에서 물건을 구입할 때는 대부분 줄을 선다. 줄이란 사람들을 도착한 순서대로 조직화한 것이다. 또한 영어사전에는 단어들이 알파벳순으로 정렬되어 저장되어 있다. 컴퓨터에는 폴더들이 계층적으로 만들어져 있고 여기에 파일들이 들어 있다. 회사에는 계층적인 조직을 나타내는 조직도가 존재한다. 지도에는 도로들의 연결 상태가 알아보기 쉽게 표시되어 있다.

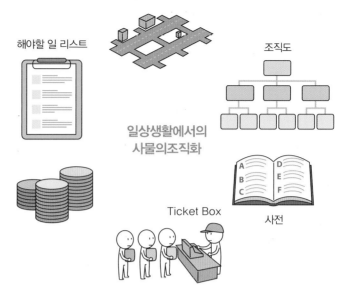

**그림 8.1** 일상생활에서의 사물의 조직화

사람들이 사물을 정리하는 것과 마찬가지로 프로그램에서도 자료들을 정리하는 여러 가지 구조들이 있다. 이를 자료 구조(data structure)라 부른다. 책상에 책을 쌓아 놓는 것처럼 자료들을 정리하는 구조를 스택이라 한다. 스택에서는 맨 위에서만 자료를 추가하거나 제거할 수 있다. 영화관의 줄에 해당하는 자료 구조를 우리는 큐라 부른다. 큐에서는 먼저 도착한 자료가 먼저 빠져나간다. 그림 8.2에 일상생활에서의 예와 자료구조를 비교하였다.

| 일상생활에서의 예 | 해당하는 자료구조 |
|---|---|
| 물건을 쌓아놓는 것 | 스택 |
| 영화관 매표소의 줄 | 큐 |
| 할일 리스트 | 리스트 |
| 영어사전 | 사전, 탐색구조 |
| 지도 | 그래프 |
| 조직도 | 트리 |

**그림 8.2** 일상생활과 자료구조

# 02

# 리스트

리스트(list)는 아마도 가장 기초적이고 가장 중요한 자료 구조이다. 리스트(list)는 우리들이 자료를 정리하는 방법 중의 하나이다. 우리는 일상생활에서 많은 리스트를 사용하고 있다. 우리는 많은 리스트를 가지고 있다. 예를 들어서 버킷 리스트, 친구들의 리스트, 좋아하는 영화 리스트, TO-DO 리스트 등을 들 수 있다. 컴퓨터도 리스트를 많이 사용한다.

리스트는 순서가 있는 항목들의 모임이다. 리스트에는 보통 항목들이 차례대로 정리되어 있다. 리스트의 항목들은 순서 또는 위치를 가진다. 리스트는 기호로 다음과 같이 표현한다.

$$L = \{item_0, item_1, item_2, \ldots, item_{n-1}\}$$

## 리스트의 예

리스트는 집합하고는 다르다. 집합은 항목 간에 순서의 개념이 없다. 여러분이 많이 사용하는 스마트폰의 수신 메시지 리스트도 하나의 리스트라 할 수 있다. 다음과 같은 것들이 리스트의 예이다.

- 요일들: {일요일, 월요일, ..., 토요일}

- 한글 자음의 모임: {ㄱ, ㄴ, ..., ㅎ}

- 카드 한 벌의 값: {Ace, 2, 3, ..., King}

- 임의의 다항식: $\{5x^3, 3x^2, 2x, 8\}$

구체적인 예를 들어보자. 최대 흥행 영화 리스트는 다음과 같다.

| 순위 | 영화 제목 | 인덱스 |
|------|-----------|--------|
| 1 | 아바타(Avatar) | 0 |
| 2 | 타이타닉(Titanic) | 1 |
| 3 | 스타워즈(Star Wars: The Force Awakens) | 2 |
| 4 | 주라기 월드(Jurassic World) | 3 |
| 5 | 어벤저스(Marvel's The Avengers) | 4 |

영화 아바타는 전세계적으로 $2,027,457,462의 박스 오피스를 기록하였다. 리스트의 모든 항목은 리스트 안의 위치에 의하여 식별할 수 있다. 즉 영화 아바타는 리스트의 1번 위치에 있고 영화 타이타닉은 리스트의 2번 위치에 있다.

리스트의 항목을 식별하기 위하여 사용하는 숫자를 인덱스(index)라고 하고 이러한 기법을 인덱싱이라고 한다. 다시 말하면 인덱싱이란 리스트의 각 항목에 유일한 번호를 할당하는 것이다. 인덱스는 0부터 시작한다. 영화 아바타는 1번 위치에 있으므로 인덱스는 0이 된다. 영화 타이타닉은 리스트의 2번 위치에 있으므로 인덱스는 1이 된다. 리스트 안의 항목은 대괄호를 사용하여 나타낸다. 예를 들어서 위의 리스트를 movie_list라고 하면 첫 번째 영화는 movie_list[0]이 된다. 즉 영화 아바타가 movie_list[0]이 된다. 영화 타이타닉은 movie_list[1]이 된다.

간단한 예제로 movie_list에 영화들을 저장하는 의사 코드를 작성하여 보자.

```
movie_list[0] ← "아바타"
movie_list[1] ← "타이타닉"
movie_list[2] ← "스타워즈"
movie_list[3] ← "주라기 월드"
movie_list[4] ← "어벤저스"
```

리스트를 한 번에 초기화하려면 다음과 같은 문장을 사용한다.

```
movie_list = {"아바타", "타이타닉", "스타워즈", "주라기 월드", "어벤저스"}
```

리스트 movie_list에 저장된 영화들을 꺼내서 출력하는 의사 코드를 작성해보자.

```
print movie_list[0]
print movie_list[1]
print movie_list[2]
print movie_list[3]
print movie_list[4]
```

코드가 상당히 중복되는 거 같다. 좋은 방법은 없을까? 반복 구조를 사용해보자.

```
i ← 0
while i < 5
    print movie_list[i]
    i ← i + 1
endwhile
```

## 컴퓨터 메모리에 리스트는 어떻게 저장될까?

컴퓨터 메모리는 바이트들로 구성되며 메모리에는 0부터 시작하는 숫자(주소)가 매겨져 있다. 바이트(byte)는 8개의 비트가 모인 것이다. 우리가 사용하는 PC의 메모리가 16GB라고 하면 바이트가 $16 \times 10^9$가 있는 것이다.

| 0 | |
|---|---|
| 1 | |
| 2 | |
| 3 | |
| 4 | |
| 5 | |
| 6 | |
| 7 | |
| 8 | |
| ... | |

컴퓨터 메모리에 리스트는 어떻게 저장할 수 있을까? 만약 하나의 영화가 8비트로 저장된다고 가정하자. 리스트는 아래 그림에 나타난 대로 저장하면 될 것이다.

| | |
|---|---|
| 0 | 아바타(Avatar) |
| 1 | 타이타닉(Titanic) |
| 2 | 스타워즈(Star Wars: The Force Awakens) |
| 3 | 주라기 월드(Jurassic World) |
| 4 | 어벤저스(Marvel's The Avengers) |
| 5 | |
| 6 | |
| 7 | |
| 8 | |
| … | |

영화 아바타는 인덱스 0이므로 메모리 주소 0에 저장하면 된다. 영화 타이타닉은 인덱스 1이므로 메모리 주소 1에 저장하면 된다. 이렇게 리스트를 메모리에 순차적으로 저장한 것을 배열(array)이라고 한다.

만약 우리가 2개의 리스트를 동시에 메모리에 저장하려면 어떻게 하면 좋을까? 예를 들어서 "역대 최대 흥행 영화 리스트"와 "버킷 리스트"를 동시에 메모리에 저장하려면 어떻게 해야 할까? 메모리의 주소 0에 2개 항목을 저장할 수 없다. 이때는 배열을 메모리의 어떤 위치에도 저장할 수 있게 하면 된다. 배열의 첫 번째 항목이 저장된 위치를 기준 주소(base address)라고 한다. 배열마다 기준 주소를 다르게 하면 여러 개의 배열을 동시에 메모리에 저장할 수 있다.

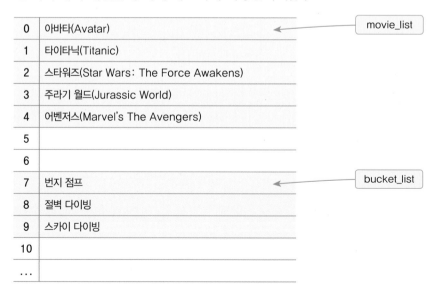

배열의 이름을 알고 있으면 배열의 기준 주소를 알 수 있다. 배열의 기준 주소를 알

고 있으면 배열의 모든 항목을 찾을 수 있다. 배열은 컴퓨터 메모리의 연속된 공간에 저장된다. 배열은 한번 생성되면 변경하기가 비교적 어렵지만 그럼에도 불구하고 컴퓨터 알고리즘이나 프로그램에서 아주 많이 사용된다. 구조가 간단하고 성능도 우수하기 때문이다. 배열은 일반적으로 다음과 같이 그린다.

배열의 인덱스(index)는 프로그래밍 언어에 따라서 1부터 시작하기도 하고 0부터 시작하기도 한다. 최근에는 인덱스가 0부터 시작되는 언어가 많다. 따라서 우리도 인덱스가 0부터 시작한다고 가정하자. 배열에 저장된 값들을 배열 요소(array element)라고 한다.

# 03

# 배열을 이용하는 알고리즘

배열에 학생들의 성적이 다음과 같이 저장되어 있다고 가정하자. 배열에서 성적을 하나씩 꺼내서 평균을 계산하는 알고리즘을 작성하여 보자.

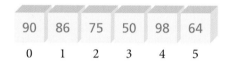

의사 코드에서 초기값으로 배열을 생성하는 명령어는 다음과 같다. 의사 코드에서 배열을 생성하는 표기법은 개발자에 따라서 조금씩 달라진다.

```
list = {90, 86, 75, 50, 98, 64}
```

배열에서 성적을 하나씩 꺼내서 합계를 구하려면 어떻게 해야 할까? 배열의 크기가 작을 때는 하나씩 꺼내도 되지만 배열의 크기가 커지면 반복 구조를 사용하여야 한다.

```
sum ← 0
i ← 0

while i < 배열의 크기
    sum ← sum + list[i]
    i ← i + 1
endwhile

average ← (sum / 배열의 크기)
```

변수 i를 0으로 초기화하고 한번 반복할 때마다 list[i]를 변수 sum에 누적한다. 한번 반복할 때마다 i는 1씩 증가된다. i가 배열의 크기를 벗어나게 되면 반복은 종료된다. 반복이 종료되고 sum을 배열의 크기로 나누면 성적의 평균을 계산할 수 있다.

## 최소값 찾기

배열에 저장된 값들의 최대값이나 최소값을 어떻게 계산하는 지를 생각해보자. 이것은 실제 프로그래밍에서도 상당히 많이 등장하는 중요한 문제이다. 어디에 사용될까? 예를 들어 보자. 우리는 인터넷에서 특정한 상품(예를 들어서 TV)을 구입하고자 한다. 여러 인터넷 사이트에서 판매되는 가격이 배열 prices에 저장되어 있다고 가정하자. 어떻게 하면 최소 가격으로 상품을 구입할 수 있을까? 배열 요소 중에서 최소값을 구하면 된다.

일단 배열의 첫 번째 요소를 최소값으로 가정한다. 배열의 두 번째 요소부터 마지막 요소까지 이 최소값과 비교한다. 만약 어떤 요소가 현재의 최소값보다 작다면 이것을 새로운 최소값으로 변경하면 된다. 모든 요소들의 검사가 종료되면 최소값을 찾을 수 있다.

위의 알고리즘을 의사 코드로 작성해보면 다음과 같다.

```
minimum ← prices[0]
i ← 1
while i < 배열의 크기
    if prices[i] < minimum then
        minimum ← prices[i]
    endif
    i ← i + 1
endwhile

print minimum
```

## 특정한 값 탐색하기

배열에서 특정한 값을 탐색하는 것도 아주 중요한 문제 중의 하나이다. 컴퓨터에서
탐색 알고리즘은 상당히 많이 사용된다. 우리가 인터넷에서 어떤 정보를 탐색할 때
도 탐색 알고리즘이 사용된다. 문제를 간단하게 하기 위하여 배열에 숫자들이 저장
되어 있고 우리는 이중에서 하나의 숫자를 찾는다고 가정하자.

만약 배열이 크기 순으로 정렬되어 있지 않다면 단 하나의 탐색 알고리즘만 사용할
수 있다. 배열의 첫 번째 요소부터 하나씩 비교해나가는 방법이다.

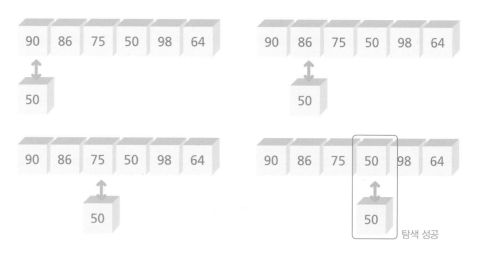

이 방법을 순차 탐색(sequential search)이라고 한다. 순차 탐색 알고리즘을 의사 코
드로 작성하면 다음과 같다.

```
list = {90, 86, 75, 50, 98, 64}
i ← 0
search_value ← 50
```

```
while i < 배열의 크기
    if list[i] = search_value then
        print "탐색 성공", i
    endif
    i ← i + 1
endwhile
```

# 정렬

컴퓨터는 리스트를 크기순으로 정렬하는 데 자주 사용된다. 예를 들어서 친구들의
리스트를 이름순으로 정렬하거나 전자 메일을 날짜순으로 정렬하는데 사용된다.

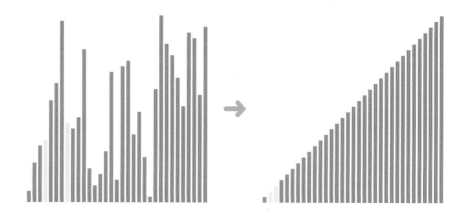

정렬이란 다음과 같은 숫자들의 리스트를 크기 순으로 다시 나열하는 것이다.

단어들의 리스트도 알파벳 순으로 정렬할 수 있다.

정렬이 중요한 것은 데이터가 정렬이 되어 있어야 탐색이 빨라지기 때문이다. 이것
은 인간은 일상생활에서 많이 경험하고 있다. 아래의 2개의 방에서 어디서 물건 찾
기가 더 쉬울까?

컴퓨터도 마찬가지이다. 데이터가 순서대로 정렬되어 있으면 컴퓨터는 강력한 탐색 알고리즘를 적용할 수 있다. 예를 들어서 우리는 정렬된 전화번호부에서 원하는 사람의 전화번호를 쉽게 찾을 수 있다. 전화번호부가 이름순으로 정렬되지 않았다면 특정한 사람의 전화번호를 찾는 것이 아주 어려웠을 것이다. 영어 사전이 정렬되지 있지 않는다면 아무 쓸모가 없을 것이다. 따라서 데이터를 정렬하는 것은 아주 가치 있는 동작이다.

**그림 8.3**  정렬의 예: 사전

리스트를 순서대로 정렬할 때, 잘못된 알고리즘을 사용하면 아무리 빠른 컴퓨터를 사용한다고 하더라도 오랜 시간이 걸릴 수 있다. 다행스럽게도 정렬을 위한 몇 가지 빠른 방법이 알려져 있다. 우리는 가장 이해하기 쉬운 버블 정렬이라는 방법만을 살펴보자.

철수는 자기 방에서 블록을 가지고 놀다가 엄마로부터 블록을 크기 순으로 정리해 놓으라는 지시를 받았다. 어떻게 하면 체계적으로 블록들을 크기 순으로 정리할 수 있을까?

블록의 개수가 몇 개 안되면 인간은 쉽게 정렬할 수 있다. 하지만 컴퓨터는 이때도 알고리즘이 있어야 블록들을 정렬할 수 있다. 컴퓨터를 사용하는 방법의 장점은 무엇일까? 블록의 개수가 1000개가 되면 인간은 직관적으로 블록을 정렬할 수 없다. 하지만 컴퓨터는 알고리즘만 있으면 블록이 아무리 많아도 한 치의 오차 없이 전부 빠르게 정렬할 수 있다. 알고리즘의 힘이다.

인간은 정렬되지 않은 블록들을 보면 어떤 것이 가장 작은 것인지 직관적으로 알 수 있다. 하지만 컴퓨터는 이러한 직관력은 없다. 하지만 2개의 블록을 비교해서 어떤 것이 더 작은지는 알 수 있다(여러 개의 블록이 아니다).

❶ 인접한 블록 2개를 비교하여서 순서대로 되어 있지 않으면 위치를 바꾼다.

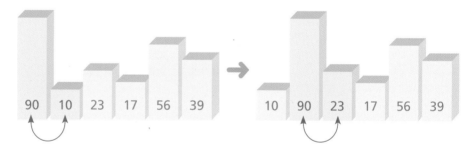

❷ 이 과정을 리스트의 마지막 블록까지 되풀이 한다. 이것을 하나의 패스라고 한다. 첫 번째 패스가 종료되면 다음과 같은 모양이 된다. 가장 큰 값은 제 위치에 있다.

❸ 다시 인접한 블록 2개를 비교하여서 순서대로 되어 있지 않으면 위치를 바꾼다. 두 번째 패스가 끝나면 다음과 같은 모양이 된다.

❹ 위의 과정을 블록의 개수만큼 되풀이하면 모든 블록이 크기 순으로 정렬된다.

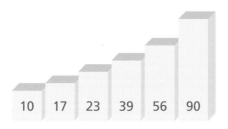

버블 정렬을 의사 코드로 작성하여 보자.

```
list = {90, 10, 23, 17, 56, 39}
n ← list의 크기
i ← 0
while i < n-1
    list[i]와 list[i+1]이 크기순으로 되어 있지 않으면 교환한다.
    i++
endwhile
```

여기서 주의할 것은 변수 i의 값이 0에서 n-2까지만 변화되어야 한다는 점이다. i를 0에서 n-1까지 변화시키면 i가 n-1일 때 list[n]을 참조하게 되어서 배열의 크기를 넘어가게 된다. 크기가 n인 배열의 마지막 인덱스는 n-1이다.

위의 알고리즘에서는 list[i]와 list[i+1]을 서로 교환하는 코드가 없다. 알고리즘에서 두개의 변수에 저장된 값을 교환하려면 추가적인 변수가 하나 더 필요하다. 이것을 2개의 컵에 담겨 있는 음료를 서로 교환할 때 3번째 컵이 있어야 하는 것과 마찬가지이다. 좀 더 자세한 의사 코드는 다음과 같다.

```
list = {90, 10, 23, 17, 56, 39}
n ← list의 크기
i ← 0
while i < n-1
    if list[i] > list[i+1] then
        tmp ← list[i]
```

```
        list[i] ← list[i+1]
        list[i+1] ← tmp
    endif
    i++
endwhile
```

# 05

# 이진 탐색 알고리즘

앞에서 살펴본 선형 탐색은 상당히 시간이 많이 걸리는 탐색 방법이다. 만약 배열의 크기가 크다면 문제가 된다. **이진 탐색**(binary search)은 아주 속도가 빠른 탐색 기법이다. 대신에 탐색하려는 배열이 정렬이 되어 있어야 한다. 예를 들어서 아래와 같은 배열이 있을 때 4를 찾아보자. 먼저 배열의 중앙값인 7과 비교한다. 4는 7보다 작으므로 배열의 전반부에 있을 것이다. 다시 4를 남아 있는 구간의 중앙값인 3과 비교한다. 4는 3보다 크므로 남아있는 구간의 후반부에 있을 것이다. 다시 4를 남아 있는 구간의 중앙값 6과 비교한다. 4는 6보다 작으므로 남아있는 구간의 전반부로 가면 4를 찾을 수 있다.

이진 탐색은 배열의 중앙에 있는 값을 탐색값과 비교한다. 만약 일치하면 탐색값을 찾은 것이므로 성공이다. 만약 탐색값이 중앙 요소의 값보다 작으면 우리가 찾고자 하는 값은 배열의 전반부에 있을 것이다. 따라서 배열의 후반부는 탐색의 범위에서 제외할 수 있다. 반대로 만약 탐색값이 중앙 요소의 값보다 크면 우리가 찾고자 하는 값은 배열의 후반부에 있을 것이다. 따라서 배열의 전반부는 탐색의 범위에서 제외할 수 있다. 이러한 기법을 남아 있는 숫자들에 대하여 반복적으로 적용한다. 이진 탐색에서는 한 번 비교할 때마다 탐색의 범위가 절반으로 줄어든다.

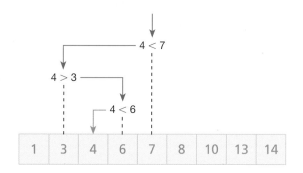

1024개의 요소를 가지는 배열을 탐색하는데 얼마만큼의 비교가 필요할까? 한번 비교를 할 때마다 탐색 범위가 절반씩 줄어든다. 첫 번째 비교를 하면 범위가 512로 줄어들고 이후로 비교를 할 때마다 범위가 256, 128, 64, 32, 16, 8, 4, 2, 1이 된다. 범위가 1이 되면 이미 탐색이 성공하던지 실패할 것이다. 이것은 최악의 경우를 가정한 것이다. 중간에 만약 일치하는 원소가 있으면 탐색이 종료된다. 따라서 최대 10번의 비교만 있으면 된다.

배열 요소의 개수와 비교 횟수와의 패턴을 찾을 수 있는가? 배열 요소의 개수가 n이면 필요한 비교 횟수는 최대 $\log_2 n$이 된다. 만약 배열의 원소가 $2^{30}$(약 10억개)라고 하더라도 이진 탐색은 30번만 비교하면 어떤 원소라도 찾을 수 있다. 반면에 순차 탐색은 평균 5억 번의 비교가 필요하다. 이진 탐색에서는 비교가 이루어질 때마다 탐색 범위가 급격하게 줄어든다. 즉 찾고자하는 항목이 속해있지 않은 부분은 전혀 고려할 필요가 없기 때문이다.

이진 탐색을 적용하려면 탐색하기 전에 배열이 반드시 정렬되어 있어야 한다. 따라서 이진 탐색은 데이터의 삽입이나 삭제가 빈번할 시에는 적합하지 않고, 주로 고정된 데이터에 대한 탐색에 적합하다.

이진 탐색 알고리즘을 의사 코드로 작성하면 다음과 같다.

```
list = {1, 3, 4, 6, 7, 8, 10, 13, 14}
key ← 4                  # 우리가 찾고자 하는 값
low ← 0
high ← 8
while low ≤ high
    middle ← (low + high)/2
    if key = list[middle] then
        print "4를 찾았음"
    else
        if key > list[middle] then
            low ← middle + 1
```

```
        else
            high ← middle - 1
        endif
    endif
endwhile
```

# 06

# 최단 거리 찾기 알고리즘

이제까지 우리는 여러 가지 자료 구조 중에서 리스트만을 학습하였다. 컴퓨터에서는 리스트뿐만 아니라 그래프(graph)라고 하는 자료 구조도 사용한다. 그래프는 정점과 간선으로 이루어진 자료구조이다.

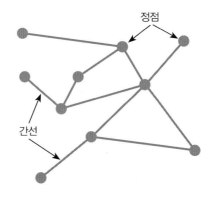

그래프는 지도와 같은 데이터를 나타낼 때 사용한다. 우리는 컴퓨터가 최단 거리를 어떻게 찾는지를 간단히 살펴보자. 우리는 운전할 때 내비게이션 또는 스마트폰의 길 찾기 애플리케이션을 많이 사용한다. 내비게이션이 없었을 때는 도대체 어떻게 길을 찾아서 운전했는지 모를 정도이다.

컴퓨터는 어떻게 수많은 경로 중에서 최단경로를 찾을까? 만약 경로가 간단한 경우에는 모든 경로의 길이를 계산해보면 된다. 예를 들어서 집에서 학교까지 가는 길을 간단히 그리면 다음과 같다고 하자.

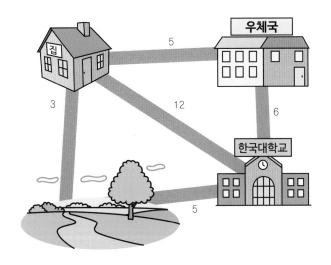

이 경우는 간단하기 때문에 집에서 학교로 가는 모든 경우의 수를 구해서 각각의 거리를 비교하면 가장 빠른 길을 쉽게 찾을 수 있다. 다음과 같이 표를 만드는 것이 좋다.

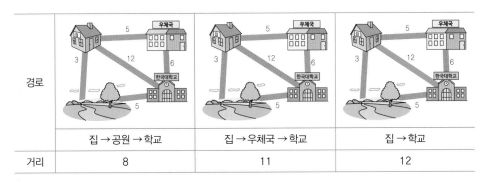

| 경로 | 집→공원→학교 | 집→우체국→학교 | 집→학교 |
|---|---|---|---|
| 거리 | 8 | 11 | 12 |

위와 같은 경우에는 경로의 개수가 얼마 안 되기 때문에 모든 경로의 길이를 계산해서 최단 경로를 찾을 수 있었다. 만약 자동차 내비게이션처럼 A지점에서 B지점으로 가는 경로가 많은 경우에는 어떻게 하여야 할까? 이런 경우에는 Floyd의 알고리즘을 사용해서 최단경로를 찾아보자. Floyd의 알고리즘은 모든 지점에서 다른 모든 지점까지의 최단 경로를 계산할 수 있다.

우선 각 지점을 점으로, 지점을 잇는 길을 선으로 간단히 표시해보자. 이것은 우리가 앞에서 살펴본 컴퓨팅 사고 단계 중에서 추상화 단계에 해당한다. 경로의 길이는 수치로 표현되고 이것을 가중치(weight)라고 한다. 최단 경로 알고리즘은 가중치의 합이 가장 적은 경로를 찾는다.

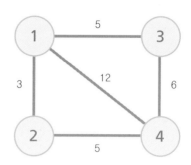

Floyd의 알고리즘은 작은 문제들의 결과를 이용하여서 조금 더 큰 문제를 해결한다(전문적인 용어로는 동적 프로그래밍이라고 한다). 컴퓨팅 사고에서 큰 문제를 작은 문제로 분해하여서 해결한 후에 작은 문제들의 결과들을 모아서 큰 문제를 해결하는 것과 유사하다.

위의 그래프에서 일부만 살펴보자. Floyd의 알고리즘의 핵심은 다음과 같다. 정점 i에서 정점 j로 가는 길은 다음과 같이 2가지가 있다.

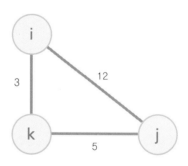

❶ 정점 i에서 k를 거쳐서 정점 j로 갈수 있다.

❷ i에서 j로 직접 갈 수 있다.

우리는 이 2가지 길 중에서 거리가 짧은 것을 취하면 된다. dist[i][j]를 정점 i에서 정점 j까지 가는 거리라고 하면 다음과 같은 작업을 모든 정점에 대하여 k를 변경해가면서 반복하면 된다.

```
dist[i][j] ← min(dist[i][j], dist[i][k]+dist[k][j])
```

Floyd의 알고리즘은 다음과 같다. 여기서 dist[i][j]의 초기값은 i부터 j까지 직접 가는 길이 있으면 거리를 입력하고 그렇지 않으면 무한대 값을 입력한다.

```
for k from 1 to 정점개수
    for i from 1 to 정점개수
        for j from 1 to 정점개수
            if (dist[i][k] + dist[k][j]) < dist[i][j]
                dist[i][j] ← dist[i][k] + dist[k][j]
            end if
```

여기서 "for k from 1 to 정점개수"는 반복 구조로서 변수 k를 1부터 정점개수까지 증가시키면서 반복하는 것이다. 우리의 작은 그래프에 대하여 플로이드 알고리즘이 어떻게 최단 거리를 찾는지 다음과 같은 표로 알아보자.

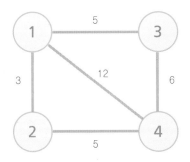

처음에 dist[][] 테이블은 다음과 같이 될 것이다. 직접 가는 경로가 있으면 거리를 입력하고 직접 가는 경로가 없으면 무한대(∞)를 입력한다.

|  | 정점1 | 정점2 | 정점3 | 정점4 |
|---|---|---|---|---|
| 정점1 | 0 | 3 | 5 | 12 |
| 정점2 | 3 | 0 | ∞ | 5 |
| 정점3 | 5 | ∞ | 0 | 6 |
| 정점4 | 12 | 5 | 6 | 0 |

❶ 모든 정점에 대하여 정점 1을 거쳐서 가는 경로와 현재의 경로를 비교하여 작은 것을 취하면 다음과 같다.

|  | 정점1 | 정점2 | 정점3 | 정점4 |
|---|---|---|---|---|
| 정점1 | 0 | 3 | 5 | 12 |
| 정점2 | 3 | 0 | 8 | 5 |
| 정점3 | 5 | 8 | 0 | 6 |
| 정점4 | 12 | 5 | 6 | 0 |

정점2에서 정점3까지 가는 경로는 무한대에서 8로 변경되었다. 정점2에서 정점
1을 거쳐서 정점3으로 가면 8만큼 걸리기 때문이다.

❷ 모든 정점에 대하여 정점 2를 거쳐서 가는 경로와 현재의 경로를 비교하여 작은
것을 취하면 다음과 같다.

|  | 정점1 | 정점2 | 정점3 | 정점4 |
|---|---|---|---|---|
| 정점1 | 0 | 3 | 5 | 8 |
| 정점2 | 3 | 0 | 8 | 5 |
| 정점3 | 5 | 8 | 0 | 6 |
| 정점4 | 8 | 5 | 6 | 0 |

정점1에서 정점4까지 가는 최단경로는 12에서 8로 변경되었다. 정점1에서 정점
2을 거쳐서 정점4까지 가면 8만큼 걸리기 때문이다. 직접 갈 때보다 정점2를 거
쳐서 가면 거리가 줄어든다.

❸ 모든 정점에 대하여 정점 3를 거쳐서 가는 경로와 현재의 경로를 비교하여 작은
것을 취하면 다음과 같다. 변경된 최단 경로가 없다.

|  | 정점1 | 정점2 | 정점3 | 정점4 |
|---|---|---|---|---|
| 정점1 | 0 | 3 | 5 | 8 |
| 정점2 | 3 | 0 | 8 | 5 |
| 정점3 | 5 | 8 | 0 | 6 |
| 정점4 | 8 | 5 | 6 | 0 |

❹ 모든 정점에 대하여 정점 4를 거쳐서 가는 경로와 현재의 경로를 비교하여 작은
것을 취하면 다음과 같다. 변경된 최단 경로가 없다.

|  | 정점1 | 정점2 | 정점3 | 정점4 |
|---|---|---|---|---|
| 정점1 | 0 | 3 | 5 | 8 |
| 정점2 | 3 | 0 | 8 | 5 |
| 정점3 | 5 | 8 | 0 | 6 |
| 정점4 | 8 | 5 | 6 | 0 |

# Summary

- 프로그램에는 알고리즘 뿐만 아니라 자료 구조도 필요하다. 자료 구조는 자료를 저장하는 구조이다.

- 가장 간단하고 중요한 자료 구조에는 배열(array)이 있다. 배열은 리스트를 저장할 수 있는 자료구조이다.

- 배열은 요소들로 이루어져 있으며 각 배열 요소들은 순차적인 번호를 가진다. 이것을 인덱스(index)라고 한다. 인덱스는 0부터 시작한다.

- 배열에서 최소값을 찾으려면 먼저 첫 번째 요소를 최소값이라고 가정한 후에 두 번째 요소와 비교한다. 더 작은 값이 발견되면 그 요소를 최소값으로 지정한다.

- 정렬(sorting)이란 리스트를 크기 순으로 다시 나열하는 것이다. 정렬시키는 가장 간단한 알고리즘 중의 하나는 인접한 요소들을 비교하여서 크기순이 아니면 교환하는 것이다.

COMPUTATIONAL THINKING

CHAPTER

# 09

# 멀티미디어 처리

**이번 장에서는 다음과 같은 내용을 학습합니다.**
▶ 텍스트가 컴퓨터 안에서 표현되는 방법에 대하여 알아본다.
▶ 이미지가 컴퓨터 안에서 표현되는 방법에 대하여 알아본다.
▶ 사운드가 컴퓨터 안에서 표현되는 방법에 대하여 알아본다.

오즘은 컴퓨터로 영화도
보고 음악도 들어요

최근의 컴퓨터에서는
멀티미디어 기능이
강조됩니다.

COMPUTATIONAL THINKING

# 컴퓨터에서 다양한 데이터 표현

컴퓨터를 이용하여 문제를 해결하려면 실세계의 데이터를 컴퓨터가 처리할 수 있는 형식으로 제공하여야 한다. 실세계에서 얻어지는 데이터는 다양한 형태로 나타나기 때문에 이것을 컴퓨터가 이해하고 저장하고 처리할 수 있도록 제공하는 것은 쉬운 문제가 아니다. 예를 들어서 스마트폰으로 촬영한 이미지나 비디오, 사운드를 어떻게 컴퓨터에 저장할 것인가?

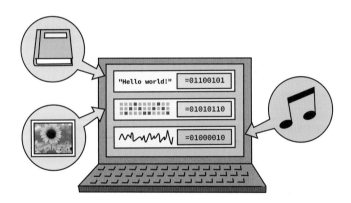

**그림 9.1** 컴퓨터에서 텍스트, 이미지, 사운드는 모두 1과 0으로 저장된다.

컴퓨터는 다음과 같은 다양한 종류의 데이터를 처리하고 저장할 수 있다.

- 숫자
- 텍스트
- 사운드, 이미지, 그래픽, 비디오

이들 데이터들은 컴퓨터 안에서 어떻게 표시되는 것일까? 이들 데이터들도 컴퓨터 내부에서는 모두 결국은 1과 0으로 표현된다. 이번 장에서 텍스트, 이미지, 사운드가 어떻게 1과 0으로 표현되는지 살펴본다.

데이터 표현과 함께 살펴보아야 할 사항은 데이터 압축이다. 데이터 압축이란 데이터의 크기를 줄이기 위한 기법이다. 예전에는 저장 장치의 한계 때문에 데이터의 크기를 많이 줄여야 했다. 현재는 저장 장치들이 발달하여서 매우 싼 가격에 많은 데이터를 저장할 수 있지만 우리가 처리하여야 하는 데이터의 양도 폭발적으로 늘어나고 있다(빅 데이터를 생각해보자). 따라서 최근에도 데이터를 압축하는 기술은 여전히 중요하다. 몇 가지의 기본적인 방법을 살펴본다.

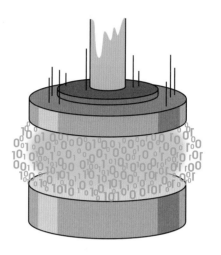

 **Note**

산업 혁명에서 중요한 것은 기계 기반의 제조 시스템이었다. 최근의 정보 사회에서 중요한 것은 정보이다. 가치 있는 정보를 누가 많이 보유하느냐가 성공의 열쇠가 되었다.

데이터와 정보를 유사한 의미로 사용되는 경우가 많은데, 엄격하게 구별해보자면 다음과 같다.

* 데이터(data)는 현실 세계에서 관찰하거나 측정하여 수집한 사실이나 값을 인간이나 컴퓨터에 의한 통신 및 처리에 적합한 형식으로 표현한 것을 말한다. 자료라고도 한다. 컴퓨터는 데이터를 필요로 한다.
* 정보(information)는 데이터를 처리하여 얻은 결과물로서 결정을 내리는데 도움을 준다. 인간은 정보가 필요하다.

# 텍스트 표현

컴퓨터에서 문자가 어떻게 표현되고 저장되는지를 생각해보자. 컴퓨터는 모든 것을 숫자로 표현한다. 컴퓨터가 원래 의미가 "숫자를 처리하는 기계"인 것도 무리가 아니다. 컴퓨터는 모든 데이터를 숫자로 바꾸어 처리한다. 문자도 예외가 아니다. 컴퓨터에서는 예전부터 문자를 숫자 코드를 나타내왔다. 현재 가장 널리 사용하는 표준적인 숫자 코드 체계는 아스키 코드(ASCII code)와 유니코드(unicode)이다.

**그림 9.2** 컴퓨터에서 문자는 숫자로 표현된다.

### 아스키 코드(ASCII)

아스키 코드는 영어 알파벳을 나타내기 위한 문자 엔코딩 방식이다. 아스키 코드는 컴퓨터, 통신 장비 등에서 텍스트를 표현한다. 아스키 코드는 1963년 처음 만들어졌고 1967년에 표준으로 공표되었다. 1986년에 마지막으로 업데이트되었다. 아스키 코드는 영어의 대소문자, 숫자, 기호들에 대하여 0에서 127사이의 값들을 부여한다. 예를 들면 A는 65이고 B는 66이다. 영문자의 경우, 글자들의 개수가 128개 이하이기 때문에 하나의 글자에 대하여 많은 비트를 할당할 필요는 없다. 8비트이면 충분하다.

아스키 코드 테이블의 일부는 다음과 같다. 아스키 코드는 0에서 127까지의 값을 이용하여 문자를 표현한다. 아스키 코드로 문자를 어떻게 표현하는지를 좀 더 자세하게 살펴보자.

| 문자 | 비트 패턴 | 정수 |
|---|---|---|
| A | 01000001 | 65 |
| B | 01000010 | 66 |
| C | 01000011 | 67 |
| … | | |
| a | 01100001 | 97 |
| b | 01100010 | 98 |
| … | | |
| x | 01111000 | 120 |
| y | 01111001 | 121 |
| z | 01111010 | 122 |

- 문자 'A'는 이진수 0100 0001로 표현된다(정수로는 65이다).
- 문자 'B'는 이진수 0100 0010로 표현된다(정수로는 66이다).
- 문자 'C'는 이진수 0100 0011로 표현된다(정수로는 67이다).
- …

예를 들어서 여러분이 키보드로 'A'를 입력하면, 키보드의 전자회로는 'A'를 "01000001"이라는 비트 패턴으로 변환하여서 컴퓨터로 전송한다.

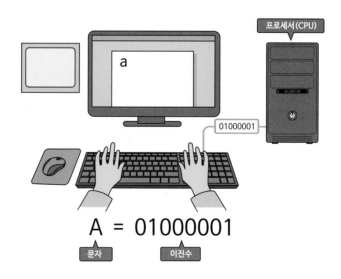

여러분이 만약 "CAB"이라는 단어를 입력하면 이 단어는 컴퓨터 메모리에 다음과 같이 저장될 것이다.

| | |
|---|---|
| 01000011 | C의 아스키 코드 |
| 01000001 | A의 아스키 코드 |
| 01000010 | B의 아스키 코드 |

## 유니코드

ASCII 코드는 최대 128자를 표현할 수 있어서 영어 알파벳을 나타낼 때는 충분하지만 다른 언어에는 충분하지 않다. 예를 들어서 한자나 한글을 표현하려면 128자로는 한참 부족하다. 따라서 유니 코드(unicode)라는 또 다른 코드가 만들어졌다. 유니코드를 사용하면 전 세계의 사람들이 사용하는 문자를 모두 혼동없이 표현할 수 있다. 유니코드 엔코딩 방식에는 여러 가지가 있는데 UTF-16(16-bit Unicode Transformation Format)은 그 중 하나이다. UTF-16에서는 다국어 문자를 16비트를 사용하여서 표현한다. 문자를 16비트로 표현하므로 최대 65,536자를 표현할 수 있다. 예를 들어서 UTF-16에서 "안녕"이라는 한글 단어는 다음과 같은 비트들로 표현된다.

```
01001000 11000101('안')
01010101 10110001('녕')
```

# 03

# 텍스트 압축

컴퓨터는 시간과 공간을 절약하기 위해 압축을 수행한다. 압축은 동일한 데이터를 더 적은 비트 수로 표현하는 방법을 찾는 것이다. 왜 이것이 중요할까? 한 가지 이유는 저장 공간이 제한되어 있기 때문이다. 또 다른 중요한 이유는 인터넷을 통해 비트를 전송할 수 있는 속도에는 상한선이 있다는 점이다. 인터넷을 통해 낮은 양의 텍스트를 빠르게 보내야하지만 인터넷 속도의 물리적 한계에 도달했다면 어떻게 해야 할까? 유일한 선택은 동일한 정보를 압축하여 보내는 방법을 찾는 것이다. 텍스트를 압축하는 사용되는 가장 기본적인 방법으로 런길이 엔코딩와 허프만 엔코딩이 있다.

- 런길이 엔코딩(run-length encoding)
- 허프만 엔코딩(Huffman encoding)

### 런길이 엔코딩

런길이 엔코딩(run-length encoding, RLE)은 가장 간단한 방식의 압축 기법으로 같은 값이 연속해서 나타나면, 반복되는 횟수와 값만을 저장하여서 정보량을 줄이는 방식이다. 동일한 데이터가 연속되어 있는 것이 하나의 런(run)이라고 한다.

런길이 엔코딩은 실제로 우리가 마트에서 시장을 볼 때, 사용하는 방법이다. 우리가 다음과 같은 과일은 산다고 하자.

**apple, apple, apple, pear,pear, banana, orange, orange, apple**

이것을 다음과 같이 적지 않는가? 반복되는 항목이 있을 때는 반복 횟수와 항목을 적어주는 방법이 런길이 엔코딩이다.

```
3 apples, 2 pears, 1 banana, 2 oranges, 1 apple
```

이 방법을 텍스트 압축에 적용해보자. 다음과 같은 텍스트는 어떻게 압축할 수 있을까?

```
AAAAABBBCCCCCC
```

위의 텍스트에는 'A'가 5개, 'B'가 3개, 'C'가 6개이므로 다음과 같이 표현해도 나중에 복원할 수 있다.

```
5A3B6C
```

런길이 엔코딩을 사용하면 14개의 문자를 6개의 문자만으로 저장할 수 있다. 하지만 3번 이상 반복되는 문자가 있어야 효율적이기 때문에 텍스트 데이터에서 잘 사용되지 않는다.

이 방법은 아이콘, 클립아트, 애니메이션과 같이 배경의 변화가 없고 연속된 값이 많이 있는 간단한 그래픽 이미지에 효과적이다. 예를 들어 흰색 배경에 검정색 텍스트가 있는 이미지를 생각해보자. 검정색 픽셀을 B로 나타내고 흰색 픽셀을 W로 나타낸다면 이미지의 한 줄은 다음과 같이 표현할 수 있다.

```
WWWWWWWBWWWWWWWWBBBWWWWWWBWWWWWWWWWWWWWW
```

위의 줄에 런길이 엔코딩을 적용하면 다음과 같이 압축할 수 있다.

```
6W1B8W3B6W1B14W
```

이것은 6개의 W, 1개의 B, 8개의 W, 3개의 B와 같이 해석할 수 있다. 런길이 엔코딩은 비손실 압축 방법이다. 즉 압축한다고 해서 정보가 손실되지 않는다.

# 런길이 엔코딩의 압축율

런길이 엔코딩 방법은 0과 1로만 이루어진 비트 패턴을 압축하는 용도로도 사용될 수 있다. 특히 1보다 0이 많다면 압축율을 높게 할 수 있다. 다음과 같은 비트 패턴을 어떻게 효과적으로 압축할 수 있을까?

9개의 1-비트

00000001111111100000000000(26비트)

6개의 0-비트    11개의 0-비트

비트 패턴에서 반복되는 비트들을 b:n의 형태로 표시하면 된다. b는 0이거나 1이고 n은 반복 횟수이다.

```
0:6, 1:9, 0:11
```

반복되는 횟수를 4비트로 표시하면 다음과 같을 것이다.

```
01100, 11001, 01011
```

얼마나 압축되었을까? 압축하기 전에는 26비트였고 압축 후에는 15비트가 되었다. 만약 반복되는 0이나 1이 더 많다면 더욱 효과적일 것이다.

## 허프만 엔코딩

각 글자의 빈도(나타나는 횟수)를 이용하면 또 하나의 압축 방법을 만들 수 있다. 예를 들어 영문 신문에 실린 기사에서 각 글자들의 출현 횟수를 분석해보니 다음과 같았다고 하자.

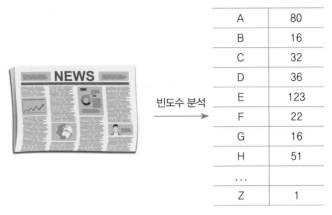

| A | 80 |
| B | 16 |
| C | 32 |
| D | 36 |
| E | 123 |
| F | 22 |
| G | 16 |
| H | 51 |
| ... | |
| Z | 1 |

**그림 9.3** 허프만 코드

위의 테이블의 숫자는 빈도수(frequencies)라 불린다. 각 숫자들은 텍스트에서 해당 글자가 나타나는 회수이다. 여기서는 데이터를 압축할 때는 우리가 흔히 사용하는 아스키(ASCII) 코드를 사용하지 않는다. 데이터를 압축하기 위하여 고정된 길이를 사용하지 않고 가변 길이의 코드를 사용한다. 각 글자의 빈도수에 따라서 가장 많이 등장하는 글자에는 짧은 비트열을 사용하고 잘 나오지 않는 글자에는 긴 비트열을 사용하여 전체의 크기를 줄이자는 것이다. 즉 많이 등장하는 e를 나타내기 위하여 2비트의 코드를 사용하고 잘 나오지 않는 z를 나타내기 위하여 15비트의 코드를 사용하자는 것이다.

구체적인 예를 들어보자. 만약 텍스트가 e, t, n, i, s의 5개의 글자로만 이루어졌고 각 글자의 빈도수가 다음과 같다고 가정하자.

| 글자 | 빈도수 |
|------|--------|
| e | 15 |
| t | 12 |
| n | 8 |
| i | 6 |
| s | 4 |

텍스트의 길이가 45 글자이므로 한 글자를 8비트로 표시하는 아스키 코드의 경우, 45글자 × (8비트/글자) = 360비트가 필요하다. 그러나 만약 다음과 같이 가변길이의 코드를 만들어서 사용했을 경우에는 더 적은 비트로 표현할 수 있다. 15 × 2 + 12 × 2 + 8 × 2 + 6 × 3 + 4 × 3 = 100비트만 있으면 된다. 물론 각각의 글자를 어떤 비트 코드로 표현했는지를 알려주는 테이블이 있어야 한다.

| 글자 | 비트코드 | 빈도수 | 비트수 |
|------|---------|--------|--------|
| e | 00 | 15 | 30 |
| t | 01 | 12 | 24 |
| n | 10 | 8 | 16 |
| i | 110 | 6 | 18 |
| s | 111 | 4 | 12 |
| 합계 | | 45 | 100 |

# 텍스트 압축

또 하나의 텍스트 압축 방법이 있다. LZW 압축 알고리즘에서는 메시지 내에서 반복되는 패턴을 찾아서 텍스트를 압축한다. 이 방법은 반복되는 패턴을 찾아서 사전에 저장한다. 단어들은 항상 반복된다. 예를 들어서 영어사전 "Random House Dictionary"를 사용해서 다음과 같은 문자열을 압축해보자.

```
Slow and steady win the game.
```

"Random House Dictionary"의 페이지 번호를 사용하여 다음과 같이 영어단어를 숫자로 바꿀 수 있다고 가정하자(페이지는 정확하지는 않다).

```
900/34 100/23 923/6 1900/7 1800/6 522/98
```

여기서 각 단어들은 x/y 형태로 코딩되는데 x는 사전에서의 페이지 번호이고 y는 그 페이지 내에서 단어가 나타나는 번호이다. 예를 들어서 "Slow" 단어는 900페이지의 34번째 단어라는 의미이다. 사전은 2200페이지이고 각 페이지마다 256 단어 이내이므로 x는 12비트이면 되고 y는 8비트면 충분하다.

얼마나 압축되었을까? 원래의 메시지는 27바이트가 필요하다(아스키 코드를 사용하였을 경우). 압축된 메시지는 16바이트(6 × 20비트)만 있으면 된다. 따라서 약 50%에 가까운 압축율이 얻어진다. 물론 여기서는 사전의 크기는 고려하지 않았다. 사전은 인터넷을 통하여 누구나 액세스할 수 있다고 가정하였다.

# 04

# 컴퓨터에서 이미지는 어떻게 표현될까?

무엇이든지 컴퓨터에서 처리하려면 0과 1로 변환해야 한다. 어떻게 이미지(image)를 0과 1로 변환할 수 있을까? 즉 다른 말로 하면 어떻게 2차원 이미지를 숫자로 바꿀 수 있을까? 숫자로만 바꾸면 이것을 0과 1로 바꾸는 것은 쉽다.

첫 번째 아이디어는 2차원 이미지를 점들로 분해하는 것이다. 이 점들을 픽셀(pixel)이라고 한다. 픽셀(pixel)이란 "picture element"의 약자로서 우리말로는 "화소"라고 번역할 수 있다. 우리가 모니터에 그려진 그림을 확대해보면 다음과 같이 각각의 픽셀을 볼 수 있다.

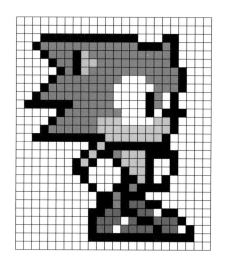

화면의 해상도(resolution)이란 가로 방향 픽셀의 개수와 세로 방향 픽셀의 개수이다. 예를 들어서 640 × 480이러고 하면 가로로 640개의 픽셀이 있고 세로로 480개의 픽셀이 있다는 의미이다.

두 번째 아이디어는 각 픽셀의 색상을 숫자로 표시하는 것이다. 흑백 이미지는 색상이 없으므로 간단하게 0과 1로 표현할 수 있다. 0을 흰색이라고 하고 1을 검정색으로 생각하면 다음과 같이 흑백 이미지를 나타낼 수 있다. 아래의 이미지의 해상도는 10 × 10이다.

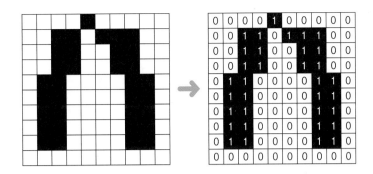

## 컬러 이미지

지금까지 설명한 시스템은 흑백 이미지에 대해서는 문제가 없지만 대부분의 이미지는 색상을 사용한다. 만약 픽셀의 값을 표현하는데 0과 1을 사용하는 대신, 2개의 비트를 사용하면 이미지에서 4가지 색상을 사용할 수 있다. 픽셀당 2비트를 사용하여 다음과 같은 색상을 나타낼 수 있다.

- 00 - 흰색
- 01 - 파랑
- 10 - 녹색
- 11 - 빨간색

여전히 큰 색상 범위는 아니지만 비트 1개를 추가하면 사용할 수 있는 색상 수가 두 배가 된다.

- 픽셀당 1비트 (0 또는 1) : 2가지 색상
- 픽셀당 2비트 (00 ~ 11) : 4가지 색상 가능
- 픽셀당 3비트 (000 ~ 111) : 8가지 색상 가능
- 픽셀당 4비트 (0000 - 1111) : 16가지 색상 가능

각 픽셀을 저장하는 데 사용되는 비트 수를 색 깊이(color depth)라고 한다. 많은 색상을 표현하려면 더 많은 비트가 필요하다. 즉, 많은 색상을 사용하는 이미지는 필연적으로 크기가 커지게 된다.

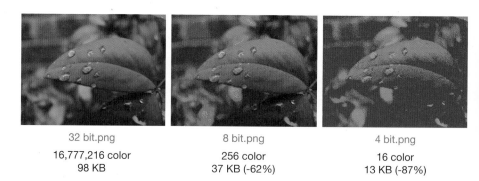

32 bit.png
16,777,216 color
98 KB

8 bit.png
256 color
37 KB (-62%)

4 bit.png
16 color
13 KB (-87%)

**그림 9.4** 색상수에 따른 비트의 차이

색상을 나타내는 가장 일반적인 방법은 각 픽셀의 색상을 (R, G, B)로 표시하는 것이다. (R, G, B)는 (Red, Green, Blue)를 줄인 말로서 픽셀의 색상을 빛의 3원색으로 나타내는 것이다. 빛의 3원색을 적절하게 섞으면 어떤 색상이라도 표현할 수 있다.

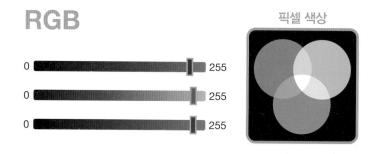

R, G, B는 0에서 255까지의 숫자로 나타낸다. 0은 가장 어두운 색상이고 255는 가장 밝은 색상이다. 예를 들어서 (R, G, B) 값이 (0, 0, 0)이라면 이것은 검정색을 의미한다. (255, 255, 255)라면 픽셀의 색이 흰색임을 의미한다. (255, 0, 0)는 빨강색이다.

어떻게 컬러 이미지를 숫자들의 집합으로 표현할 것인가? 첫 번째 픽셀의 색상을 (R, G, B) 형태로 저장한다. 이어서 두 번째 픽셀의 색상을 (R, G, B) 형태로 저장한다. 이런 식으로 마지막 픽셀의 색상까지 저장하면 이미지가 숫자들의 집합으로 변환된다.

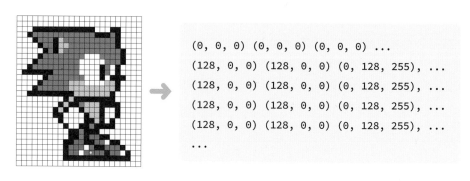

이제 우리는 이미지를 0과 1의 집합으로 변경할 수 있다. 위 그림에서 각각의 숫자를 2진수로 나타내면 되는 것이다.

## 화질

이미지는 해상도에 따라서 픽셀의 개수가 달라진다. 이미지의 해상도는 이미지를 표현하는데 얼마나 픽셀을 사용하느냐이다. 저해상도 이미지에서는 픽셀의 개수가 적다. 고해상도 이미지에는 픽셀 수가 많으므로 이미지를 확대하거나 늘일 때 훨씬 좋아 보인다. 단점은 이미지가 고해상도가 될수록 파일 크기가 커진다는 것이다.

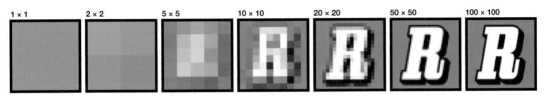

**그림 9.5** 해상도에 따른 파일의 크기

# 디지털 이미지 처리

이미지가 디지털 형식으로 변환되면 이미지를 변환하기가 아주 쉽다. 컴퓨터를 이용하여서 이미지 픽셀값을 읽어서 하나씩 처리하면 된다. 예를 들어서 이미지를 약간 어둡게 하려면 어떻게 하면 될까?

각 픽셀에서
50씩 빼기

| R | | R −50 |
| G | | G −50 |
| B | | B −50 |

컴퓨터로 첫 번째 픽셀 값 (R, G, B)를 읽어서 R, G, B에서 50씩 빼면 된다. 즉 (R-50, G-50, B-50)을 계산하고 새로운 값을 저장한다. 이어서 두 번째 픽셀 값도 읽어서 동일한 방식으로 처리한다. 세 번째 픽셀, ... 마지막 픽셀값까지 동일한 방식으로 처리하면 전체 이미지가 약간 어두워 진다.

# 이미지 압축

이미지 데이터는 어떻게 압축할 수 있을까? 흑백 이미지에서는 각 픽셀이 검정색이 거나 흰색이 된다. 픽셀로 이루어진 이미지를 숫자로 표현하는 방법에는 사실 여러 가지가 있다. 다음과 같은 방법도 있다. 어떻게 하고 있는 것인가?

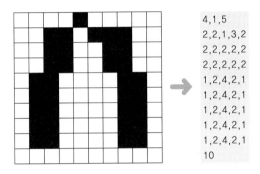

첫 번째 줄은 4, 1, 5로 표현된다. 이 숫자들의 의미는 4개의 흰색 픽셀, 1개의 검정색 픽셀, 5개의 흰색 픽셀이라는 의미이다. 0이 나오면 그 줄이 검정색 픽셀부터 시작한다는 의미이다.

다음과 같은 숫자가 있을 때 해당되는 이미지를 그려보자.

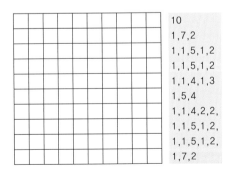

우리가 실습한 방법은 실제로는 팩스가 문서를 스캔해서 보내는 방법과 유사하다. 팩스 기계는 실제로 흑백 페이지를 스캔하는 단순한 컴퓨터이다. 약 1000 × 2000 픽셀로 스캔한다.

팩스 기계는 다른 팩스기로 모뎀을 사용하여 전송한다. 종종 팩스 이미지에는 큰 흰색 블록(예: 여백)이 있다. 또는 검정색색 픽셀 블록(예를 들어, 수평선)이 있을 수 있다. 이러한 이미지를 저장하는 데 필요한 저장 공간을 절약하려면 다양한 압축 기술을 사용할 수 있다. 여기서 사용된 방법은 텍스트 압축에서도 등장했던 '런 길이 엔코딩(run-length encoding)' 방법으로 이미지를 압축하는 효과적인 방법이다. 우리가 이미지를 압축하지 않았다면 이미지를 전송하는 데 훨씬 오래 걸리고 더 많은 저장 공간이 필요하다. 예를 들어 팩스 이미지는 일반적으로 원래 크기의 약 1/7로 압축된다. 만약 압축하지 않으면 전송하는 데 7배나 오래 걸렸을 것이다. 사진과 그림은 종종 10분의 1 또는 100분의 1로 압축된다.

다음과 같은 이미지를 숫자로 만들어서 팩스로 전송하고자 한다. 앞에서 설명한 런
길이 엔코딩으로 압축해 보자

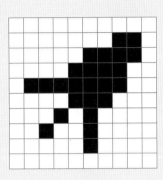

일단은 위의 이미지를 픽셀로 분해하여야 한다. 각 픽셀 값을 숫자로 만들어서 전송하는 대신에 우리는 같은 색상을 가지는 픽셀들을 묶어서 숫자로 만들 수 있다. 예를 들어서 2번째 줄에서 연속된 7개의 흰색 픽셀을 볼 수 있다. 그리고 이어서 2개의 연속된 검정색 픽셀과 1개의 흰색 픽셀을 볼 수 있다. 따라서 다음과 같이 숫자로 표현할 수 있다.

7, 2, 1

이런 식으로 해서 전체 이미지를 다음과 같이 숫자로 나타낼 수 있다.

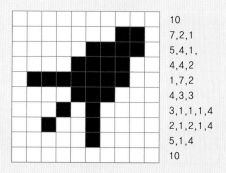

10
7,2,1
5,4,1,
4,4,2
1,7,2
4,3,3
3,1,1,1,4
2,1,2,1,4
5,1,4
10

이런 식으로 이미지를 숫자로 변환하면 훨씬 적은 숫자로 이미지를 나타낼 수 있다.

# 06

# 컴퓨터에서 사운드는 어떻게 표현될까?

우리는 앞장에서 컴퓨터 내부에는 0과 1만이 존재한다고 배웠다. 사운드는 어떻게 컴퓨터 안에 0과 1의 형태로 저장될 수 있을까? 이것을 이해하려면 먼저 아날로그 와 디지털에 대하여 이해하여야 한다.

## 아날로그

자연계에서 우리가 보는 값들은 일반적으로 연속적인 값이다. 우리가 생활하는 자 연계에서는 모든 것이 연속적이고 무한하다. 예를 들어서 오늘 온도는 28.0°C일수 도 있지만 좀 더 자세히 측정하면 28.00001°C일수도 있다. 0과 1 사이에는 무한한 실수가 존재한다. 검정색과 흰색 사이에는 무한한 수의 회색이 존재한다. 이러한 값을 아날로그(analog) 값이라고 한다. 아날로그 값은 연속적으로 변화하는 물리량 을 의미한다. 온도, 전압이나 전류 등이 대표적인 아날로그 값이다.

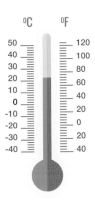

컴퓨터가 사용되기 전에는 모든 데이터들이 아날로그 상태로 저장되었다. 대표적 인 예가 필름 카메라이다. 필름 카메라에서는 빛에 반응하는 은기반의 화학 물질로 코팅된 "필름" 위에 이미지를 포착한다. 필름을 현상소에서 처리하면 촬영한 장면 이 나타난다. 카세트 테이프 레코더로 음악을 녹음하는 경우도 마찬가지이다. 아날 로그 기술에서는 입력 신호가 파형의 형태로 매체에 저장된다. 카세트 테이프 레코 더에서는 마이크에서 전달되는 음파를 아날로그 파형으로 테이프에 저장한다.

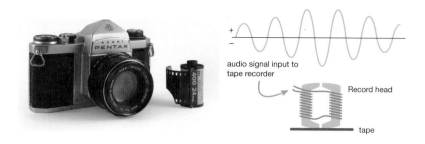

## 디지털

디지털(digital)은 아날로그와는 완전히 다르다. 필름이나 자기 테이프에 사진이나 음악을 저장하는 대신 데이터를 숫자로 바꾸어서 저장한다. 디지털이라는 의미가 바로 숫자(digit)라는 의미이다. 최근에는 많은 과학 장비가 디스플레이에서 판독 값을 숫자로 표시한다. 온노계, 혈압계 , 멀티미터 (전류 및 전압 측정용) 및 욕실 저울은 일반적인 디지털 측정 장치이다. 디지털 장치들은 일반적으로 아날로그 장치보다 빠르고 읽기 쉽다.

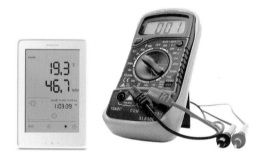

디지털 기술은 측정기에만 사용되고 있는 것이 아니다. 예를 들어서 휴대폰은 사람의 목소리를 숫자로 변환한 후에 기지국으로 전송한다. 수신할 때도 숫자를 받아서 사람의 목소리로 변환한다.

## 디지털 정보의 장점

- 디지털 형식으로 정보를 저장하는 것이 공간을 덜 차지한다. 1000개의 LP 레코드를 저장하려면 여러 층의 선반이 필요하지만 MP3 플레이어를 사용하면 주머니에 같은 양의 음악을 넣을 수 있다.
- 디지털 정보는 안전하다. 핸드폰사이의 대화는 전송 전에 암호화된다.
- 디지털 데이터는 컴퓨터를 이용하여 수정하는 것이 쉽다. 여러분이 사진을 수정한다고 하자. PC 안에 저장된 디지털 사진이 수정이 쉬울까? 아니면 인화지에 인화된 사진이 수정이 쉬울까?

- 디지털 정보는 시간이 지남에 따라 저장된 정보의 품질이 저하되지 않는다. 숫자를 읽을 수 있는 한, 항상 똑같은 데이터를 얻을 수 있다.
- 디지털 데이터에서는 동일한 패턴을 찾아 압축 할 수 있다. 디지털 신호 프로세서 (DSP)라는 특수 컴퓨터를 사용하여 데이터를 처리하고 수정하는 것도 쉽다. 아날로그 데이터는 압축하기가 어렵다.

## 디지털이 항상 아날로그보다 좋을까?

디지털 기술이 많은 장점을 가지고 있지만 반드시 디지털이 아날로그보다 항상 우수함을 의미하지는 않는다. 아날로그 시계는 정밀한 기어 및 스프링을 사용하여 시간 경과를 측정하는 경우, 디지털 시계보다 정확할 수 있으며 초침이 많으면 디지털 시계보다 더 정확하게 시간을 나타낼 수도 있다.

**그림 9.6** 1949 년 초반 아날로그 컴퓨터:
아날로그 다이얼, 레버, 벨트 및 기어가 있는 숫자를 나타내는 기계(출처: NASA)

한 가지 흥미로운 질문은 디지털 형식으로 저장된 정보가 아날로그 정보만큼 오래 지속되는지 여부이다. 박물관에는 아직도 수천 년 된 종이 문서, 점토 또는 돌로 써진 문서가 있지만 아무도 첫 번째로 전송된 전자 메일이나 첫 번째로 찍힌 디지털 사진을 가지고 있지 않는다. 많은 사람들이 수십 년 된 플라스틱 LP 레코드를 소유하고 소중히 하지만 아무도 MP3 음악 파일에 동일한 중요성을 부여하지 않는다. 디지털 데이터를 저장하는 매체도 문제가 된다. 초기에 사용되던 많은 저장 장치는 최신 컴퓨터에서 읽을 수 없다. 예를 들어서 3.5인치 플로피 디스크는 1990년대 중

반까지 많이 사용되었지만 최근 컴퓨터에는 플로피 디스크 드라이브가 없기 때문에 컴퓨터에서 읽을 수 없다.

## 아날로그 정보를 디지털 정보로 변환하기

자연계에서 발생하는 신호는 무조건 아날로그이다. 하지만 컴퓨터가 처리하려면 디지털 형식이어야 한다. 컴퓨터는 기본적으로 숫자만을 처리할 수 있다. 따라서 모든 형태의 데이터는 일단 숫자로 바뀌어야 처리가 가능하다. 어떻게 숫자로 바꿀 수 있을까?

일반적으로 사운드와 같은 아날로그 신호는 싸인파와 같은 파형이라고 생각할 수 있다. 아날로그 파형은 샘플링(sampling)이라는 과정을 거쳐서 디지털 데이터로 만들 수 있다. 샘플링이란 "정기적인 간격으로 값을 측정하는 것"을 의미한다.

예를 들어서 스마트폰을 사용하여 상대방과 통화하고 있다고 가정해 보자. 내 목소리는 공기를 통해 스마트폰의 마이크로 이동하여 전기 신호로 변환된다. 음파와 전기 신호는 연속하여 변하는 파형이며 아날로그 정보이다.

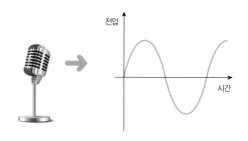

스마트폰은 디지털 형식으로 소리를 전송하므로 아날로그 파형이 숫자로 변환되어야 한다. 어떻게 할 수 있을까? 아날로그-디지털 변환기(ADC: Analog-Digital Converter)라고 불리는 내부의 회로는 초당 여러 번 파형의 크기를 측정하고 각 측정값을 숫자로 저장한다. ADC가 아래 그림의 첫 번째 그래프를 막대 그래프로 바꾼다.

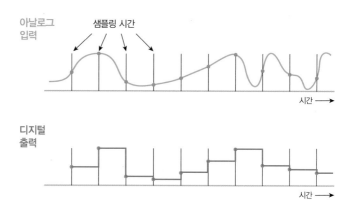

하나의 막대는 1초를 나타내고 이 막대그래프는 10개의 숫자(각 막대의 높이에 하나씩)로 나타낼 수 있다. 즉 3, 6, 2, 2, 3, 4, 6, 4, 4, 3과 같이 숫자로 생성될 수 있다. 따라서 초당 1회 음파를 샘플링(측정)함으로써 아날로그 음파를 디지털 정보로 변환할 수 있다. 우리는 이 숫자를 무선통신을 통해 다른 스마트폰으로 보낼 수 있다. 이 숫자를 상대방 스마트폰은 역과정(디지털-아날로그 변환)을 실행하여 숫자를 우리가 들을 수 있는 소리로 변환한다.

하지만 문제가 발생할 수 있다. 일부 정보는 음파를 디지털로 변환하고 다시 돌아오는 과정에서 손실 될 것이다. 왜냐하면 샘플링 값이 원본 음파의 모양을 정확하게 캡처하지 못하기 때문이다. 샘플링 값은 근사치 일뿐이다. 어떻게 해야 정밀도를 높일 수 있을까? 측정 횟수를 늘리면 된다. 예를 들어서 샘플링 속도를 2배로 만들면 더욱 정밀도가 높은 값들이 얻어진다. 두 배나 많은 측정값을 얻을 수 있으며 음파는 이제 20개의 숫자로 표시된다. 샘플링 속도를 높일수록 소리의 디지털 표현이 더 정확해지지만 생성하는 디지털 정보가 많을수록 저장 공간도 늘어난다.

## 디지털 사운드 품질

디지털 사운드는 초당 수천 개의 샘플로 나누어진다. 각 사운드 샘플은 0과 1로 이루어진 이진 데이터로 저장된다. 디지털 사운드의 품질에 영향을 미치는 요인은 다음과 같다.

- **샘플링 속도**(sample rate): 매초 캡처된 샘플의 수
- **비트 깊이**(bit depth); 각 샘플에 사용할 수 있는 비트 수
- **비트율**(bit rate): 초당 사용된 비트 수

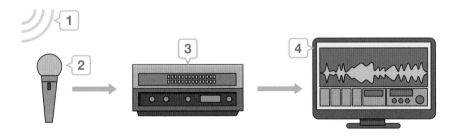

1 마이크가 공기중의 압력 변화를 측정한다.

2 마이크가 압력을 전압으로 바꾼다.

3 ADC가 전압을 0과 1로 변환한다.

4 파형을 모니터에 표시한다.

**그림 9.7** 아날로그 사운드를 디지털 사운드로 변환하는 과정

## 샘플링 속도

샘플링 속도는 초당 캡처되는 소리 샘플 개수로 측정된다. 캡처된 샘플이 많을수록 파동의 상승 및 하강 위치가 자세히 기록되고 품질이 높아진다. 즉 아날로그 음파의 모양이 보다 정확하게 포착된다. 각 샘플은 특정 시점에서 신호의 높이를 나타낸다. 진폭은 정수 또는 부동 소수점수로 저장되고 최종적으로 2진수로 인코딩된다.

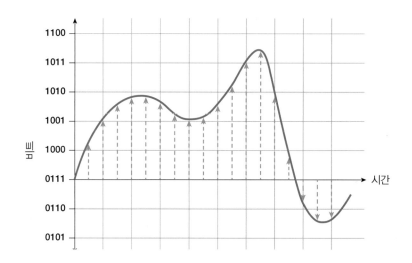

음질을 높이고 원본에 가까운 음질로 사운드를 저장하는 방법은 샘플링을 더 자주 하는 것이다. 이렇게 하면 사운드에 대한 많은 정보를 수집할 수 있으므로 품질이 떨어지지 않는다. 샘플을 가져 오는 빈도를 샘플링 속도라고 하며, 헤르츠(Hz) 단위로 측정된다. 1 Hz는 초당 하나의 샘플이다. 대부분의 CD 품질 사운드는 44100 Hz(44.1 kHz)로 샘플링된다.

전화 네트워크 및 VoIP 서비스는 8 kHz의 낮은 샘플링 속도를 사용한다. 이렇게 하면 적은 데이터를 사용하여 사운드를 표현할 수 있다. 8 kHz에서 사람의 목소리는 여전히 선명하게 들릴 수 있지만 음악인 경우에는 낮은 음질의 음악이 된다.

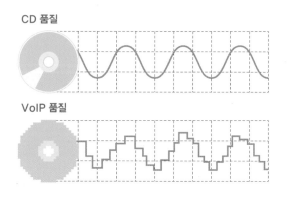

## 비트 깊이

비트 깊이는 각 샘플에 사용할 수 있는 비트 수이다. 비트 깊이가 높을수록 사운드 품질이 높아진다. 비트 깊이는 일반적으로 CD에서는 16비트이고 DVD에서는 24비트이다. 16비트 깊이는 65,536개의 가능한 값을 갖지만 24비트 깊이는 1600만개의 가능한 값을 가진다. 16비트 해상도는 각 샘플이 0000 0000 0000 0000과 1111 1111 1111 1111 사이의 이진값이 될 수 있음을 의미한다.

| 32768 | 16384 | 8192 | 4069 | 2048 | 1024 | 512 | 256 | 128 | 64 | 32 | 16 | 8 | 4 | 2 | 1 |
|---|---|---|---|---|---|---|---|---|---|---|---|---|---|---|---|
| 1 | 1 | 1 | 1 | 1 | 1 | 1 | 1 | 1 | 1 | 1 | 1 | 1 | 1 | 1 | 1 |

32,768 + 16,384 + 8,192 + 4,069 + 2,048 + 1,024 + 512 + 256 + 128 + 64 + 32 + 16 + 8 + 4 + 2 + 1

24비트는 최대 이진수가 1111 1111 1111 1111 1111 1111이며 16,777,215개의 가능한 값을 생성함을 의미한다. 사운드 파일을 만들 때는 특정 파일 형식으로 인코딩해야한다. 고품질 사운드는 PCM으로 만들어지고 WAV 또는 AIFF와 같은 파일 형식으로 저장된다.

## 비트 전송률

비트 전송률은 매초 처리되는 데이터 비트 수이다. 비트 전송률은 일반적으로 초당 킬로비트 (kbps) 단위로 측정된다.

비트 전송률은 다음 공식을 사용하여 계산된다.

$$샘플링\ 주파수 \times 비트\ 깊이 \times 채널 = 비트율$$

일반적으로 압축되지 않은 고품질 사운드 파일의 샘플링 주파수는 초당 44,100샘플, 비트 깊이는 샘플 당 16비트, 스테레오 사운드는 2채널이다. 따라서 이 파일의 비트 전송률은 다음과 같다.

$$초당\ 44,100\ 샘플 \times 샘플당\ 16비트 \times 2채널 =$$
$$초당\ 1,411,200\ 비트\ (또는\ 1,411.2\ kbps)$$

이 비트 전송률로 4분짜리 노래는 다음과 같은 파일 크기를 생성한다.

$$14,411,200 \times 240 = 338,688,000\ 비트(또는\ 40.37\ MB)$$

고품질 음악의 비트 전송률은 훨씬 높기 때문에 컴퓨터에서 훨씬 더 많은 공간을 차지하며 다운로드하는 데 더 오래 걸린다. 일반적으로 음악은 44.1 kHz (초당 약 44,000 회)의 샘플링 속도로 디지털 변환된다. 여기서는 다루지 않겠지만, 샘플링 속도는 음파에서 가장 높은 사운드 주파수의 두 배가 되어야 하며, 사람의 청력은 약 20kHz로 제한되기 때문에 적어도 40 kHz의 샘플링 속도가 필요하다. 고품질 음악의 비트 전송률은 128 kbps ~ 256 kbps (초당 최대 256,000 비트)이지만 MP3 음악의 일반적인 비트 전송률은 128 kbps이다.

# 07

# 사운드 압축

## 왜 파일을 압축할까?

처리 능력과 저장 공간은 컴퓨터에서 매우 중요하다. 두 가지 모두에서 최상의 결과를 얻으려면 텍스트, 이미지 및 사운드 데이터의 크기를 줄여서 더 빨리 전송하고 저장 공간을 덜 차지해야한다. 또한 파일이 대용량이면 다운로드하거나 업로드하는 데 시간이 오래 걸리므로 인터넷을 사용할 때 시간이 많이 걸리게 된다. 압축은 이러한 문제를 해결한다. 압축은 파일 크기를 줄이는 데 유용한 도구이다. 텍스트, 이미지, 사운드, 동영상이 압축되면 중복되는 데이터가 제거되어 파일 크기가 줄어든다. 압축은 파일을 스트리밍 및 다운로드 할 때 매우 유용하다. 모든 종류의 데이터를 압축 할 수 있다. 압축에는 손실과 무손실 압축이 있다.

**그림 9.8** 압축파일은 크기를 줄인다.

## 손실 압축

손실 압축은 파일 크기를 줄이기 위해 파일의 원래 데이터 중 일부를 제거한다. 이는 이미지의 색상 수를 줄이거나 사운드 파일에서 샘플 수를 줄이는 것을 의미한다. 이미지 또는 사운드 파일의 품질이 약간 저하 될 수 있다.

이미지 분야에서 인기 있는 압축 방법은 JPEG이다. 인터넷상의 대부분의 이미지가 JPEG을 이용하여 압축된다. 손실 압축을 사용하여 파일을 압축하면 원본을 다시 복구할 수 없다.

동영상도 네트워크를 통해 스트리밍될 때 압축된다. 스트리밍 HD의 영상은 고속 인터넷 연결이 필요하다. 만약 속도가 늦으면 사용자는 버퍼링 및 품질 저하를 경험하게 된다. HD 비디오는 보통 약 3 Mbps이다. SD 비디오는 약 1,500 kbps이다.

사운드에 널리 사용되는 손실 압축 방식은 MP3이다. MP3 파일의 비트 전송율은 보통 128 kbps와 320 kbps의 사이이다. 압축되지 않은 파일의 1,411 kbps보다는 한참 낮다.

손실 압축은 영구적으로 데이터를 제거한다. 예를 들어, MP3로 압축된 WAV 파일은 손실 압축이다. MP3 형식으로 압축할 때, 비트 전송율을 64 kbps로 지정할 수 있다. 그러나 64 kbps MP3에서 1,411 kbps 품질의 파일을 다시 만들 수는 없다. 손실 압축의 경우 원본 비트 깊이가 감소되어 데이터가 제거되고 파일 크기가 줄어든다. MP3 및 AAC는 서로 다른 플랫폼에서 널리 지원되는 손실 압축 사운드 파일 형식이다. MP3와 AAC는 모두 특허받은 코덱이다. Ogg Vorbis는 손실 압축을 위한 오픈 소스 대안이다.

## 무손실 압축

무손실 압축은 파일의 품질을 전혀 저하시키지 않는다. 데이터가 손실되지 않으므로 무손실 압축을 하더라도 나중에 파일을 원래 상태로 복원 할 수 있다. 일반적으로는 반복되는 데이터의 패턴을 찾아 다양한 알고리즘을 수행한다. 우리가 자주 사용하는 ZIP 파일은 무손실 압축의 예이다. 무손실 압축의 압축율은 손실 압축의 경우만큼 좋지 않다. 사운드의 경우, FLAC 및 ALAC은 오픈 소스 무손실 압축 형식이다. 무손실 압축은 품질 손실없이 파일 크기를 최대 50%까지 줄일 수 있다.

# 사운드 데이터 변환

구체적인 예를 들어보자. 일정한 시간 간격으로 다음과 같은 음파를 샘플링한다.
어떤 이진수들이 생성될까?

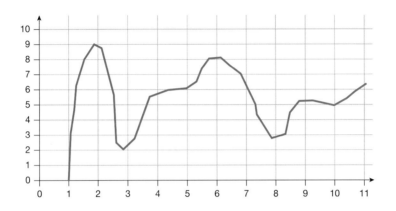

매 초마다 파형의 높이를 측정하여서 숫자로 변환하고 이것을 다시 2진수로 바꾸
면 다음과 같다.

| 시간 샘플 | 1 | 2 | 3 | 4 | 5 | 6 | 7 | 8 | 9 | 10 | 11 |
|---|---|---|---|---|---|---|---|---|---|---|---|
| 실수 | 0 | 9 | 2 | 6 | 6 | 8 | 7 | 3 | 5 | 5 | 6 |
| 이진 | 0000 | 1001 | 0010 | 0110 | 0110 | 1000 | 0111 | 0011 | 0101 | 0101 | 0110 |

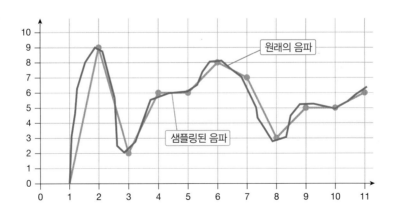

# Summary

- 컴퓨터는 3가지 종류의 데이터(텍스트, 이미지, 사운드)를 주로 처리한다. 모든 데이터는 0과 1로 표현된다.

- 텍스트는 각 문자에 숫자를 붙여서 표현된다. 문자에 붙이는 코드에는 아스키 코드와 유니코드가 있다. 아스키 코드는 8비트이고 유니코드는 16비트이다.

- 텍스트를 압축하는 방법에는 런길이 엔코딩과 허프만 엔코딩이 있다.

- 런길이 엔코딩은 반복되는 값이 나타나면 반복되는 횟수와 값을 저장하는 방법이다. 배경이 일정한 그래픽 이미지에 효과적이다.

- 이미지는 각 점들의 색상을 2진수로 표현한다. 점들을 픽셀이라고 한다. 해상도란 이미지를 이루고 있는 픽셀들의 개수이다. 이미지의 압축에도 런길이 엔코딩을 사용할 수 있다.

- 사운드는 음파를 일정한 주기마다 높이를 측정한 후에 이 값을 2진수로 저장한다.

CHAPTER

# 10

# 병렬 컴퓨팅

**이번 장에서는 다음과 같은 내용을 학습합니다.**
▶ 병렬 처리의 개념을 간단히 소개한다.
▶ 파이프라이닝의 개념을 간단히 소개한다.
▶ 병렬 처리의 예제를 살펴본다.

병렬처리는 작업을 동시에 진행하나요?

CPU안에 들어있는 코어들을 이용하여 작업들을 병렬로 수행합니다.

COMPUTATIONAL THINKING

# 병렬 처리란?

이제까지 우리는 문제를 해결하기 위하여 분해, 패턴 인식, 추상화 단계를 거쳐서 알고리즘을 작성하였다. 문제에 따라서는 알고리즘을 해결하는데 상당한 시간이 걸리는 경우도 많다. 예를 들어서 바둑 두는 알파고 컴퓨터가 바둑에서 나타나는 모든 경우의 수를 전부 놓아볼 수 있으면 좋겠지만 이것은 우주에 존재하는 원자의 개수보다도 많다고 한다.

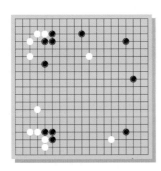

바둑은
1,000,000,000,000,000,000,000,
000,000,000,000,000,000,000,
000,000,000,000,000,000,000,000,
000,000,000,000,000,000,000,000,
000,000,000,000,000,000,000,000,
000,000,000,000,000,000,000,000,
000,000,000,000,000,000,000,000,
000,000,000

경우의 수를 가지고 있다.

우리가 만든 알고리즘을 컴퓨터를 이용하여 실행할 때, 너무 많은 시간이 소요된다면 어떻게 하여야 할까? 첫 번째는 알고리즘을 변경하여야 한다. 최적의 해답을 찾으려고 하면 시간이 많이 걸리는 경우가 많다. 이럴 때는 근사해를 찾도록 알고리즘을 변경하는 것이 중요하다.

두 번째 방법은 빠른 컴퓨터를 사용하는 것이다. 빠른 컴퓨터란 빠른 CPU를 가지고 있는 컴퓨터이다. CPU는 'Central Processing Unit'의 약자로서, 중앙처리장치로 번역할 수 있다. CPU는 컴퓨터의 두뇌에 해당하는 것으로서, 프로그램의 명령어를 해석하여 처리하는 역할을 한다. CPU의 처리 속도는 점점 빨라져 왔다. 최신 CPU의 처리 속도는 어느 정도일까?

CPU의 처리 속도를 나타내는 대표적인 단위는 클럭(clock)이다. 클럭은 CPU 안에서 파형을 생성하는 장치의 주파수이다. 이 주파수에 의하여 처리 속도가 결정된다. 일반적으로 1 클럭에 하나의 명령어가 처리된다. 클럭은 주파수 단위인 Hz(헤

르츠)로 나타낸다. 세계 최초의 마이크로프로세서인 인텔 4004의 클럭 주파수는 740 KHz(74만 Hz)였으며 2017년 현재 가장 빠른 인텔사의 CPU의 클럭 주파수는 약 4 GHz(40억 Hz) 정도이다.

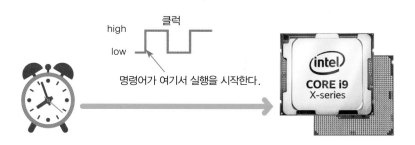

CPU의 클럭 주파수를 높이면 컴퓨터의 속도는 빨라진다. 한 클럭에 하나의 명령어가 처리된다. 따라서 클럭 주파수가 1 GHz이면 1초에 10억개의 명령어를 치리할 수 있다. 클럭 주파수가 2 GHz로 높아지면 1초에 20억개의 명령어를 처리할 수 있는 것이다.

CPU의 클럭 주파수는 계속하여 빨라질 수 있을까? 전자가 움직이는 속도는 빛의 속도이다. 빛의 속도는 제한이 있다. 따라서 CPU의 클럭 주파수를 높이는 것은 한계가 있다. 또 클럭 주파수를 높일 수 있다고 하더라도 비용이 너무 증가하여서 가성비가 나빠진다. 어떻게 해야 할까?

컴퓨터 공학자들이 찾은 해결책은 하나의 CPU 안에 여러 개의 코어(core)를 집어넣는 것이다. 코어란 CPU 안에 내장된 프로세서를 의미한다. 예전에는 1개의 CPU 안에는 1개의 코어만 가지고 있었다. 하지만 최근에서 2개의 코어(듀얼코어), 4개의 코어(쿼드코어), 8개의 코어(옥타코어)를 가진 멀티코어 프로세서들이 등장하고 있다. 각 코어들은 자신의 명령어를 독립적으로 수행할 수 있다. 따라서 8개의 코어를 가진 옥타코어 프로세서에서는 8개의 명령어가 동시에 처리될 수 있다.

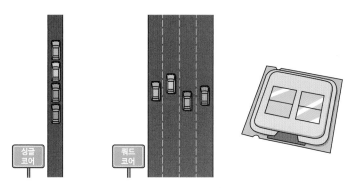

**그림 10.1** 쿼드코어는 4차선 도로와 같다.

여러 개의 코어를 사용하여 성능을 높이는 기술을 넓은 의미로 병렬 처리(parallel processing)라고 한다. 멀티 코어 프로세서를 사용하는 주된 단점은 설계 및 제조 비용이 더 많이 들며 싱글 코어 프로세서보다 많은 전력을 사용한다는 것이다. 또 다른 단점은 명령어를 분할하여 실행할 코어를 결정해야 하고 실행 결과를 마지막에 다시 병합해야하기 때문에 전체적인 성능을 약간 떨어뜨린다. 해결해야 하는 문제가 정말 큰 경우에는 여러 대의 컴퓨터를 사용하는 것도 가능하다. 이것도 병렬 처리라고 한다.

## 병렬 처리란?

병렬 처리란 여러 개의 작업을 동시에 실행하여서 효율을 높이는 것을 의미한다. 인간은 일상 생활에서 병렬 처리를 많이 사용하고 있다. 구체적인 예를 들어보자. 우리는 세탁기로 세탁을 하면서 동시에 청소기로 청소를 할 수 있다. 요리를 할 때도 전기밥솥으로 밥을 하면서 동시에 가스레인지로 국을 끓일 수 있다.

컴퓨터의 경우에도 병렬 처리를 많이 사용한다. 우리는 인터넷에서 파일을 다운로드하면서 문서를 편집할 수 있다. 컴퓨터에 CPU가 하나만 있어도 병렬 처리는 가능하다. 운영 체제가 CPU의 시간을 쪼개서 각 작업들에 할당하여서 작업들이 동시에 수행되는 것처럼 보이게 하기 때문이다. 물론 멀티-코어를 가지고 있는 CPU라면 각 작업들이 실제로 동시에 실행될 것이다.

음악을 들으면서
운동을 할 수 있다.

인쇄를 하면서
문서 편집을 할 수 있다.

**그림 10.2** 병렬처리의 예

병렬 처리는 컴퓨터에서 정말 많이 사용되고 있지만 인간이 그 개념을 이해하는 것은 조금 어려울 수 있다. 왜냐하면 인간은 순차적인 실행에 더 익숙해져 있기 때문이다. 하지만 병렬 처리를 이해하고 이것을 이용해서 문제를 빠르게 해결할 수 있다면 우리에게 도움이 될 것이다.

# 02

# 병렬 처리와 순차 처리

지금까지 우리는 컴퓨터에서 모든 작업이 순차적으로 일어나는 것으로 간주하였다. 이것을 순차 처리라고 한다. 전통적으로 소프트웨어는 순차 처리 방식으로 작성된다. 다음과 같은 과정을 거치게 된다.

- 문제가 일련의 개별 명령어로 나누어진다.
- 명령어들은 순차적으로 단일 프로세서에서 실행된다.
- 어떤 한 순간에는 한 명령어만 실행할 수 있다.

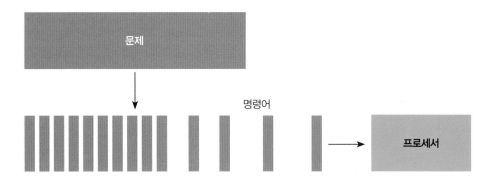

병렬 처리는 계산 문제를 해결하기 위해 여러 개의 컴퓨팅 자원을 동시에 사용하는 것이다.

- 문제는 동시에 해결할 수 있는 개별적인 부분 문제로 나누어진다.
- 각 부분 문제는 일련의 명령어들로 세분화된다.
- 각 부분 문제의 명령어는 서로 다른 프로세서에서 동시에 실행된다.
- 전반적인 제어 / 조정 메커니즘이 사용된다.

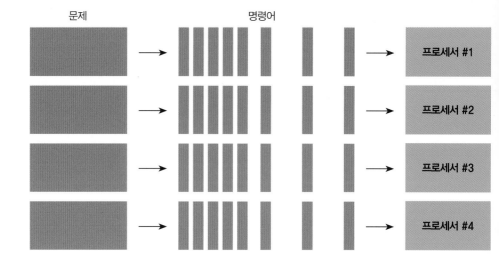

문제            명령어

프로세서 #1

프로세서 #2

프로세서 #3

프로세서 #4

## 병렬 처리를 사용하는 이유

첫 번째 이유는 문제 해결에 드는 시간 및 비용을 절약하기 위해서이다. 이론적으로, 작업에 더 많은 자원을 투입하면 비용 절감과 함께 완료 시간을 단축 할 수 있다. 최근에 병렬 컴퓨터는 저가의 프로세서로 값싸게 구축 할 수 있다.

두 번째로 아주 복잡한 문제를 해결하기 위해서이다. 많은 문제들이 너무 크고 복잡하여 단일 컴퓨터에서 문제를 해결할 수 없으며, 특히 컴퓨터 메모리가 제한되어 있기 때문에 불가능하다. 어떤 문제가 이토록 복잡할까? 예를 들어서 미국의 "Grand Challenges"는 1980 년대 후반에 고성능 컴퓨팅 및 통신 연구 분야의 목표로 설정된 바 있다.

- 극초음속 항공기 설계나 효율적인 자동차 바디 및 극도로 조용한 잠수함 설계를 위한 계산적인 유체 역학.
- 단기 및 장기 일기 예보,
- 새로운 재료 설계를 위한 구조 계산.
- 융합 에너지 기술 및 안전하고 효율적인 군사 기술을 위한 플라즈마 역학.
- 음성 인식, 컴퓨터 비전, 자연 언어 이해.

이러한 원대한 목표 외에도 우리가 쉽게 생각할 수 있는 분야가 있다. 미국의 전자 상거래 업체인 아마존은 블랙 프라이데이에는 엄청난 건수의 인터넷 주문을 소화해야 한다. 따라서 초당 수백만 건의 트랜잭션을 처리하는 웹 서버 및 데이터베이스 서버가 많이 필요하다. 이런 경우에도 병렬 처리를 이용하여야 한다. 아마존의 문제는 쇼핑 시즌이 지나면 이러한 막대한 컴퓨팅 자원들은 놀고 있다는 것이다.

이것을 외부에 비용을 받고 제공한 것이 아마존 웹 서비스의 시작이었다. 아마존에서 AWS(AmazonWeb Service)는 최근에 가장 이익을 많이 내는 부서가 되었다.

### 누가 병렬 처리를 사용하는가?

역사적으로 병렬 처리는 과학 및 공학의 여러 영역에서 복잡하고 어려운 문제를 모델링하는 데 사용되어왔다.

- 대기, 지구, 환경
- 물리학
- 생명 공학, 생명 공학, 유전학
- 화학, 분자 과학
- 지질학, 지진학

- 기계 공학
- 전기 공학, 회로 설계, 마이크로 전자 공학
- 컴퓨터 과학, 수학
- 국방, 무기

그림 10.3  출처: https://computing.llnl.gov/tutorials/parallel_comp/

### 병렬 처리의 단점

불행히도 병렬 처리에는 내재된 단점이 있다. 슈퍼마켓에서 물건을 사고 계산하는 문제라면 친구들이 많을수록 쇼핑 시간을 줄일 수 있다. 하지만 복잡한 문제의 경우에는 문제를 깔끔하게 분할하는 것이 힘들 수 있다. 또 부분 문제에 대한 해답을 모아서 전체 문제에 대한 해답을 재구성하는 것도 어려워진다. 중앙 집중식 관리 시스템이 있어야 문제를 분리하고 모든 다른 프로세서 간에 작업 부하를 할당 및 제어 할 수 있으며 결과를 재구성 할 수 있으며 이 과정에서 오버 헤드도 발생하게 된다. 예를 들어서 슈퍼마켓에서 상품을 사서 친구들이 분할하여 계산하는 문제도 카트에 10억 개의 상품이 있고 계산을 도와주는 친구가 65,000명이 있는 경우라면 상당히 복잡할 수 있다.

대부분의 복잡한 문제는 깔끔하게 쪼개지지 않는다. 예를 들어서 한 국가의 날씨는 다른 국가의 날씨에 크게 의존하므로 한 국가에 대한 예측은 다른 곳의 예측을 고려해야한다. 컴퓨터의 병렬 프로세서는 부분 문제를 해결할 때 서로 통신해야 한다. 또는 한 프로세서가 특정 작업을 수행하기 전에 다른 프로세서에서의 결과를 기다려야 할 수 있다.

병렬 컴퓨터가 수행하는 전형적인 문제는 완전히 순차적인 문제 (모든 단일 단계가 정확한 순서로 수행되어야 함)와 완전히 병렬 처리가 가능한 문제 사이의 어딘가에 있다. 일부 문제는 병렬로 해결할 수 있지만 다른 문제는 순차 방식으로 해결해야 한다.

# 03

# 병렬 처리가 가능한 문제

병렬 처리는 대량의 순차적인 작업을 작은 규모의 작업으로 나누어서 동시에 처리하는 것을 의미한다. 즉 큰 작업을 작은 작업으로 분할하고 분할된 작업을 멀티 코어를 사용하여 동시에 수행하는 것으로 병렬 처리를 적절하게 사용하면 작업에 걸리는 시간을 몇 배 이상 단축할 수 있다.

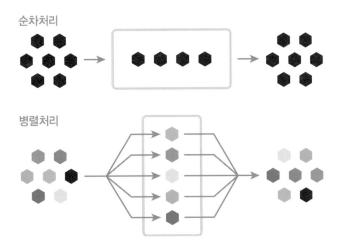

병렬 처리의 첫 번째 단계는 먼저 병렬로 해결하려는 문제(작업)를 이해하는 것이다. 작업에 따라서 쉽게 병렬로 처리할 수 있는 작업이 있는가 하면 선후 문제를 고려해야하기 때문에 병렬로 처리하지 못하는 문제들도 있다. 어떤 문제가 쉽게 병렬 처리가 될까? 즉 어떤 문제가 병렬성이 높을까?

## 병렬 처리가 쉽게 되는 문제

컴퓨터 그래픽, 영상 처리, 행렬 처리, 물리 시뮬레이션, 과학 계산 등의 문제는 병렬성이 높다. 즉 하드웨어만 추가되면 문제 해결 시간을 단축할 수 있다. 예를 들어 컴퓨터 그래픽에서는 각 픽셀의 값을 순차적으로 계산할 수도 있지만 모든 픽셀에 프로세서를 하나씩 할당하여 병렬로 계산할 수도 있다. 각 픽셀의 값은 이웃 픽셀의 값도 독립적으로 계산할 수 있기 때문이다.

물리나 화학분야의 문제도 쉽게 병렬화가 가능하다. 예를 들어서 한 분자의 수천 개의 형태에 대한 위치 에너지를 계산하는 문제는 쉽게 병렬화가 가능하다. 각각의 분자 형태는 독립적으로 결정되기 때문이다.

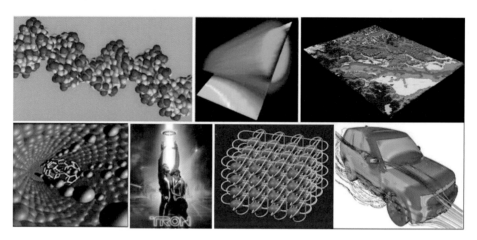

**그림 10.4** 출처: https://computing.llnl.gov/tutorials/parallel_comp/

## 병렬 처리가 힘든 문제

병렬 처리를 할 수 없는 문제에는 어떤 것들이 있을까? 예를 들어서 피보나치 수열 (0, 1, 1, 2, 3, 5, 8, 13, 21, ...)을 계산하는 문제를 생각해보자. 피보나치 수열은 다음과 같이 정의된다.

$$F(n) = F(n - 1) + F(n - 2)$$

$F(n)$ 값의 계산은 먼저 계산되어야하는 $F(n - 1)$ 및 $F(n - 2)$의 값을 사용하기 때문에 병렬 처리하기 어렵다. 데이터 의존성이 있으면 병렬 처리가 힘들어진다.

# 토너먼트 게임의 병렬화

병렬 처리 시에 의존성을 설명하기 위하여 테니스 게임을 예로 들어보자. 다음과 같이 테니스 게임이 토너먼트 형식으로 치러진다고 하자.

만약 단 하나의 테니스 경기장이 있다고 하면 한 번에 하나의 경기만 진행할 수 있으므로 다음과 같은 진행을 생각할 수 있다.

하지만 만약 경기장이 2개가 있다고 하면 다음과 같이 일부의 경기는 병렬로 진행할 수 있다.

여기서 경기는 작업이라고 생각할 수 있고 경기장은 작업이 실행되는 프로세서와 같다. 하나의 경기장에서 모든 경기를 진행하는 것은 단일 프로세서에서 작업들을 수행하는 방법과 같다. 두개의 경기장에서 경기를 진행하는 것은 프로세서가 2개 있는 컴퓨터에서 작업을 수행하는 방법과 같다. 여기서도 알수 있듯이 병렬 처리는 전체 작업 시간을 단축할 수 있다.

영상 처리도 병렬 처리가 쉬운 문제 중의 하나이다. 영상은 픽셀들이 2차원 형태로 나열되어 있다고 생각할 수 있다. 예를 들어서 모든 픽셀의 값에 어떤 함수를 적용시킨다고 하자. 구체적으로 모든 픽셀의 값에 10씩 더하여 픽셀의 밝기를 증가시킨다고 하자. 함수는 각 픽셀에서 계산된다. 각 픽셀의 계산은 다른 픽셀과는 독립적이다. 또 영상 처리 문제는 계산 집약적인 문제이다.

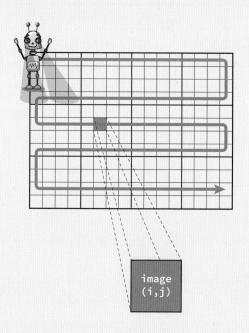

❶ 영상 처리 문제를 순차 처리로 해결한다면 한 번에 하나의 픽셀값을 순차적으로 계산할 것이다. 순차 처리는 다음과 같은 형식일 수 있다.

```
do j ← 1, n
    do i ← 1, n
        image(i, j) ← image(i, j) + 10
    end do
end do
```

❷ 영상 처리 문제를 병렬 처리로 해결한다면 어떻게 해야 하는가? 먼저 문제를 분석해보자. 다음 질문에 대답해보자.

- 이 문제는 병렬화할 수 있을까? → 물론이다. 앞의 설명을 읽어본다.

- 문제는 어떻게 분할하면 좋을까? → 각 프로세서에게 픽셀들을 나누어서 담당시킨다.

- 부분 문제를 해결할 때 서로 간의 통신이 필요한가? → 전혀 필요없다.

- 데이터 의존성이 있는가? → 없다. 하나의 픽셀은 다른 픽셀과는 독립적으로 값을 변경할 수 있다.

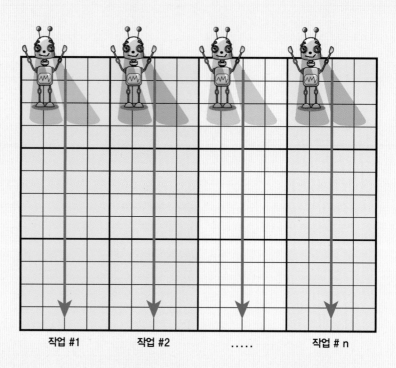

작업 #1          작업 #2          .....          작업 # n

각 프로세서는 자기가 맡은 분야를 다음과 같은 의사 코드를 적용한다.

```
do j ← 1, n
    do i ← mystart, myend
        image(i,j) ← image(i, j) + 10
    end do
end do
```

"do j ← 1, n"은 j를 1부터 n까지 변경시키면서 반복을 하라는 명령어이다.

# 원주율의 계산

원주율 파이의 값은 여러 가지 방법으로 계산될 수 있다. 원주율을 계산하는 다음 방법을 생각해보자(출처: Blaise Barney, Lawrence Livermore National Laboratory)

❶ 사각형에 원을 내장한다.

❷ 사각형에서 무작위로 점을 생성한다.

❸ 원 안에 있는 점의 개수를 센다.

❹ k를 (원안의 점의 개수)/(사각형 안의 점의 개수)라고 하자.

❺ 원주율은 4k가 된다.

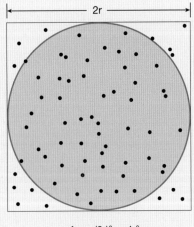

$$A_s = (2r)^2 = 4r^2$$
$$A_c = \pi r^2$$
$$\pi = 4 \times \frac{A_s}{A_c}$$

여기서 많은 점이 생성될수록 원주율의 값이 정확해진다. 하지만 이것은 시간이 많이 소모되는 작업이다. 따라서 이것을 병렬로 진행할 수 있는지 체크해보자.

- 이 문제는 병렬화할 수 있을까? → 모든 점 계산은 독립적이다. 따라서 데이터 의존성이 없다.

- 문제는 어떻게 분할하면 좋을까? → 작업을 고르게 나눌 수 있다. 부하 균형 문제가 없다.

- 부분 문제를 해결할 때 통신이 필요한가? → 필요 없다.

- 데이터 의존성이 있는가? → 없다.

어떻게 병렬화할 수 있는지를 생각해보자.

# 원주율의 계산

이 문제는 어떻게 병렬화하면 좋을까? 먼저 프로세서를 4개 사용한다고 하자. 프로세서 하나를 마스터(master) 프로세서로 지정한다. 각 프로세서는 다른 것과 독립적으로 원안에 점을 생성하여서 원 안에 있는 점들의 개수를 센다. 그런 후에 점의 개수를 매스터 프로세서로 보낸다. 마스터 프로세서는 모든 프로세서에서 온 점들의 개수를 더하여 원주율의 값을 계산한다.

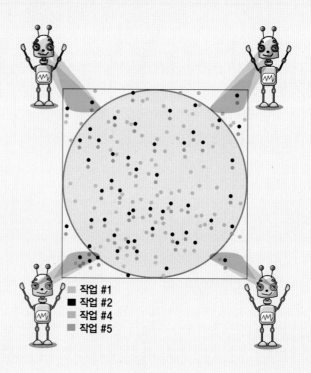

■ 작업 #1
■ 작업 #2
■ 작업 #4
■ 작업 #5

# 파이프라이닝

컴퓨터에서 많이 사용되는 기술 중에서 파이프라이닝(pipelining)이 있다. 예전의 CPU들은 하나의 명령어를 완전히 끝마치고 나서 다음 명령어를 수행하였다. 그런데 CPU에서 각 명령어들은 실행하는 데에 몇 개의 단계를 거치게 된다. 예를 들어서 메모리에서 명령어를 읽어온 후(fetch)에 명령어를 해독하고(decode) 계산한 후에(execute) 계산결과를 저장한다(store). 각 단계마다 CPU 내부의 사용하는 부분이 다르다.

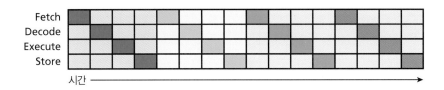

이러한 방법의 최대 문제점은 fetch 부분이 동작하고 있을 때 decode나 execute 부분은 놀고 있다는 점이다. 따라서 컴퓨터 공학자들은 이들의 작업을 동시에 진행하기 위하여 계산을 하면서 다음 수행할 명령을 미리 읽어오거나, 저장을 하면서 다음 명령의 계산 작업을 하거나 하는 식의 처리를 생각하였다.

다음과 같이 CPU의 각 단계를 비스듬하게 배치하면 4개의 CPU 부분이 동시에 진행된다. 첫 번째 명령어가 해독되고 있을 때 fetch는 다음의 명령어를 읽어온다.

파이프라이닝은 순차 종속성이 있더라도 병렬 처리를 할 수 있다. 물론 완전한 병렬 처리는 아니지만 전체 작업 시간을 상당히 줄일 수 있다.

파이프라이닝을 이해하기 힘들다면 자동차 조립 라인에서 일어나는 일을 생각해보자. 조립 라인에서는 자동차 1대가 전부 조립될 때까지 기다리지 않는다. 한 작업자가 자동차 문을 조립하고 있는 동안, 다른 작업자는 다른 자동차 유리를 장착하고 있는 것이다. 이것이 파이프라이닝이다.

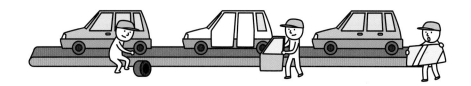

# 파이프라인 처리

파이프라인 처리 개념을 이해하기 위하여 세탁기와 건조기 문제를 고려해보자. 이 문제는 컴퓨팅 사고의 대가인 자넷 윙이 설명한 내용을 바탕으로 한다. 세탁기, 건조기, 다리미가 각각 1개씩 있다고 하자. 4포대의 세탁물이 있다. 우리는 4포대의 세탁물을 세탁하고 건조한 후에 다리미로 다려야 한다. 한 포대의 세탁물을 세탁하고 건조한 후에 다리는데 90분이 소요된다. 어떻게 하면 모든 세탁 과정을 최단 시간 안에 완료할 수 있을까?

다음과 같이 순차적으로 작업을 수행하면 6시간(360분)이 걸린다. 6시에 시작해도 12시가 되어야 끝난다.

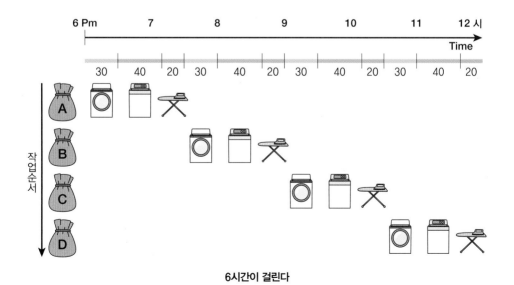

**6시간이 걸린다**

하지만 다음과 같이 세탁기, 건조기, 다리미가 동시에 작업할 수 있게 하면 3.5시간 (210분)이면 충분하다. 6시에 시작해도 9시 반이면 끝낼 수 있다.

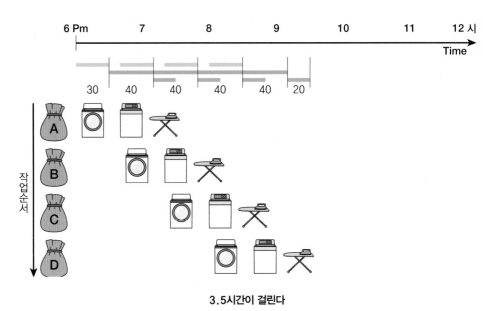

3.5시간이 걸린다

# 정렬 네트워크

병렬 처리가 반드시 필요한 분야 중의 하나가 정렬 알고리즘이다. 정렬(sorting)은 물건을 크기순으로 **오름차순**(ascending order)이나 **내림차순**(descending order)으로 나열하는 것을 의미한다. 예를 들어 책들은 제목순이나 저자순, 또는 발간연도 순으로 정렬이 가능하다. 택배 배달원도 거리 순으로 택배를 정렬하여서 배달 거리를 단축할 수 있다. 학교에서 교수님들도 학생들의 시험 점수를 높은 점수에서 낮은 점수 순으로 정렬하여서 학점을 매긴다. 돌탑을 만들 때도 가장 큰 돌을 아래에 놓고 가장 가벼운 돌을 위에 놓아야 한다.

정렬은 컴퓨터 분야에서 아주 중요한 알고리즘이고 데이터가 많으면 상당한 시간이 걸리므로 정렬에 병렬 처리를 적용하는 것은 아주 좋은 생각이다. 어떻게 병렬 처리를 이용하여 정렬에 걸리는 시간을 단축할 수 있을까?

정렬 네트워크(sorting network)라는 방법이 있다. 정렬 네트워크는 간단한 프로세서를 많이 사용한다.

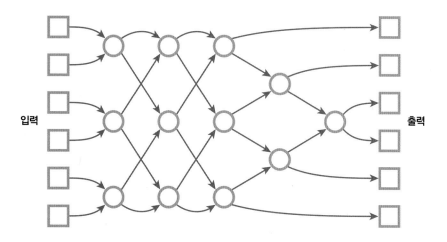

각 프로세서는 네트워크에서 2개의 값을 받아서 비교한 후에 크기 순으로 정렬하여 다시 네트워크로 전송한다.

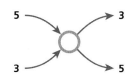

각 프로세서는 2개의 데이터만을 정렬할 수 있다. 하지만 많은 프로세서를 적절하게 연결하여 사용하면 많은 수의 데이터를 정렬할 수 있다. 예를 들어서 프로세서들이 다음과 같이 연결되었다고 가정하자. 그리고 왼쪽의 프로세서에 아래의 그림과 같은 값들이 전달되었다.

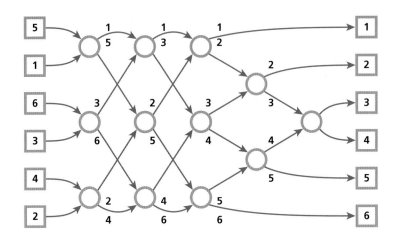

각 값들은 프로세서를 거치면서 점차 정렬된 상태가 되고 오른쪽 끝에서는 완전히 정렬된 값들을 얻을 수 있다.

# 05

# 슈퍼 컴퓨터

세계에서 제일 빠른 컴퓨터인 슈퍼 컴퓨터도 여러 개의 프로세서를 동시에 사용한다. 2016년 현재 가장 빠른 슈퍼 컴퓨터는 Sunway TaihuLight로서 중국산이다. 약 93 페타플롭스(PFLOPS)를 기록하고 있다. 페타플롭스는 1초당 1,000조번의 연산처리를 의미한다. 슈퍼 컴퓨터는 개인용 컴퓨터보다 약 100,000배 빠르지만 이러한 성능은 개별 프로세서의 속도가 빨라서가 아니고 워낙 많은 프로세서를 집적하였기 때문에 이러한 속도를 낼 수 있는 것이다.

슈퍼 컴퓨터는 몇 개의 프로세서를 사용하고 있을까? 예를 들어서 중국의 '텐허 2' 시스템은 인텔 제온 E5-2600 V2 프로세서 3만2천개와 4만 8000개의 인텔 제온 phi 코프로세서로 작동한다고 한다. 하나의 제온 프로세서가 72개 이상의 코어로 되어 있으므로 대략 PC 400만대가 묶여 있다고 보면 된다.

### 슈퍼 컴퓨터는 어떤 소프트웨어를 실행할까?

대부분의 슈퍼 컴퓨터가 PC나 워크스테이션의 클러스터라는 사실을 기억할 때 놀라지 않을지 모르지만 대부분의 슈퍼 컴퓨터가 자신의 PC에서 실행되는 것과 매우 유사한 평범한 운영 체제를 실행한다는 사실에 놀랄 것이다. 가장 일반적인 슈퍼 컴퓨터 운영체제는 유닉스였지만, 최근에 리눅스에 의해 대체되고 있다. 수퍼 컴퓨터는 일반적으로 과학적 문제를 다루기 때문에 응용 프로그램은 포트란(Fortran)과 같은 전통적인 과학 프로그래밍 언어로 작성되거나 C 및 C++ 와 같은 대중적인 프로그래밍 언어로 작성된다.

### 슈퍼 컴퓨터는 실제로 무엇을 할까?

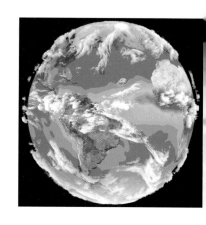

슈퍼 컴퓨터는 지구 기후 모델링과 같은 가장 복잡한 과학적 문제를 해결하는 데 도움이 될 수 있다. 일반적으로 슈퍼 컴퓨터는 핵 미사일 시험 시뮬레이션, 날씨 예측, 기후 시뮬레이션 및 암호화 킹도 테스트를 비롯하여 복잡하고 수학-집중적인 과학적 문제 해결에 사용된다. 슈퍼 컴퓨터 중의 일부는 매우 구체적인 작업을 수행하도록 설계된다. 최근의 가장 유명한 슈퍼 컴퓨터 2대가 이런 식으로 설계되었다. 1997년 IBM의 딥 블루(Deep Blue) 컴퓨터는 체스 게임을 위해 특별히 제작 된 것이고 나중에 왓슨 컴퓨터는 퀴즈 게임에 출전하기 위하여 설계되었다. 이와 같이 특별히 고안된 기계는 특정 문제에 대해 최적화될 수 있다. 예를 들어 딥 블루(Deep Blue)는 체스판에 발생하는 말의 이동에 대한 거대한 데이터베이스를 검색하고 특정 상황에서 어떤 움직임이 가장 좋았는지를 평가하도록 설계되었다.

## 슈퍼 컴퓨터는 얼마나 강력한가?

일반 컴퓨터의 사양을 살펴보면 컴퓨터 성능이 일반적으로 MIPS(million instructions per second)로 표시된다는 것을 알 수 있다. 컴퓨터의 성능이 1MIPS라면 1초당 100만 개 단위의 명령어를 실행할 수 있다는 의미이다. 일반적인 컴퓨터는 MIPS로 충분하지만 슈퍼 컴퓨터는 MIPS보다는 다른 방식으로 평가된다. 슈퍼 컴퓨터는 주로 과학적 계산에 사용되고 있기 때문에 초당 수행 할 수 있는 부동 소수점 연산수(FLOPS)를 사용한다. FLOPS는 부동 소수점 명령어가 1초에 몇 번 실행될 수 있는가를 나타내는 단위이다.

| 단위 | FLOPS |
|------|-------|
| 100 FLOPS | $100 = 10^2$ |
| KFLOPS (킬로 플롭스) | $1\,000 = 10^3$ |
| MFLOPS (메가 플롭스) | $1\,000\,000 = 10^6$ |
| GFLOPS (기가 플롭스) | $1\,000\,000\,000 = 10^9$ |
| TFLOPS (테라 플롭스) | $1\,000\,000\,000\,000 = 10^{12}$ |
| PFLOPS (페타 플롭스) | $1\,000\,000\,000\,000\,000\,000 = 10^{15}$ |

슈퍼 컴퓨터가 처음 개발 된 이래로 다음 표에서 볼 수 있듯이 그 성능은 비약적으로 증가하고 있다.

| Year | Supercomputer | Peak speed(Rmax) | Location |
|------|---------------|------------------|----------|
| 2016 | Sunway TaihuLight | 93.01 PFLOPS | Wuxi, China |
| 2013 | NUDT Tianhe-2 | 33.86 PFLOPS | Guangzhou, China |
| 2012 | Cray Titan | 17.59 PFLOPS | Oak Ridge, U.S. |
| 2012 | IBM Sequoia | 17.17 PFLOPS | Livermore, U.S. |
| 2011 | Fujitsu K computer | 10.51 PFLOPS | Kobe, Japan |
| 2010 | Tianhe-IA | 2.566 PFLOPS | Tianjin, China |
| 2009 | Cray Jaguar | 1.759 PFLOPS | Oak Ridge, U.S. |
| 2008 | IBM Roadrunner | 1.105 PFLOPS | Los Alamos, U.S. |

# 06

# 분산 컴퓨팅

병렬 처리를 이용하는 또 하나의 형태는 **분산 컴퓨팅**(distributed computing)이다. 분산 컴퓨터에서는 하나의 문제를 해결하기 위하여 네트워크에 연결된 여러 개의 컴퓨터가 협력하는 것이다. 인터넷에 연결된 여러 개의 컴퓨터들을 사용하는 것도 분산 컴퓨팅의 일종이다. 인터넷 자체가 분신 컴퓨팅이라고 이야기할 수도 있다.

**그리드 컴퓨팅**(grid computing)은 모든 컴퓨팅 기기를 초고속 네트워크로 연결해, 정보처리 능력을 극대화시키는 것을 의미한다. 우리가 컴퓨터 작업을 하고 있는 동안에도 CPU는 100% 사용되지 않는다. 이 남는 CPU 유휴시간을 모아서 특정 작업에 집중시켜서 작업 속도를 증가시키는 기법이다. 그리드 컴퓨팅은 지구상의 모든 컴퓨터를 네트워크로 연결해 하나의 거대한 가상 컴퓨터를 만든다는 개념으로 개념 자체는 이미 오래 전부터 있어 왔으나 최근 들어서야 이를 구현할 수 있는 기술적 환경이 마련되었다. 최근에 일기예보나 금융 모델링 문제를 해결하기 위하여 사용되고 있다.

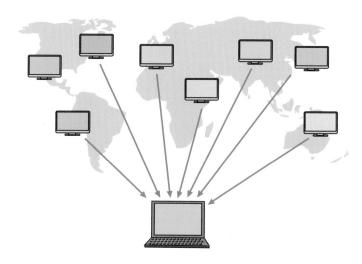

그리드 컴퓨팅은 단백질 접힘(protein folding), 재무 모델링 , 지진 시뮬레이션 및 기후 / 날씨 모델링 과 같은 도전적인 과제를 해결할 수 있는 방법을 제공한다.

2016년 10월 현재 BOINC(Berkeley Open Infrastructure for Network Computing) 플랫폼을 실행하는 4백만 대의 컴퓨터가 World Community Grid 의 회원이다. BOINC를 사용하는 프로젝트 중 하나는 SETI@home이다. SETI@ home은 외계인 정보 검색 (SETI)에서 인터넷에 연결된 컴퓨터를 사용 하는 UC Berkeley에 기반을 둔 과학적 실험이다. 전파 망원경 데이터를 다운로드하고 분석 하는 무료 프로그램을 실행하여 참여할 수 있다. 이 프로젝트는 40만대 이상의 컴 퓨터를 사용하고 있으며 현재 약 0.88 TFLOPS를 달성하고 있다.

Folding@home은 단백질 접힘, 의약품 설계 등을 시뮬레이트하는 분산 컴퓨팅 프 로젝트이다. 스탠포드 대학교에서 시작된 Folding@home 프로젝트는 101 PFLOPS 을 달성하고 있다. Folding@home 프로젝트는 집에 있는 컴퓨터의 유휴시간을 이 용하여 단백질 접힘을 연구하여 파킨슨병, 헌팅턴병, 암과 같은 질병을 해결하려 하고 있다.

**클라우드 컴퓨팅(cloud computing)**은 대용량의 데이터(빅데이터) 처리를 인터넷 으로 연결된 다른 컴퓨터로 처리하는 기술을 말한다. 빅데이터를 처리하기 위해서 는 다수의 서버를 통한 분산처리가 필수적이다. 분산처리는 클라우드의 핵심 기술 이므로 클라우드 컴퓨팅도 분산컴퓨팅의 일종이라고 할 수 있다.

**그림 10.5** 클라우드 컴퓨팅은 인터넷상의 서버를 이용하여 모든 작업을 하는 기술이다.

# 07

# GPU 가속 컴퓨팅

바둑 두는 컴퓨터인 알파고도 병렬 처리 컴퓨팅을 사용하였는데 특이한 것은 CPU 와 함께 GPU(Graphics Processing Unit)를 사용하였다고 발표하였다. 구글의 인 공지능 컴퓨터인 알파고에는 알파고 시스템을 개발하며 1920개의 CPU와 280개의 GPU를 사용했다. GPU의 이떤 특징 때문에 알파고는 GPU를 사용하였을까?

게이머들 고마워!

CPU가 순차적인 직렬처리에 최적화된 몇 개의 코어로 이루어진 반면, GPU는 병 렬처리를 위한 수천 개의 작은 코어로 이루어져 있다. 따라서 컴퓨터 그래픽에서 많이 사용되는 단순한 연산을 빠르게 처리할 수 있다. 자율 주행 자동차나 인공 지 능을 구현하려면 방대한 분량의 데이터를 동시다발적으로 최대한 빨리 처리해야 한다. 따라서 GPU가 이러한 작업을 실행하는데 CPU보다 유리해진 것이다.

최근에 "GPU 가속 컴퓨팅(GPU-ACCELERATED COMPUTING)"라는 용어 가 등장하였다. GPU 가속 컴퓨팅은 CPU와 함께 그래픽 처리 장치(GPU)를 사용 하여 딥러닝, 데이터 분석 및 공학용 프로그램을 가속화하는 기술이다. 2007년에 NVIDIA에서 개척한 GPU 가속 컴퓨팅은 인공 지능에서 자율 주행 자동차, 무인 항공기 및 로봇에 이르는 다양한 플랫폼에서 애플리케이션을 가속화하는 데 큰 역 할을 하고 있다. GPU 가속 컴퓨팅은 응용 프로그램의 연산 집약적인 부분을 GPU 로 덜어 주지만 나머지 코드는 여전히 CPU에서 실행된다. 사용자의 관점에서 볼 때 응용 프로그램은 훨씬 빠르게 실행된다.

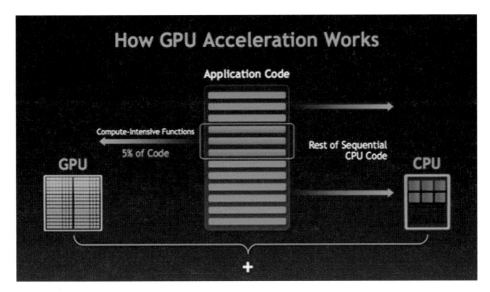

**그림 10.6** 출처: 엔비디아 홈페이지

## GPU 대 CPU

GPU와 CPU의 차이를 이해하는 간단한 방법은 태스크를 처리하는 방법을 비교하는 것이다. CPU는 순차적 처리를 위해 최적화 된 몇 개의 코어로 구성되는 반면, GPU는 다수의 작업을 동시에 처리하도록 설계된 수천 개의 더 작고 효율적인 코어로 구성된 대규모 병렬 아키텍처를 갖추고 있다.

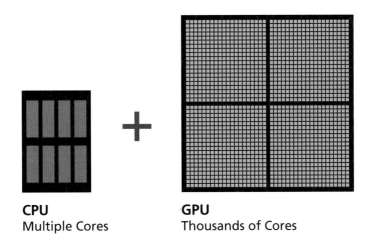

**CPU**
Multiple Cores

**GPU**
Thousands of Cores

컴퓨터 그래픽에서는 어떻게 멀티코어를 사용하여서 그림을 빠르게 그릴 수 있을까? 예를 들어서 사람의 얼굴을 그린다고 하면 픽셀을 하나씩 그리는 방법이 순차 처리이다.

순차처리에서는 하나의 CPU가
모든 픽셀을 그린다.

병렬 처리에서는 모든 픽셀의 값이 동시에 칠해진다.

병렬처리에서는 여러개의 CPU가
픽셀을 동시에 그린다.

유튜브 영상 https://www.youtube.com/watch?v=-P28LKWTzrI를 참조한다.

# Summary

- 병렬 처리란 CPU를 많이 사용하여서 처리 속도를 높이는 방법이다.

- 병렬 처리가 쉬운 문제도 있고 어려운 문제도 있다. 이미지 처리나 그래픽 처리는 비교적 병렬 처리가 쉽다. 하지만 피보나치 수열값을 계산하는 문제처럼 이웃 값에 의존적이면 병렬 처리가 힘들어 진다.

- 병렬 처리를 사용하는 이유는 이 세상에 풀어야 할 복잡한 문제가 많이 있기 때문이다. 대표적으로 기상 예보나 항공기 설계, 음성 인식, 영상 인식은 많은 컴퓨팅 파워가 필요하다.

- 파이프라이닝은 순차종속성이 있더라도 각 처리 단계를 겹치게 하여서 처리 속도를 증가시키는 기법이다.

COMPUTATIONAL THINKING

CHAPTER

# 11

# 인공지능

**이번 장에서는 다음과 같은 내용을 학습합니다.**
▶ 인공지능의 개념을 간단히 소개한다.
▶ 탐색의 개념을 간단히 소개한다.
▶ 딥러닝의 개념을 간단히 소개한다.

알파고는 어떻게 바둑을 학습했나요?

딥러닝이라는 학습알고 리즘을 사용했습니다.

COMPUTATIONAL THINKING

# 01

# 인공지능의 시대

2016년 3월 구글의 인공지능 바둑 프로그램인 알파고(AlphaGo)는 한국에 큰 충격과 공포를 주었다. 일반적으로 컴퓨터가 이기기 어렵다고 알려진 바둑 게임에서 알파고가 압도적인 실력으로 4-1로 승리하였다. 2017년 1월에는 온라인 한큐바둑 사이트에 마스터(Master)란 이름의 고수가 나타났다. 마스터를 상대로 승리시 10만위안(약 1700만원)을 주는 이벤트에서 마스터는 세계 1위의 커제 9단을 비롯하여 한·중·일을 대표하는 프로기사들을 상대로 30전 전승을 기록하였다. 마스터는 타이젬에서도 30판 전승을 기록하여 마스터의 전체 전적은 60전 60승이 되었다. 마스터는 바둑 팬들의 예상대로 업그레이드된 알파고였다.

알파고는 인공지능 기법으로 작성된 바둑 프로그램이다. 알파고로 인하여 우리는 인공지능의 시대가 성큼 다가왔다는 것을 느낄 수 있었다. 최근에 인공지능이 이룩한 업적을 보면 실로 경이롭다. '서양의 바둑'이라고 불리는 체스에서 1997년 IBM의 컴퓨터 '딥블루'는 세계 챔피언이었던 카스퍼로프를 상대로 승리를 거두며 인간 챔피언을 넘어선 최초의 컴퓨터가 됐다. 2011년 IBM에서 개발한 인공지능 프로그램 "왓슨"이 퀴즈쇼 '제퍼디'에서 인간 우승자를 제치고 우승을 차지했다. 제퍼디 퀴즈쇼는 사회자가 어떤 단어에 대해 설명을 하면 제일 먼저 정답을 말하는 사람이 상금을 가져가는 퀴즈쇼이다.

**그림 11.1**  출처: TV 화면 캡처

인간을 초월하는 거대한 인공지능 컴퓨터는 SF 영화의 단골소재이다. 영화 터미네이터에서는 스카이넷(Skynet)이라는 인공지능 시스템이 나온다. 스스로 학습하고 생각하는 인공지능 스카이넷은 전 세계 수백만 대의 컴퓨터 서버로 확산된 후 자의식을 얻는다. 스카이넷의 창조자는 스카이넷을 비활성화하려고 하지만 스카이넷은 자기를 보존하기 위하여 인류를 적으로 간주하고 파괴한다.

**그림 11.2**  터미네이터에서 스카이넷은 강인공지능의 예이다.

영화에서처럼 인공지능은 두려운 존재일까? 인공지능에는 강인공지능(strong AI)과 약인공지능(weak AI)이 있다. 강인공지능은 인공지능의 강한 형태로 자의식이 있는 인공지능이다. 강인공지능은 일반적인 영역에서의 문제를 해결할 수 있으며 명령받지 않은 일도 스스로 필요하다고 생각해서 할 수 있다. 터미네이터의 스카이넷이나 어벤저스에서의 울트론은 강인공지능의 예이다. 약인공지능은 인공지능의 약한 형태로 자의식이 없으며 특정한 영역에서 주어진 문제를 해결한다. 예를 들어서 음성을 인식한다던지 영상을 이해하는 인공지능이다. 알파고는 약인공지능의 예이다. 강인공지능보다는 약인공지능이 쓸모가 많다. 아무리 똑똑해도 인간의 지시를 거부한다면 무슨 소용이 있을까? 또 "호킹"을 비롯하여 "빌게이츠"와 같은 많은 과학자들이 초인공지능을 경계하라고 말한다. 현재도 기술상으로 강인공지능은 상당히 어려운 것으로 되어 있다.

## 인공지능은 어디에 필요할까?

인공지능은 어디에 필요할까? 인공지능은 자율 주행자동차에서 장애물이 감지되면 자동차를 스스로 세우게 한다. 이것은 이미 여러 자동차회사에서 구현하고 있다. 내 차가 앞차와 부딪힐 위험에 처하면 차가 스스로 브레이크를 걸고 사고를 최소화하는 쪽으로 방향을 틀 것이다.

우리가 필요한 것을 음성으로 말하면 인터넷에 연결하여 자동으로 주문할 수 있다. 이미 아마존에서 판매하고 있는 "알렉사"라는 스마트 스피커는 이러한 기능을 탑재하고 있다. 2014년에 출시된 아마존 에코는 음성 명령 기능이 있어서 아마존에서 판매하는 제품을 에코를 통해 쉽게 주문할 수 있게 했다. 또 날씨와 시간, 일정 등을 음성으로 확인하고 음악을 듣거나 IoT 기기들을 제어하는 등의 기능을 수행할 수 있다. 또한 에코에 내장돼 있는 인공지능 비서인 '알렉사'는 여러 가지 IoT 기기와 연결되면서 많은 기능을 제공하고 있다. 인공지능은 인간이 지치고 외로울 때 말동무가 될 수 있다.

**그림 11.3** 출처: 아마존

# 02

# 탐색

앞에서 컴퓨터가 체스와 바둑의 세계 챔피언을 이겼다고 하였다. 어떻게 실리콘과 전선으로 만들어진 컴퓨터가 인간보다 똑똑할 수 있을까? 지능적인 작업을 하는 컴퓨터의 핵심은 인간 프로그래머이다. 프로그래머가 똑똑한 프로그램을 작성하면 컴퓨터가 지능을 가진 것처럼 보이는 것이다. 현재의 컴퓨터는 컴퓨터 프로그래머가 작성한 명령어를 하나씩 수행할 뿐이고 이것이 지능적으로 보이는 것이다.

체스나 바둑 같은 경기의 핵심 알고리즘은 "탐색(search)"이다. 상대방이 첫 번째 수를 두면 컴퓨터는 모든 수에 대하여 탐색한 후에 가장 최적인 수를 선택하게 된다. 문제는 가능한 수가 너무 많아서 시간 내에 완료할 수 없다는 것이다(사실 아무리 시간이 많아도 전체 수를 읽는 것은 불가능하다). 바둑 두는 인공지능인 알파고는 정책망(신경회로망의 일종이다)을 사용하여서 미리 몇 개의 수를 선택한 후에 이들 수에 대해서만 탐색하였다고 한다.

우리는 이 절에서 간단한 게임인 "Tic-Tac-Toe"에서 어떻게 다음 수를 탐색할 수 있는 지를 살펴보자.

우리나라의 오목과 유사한 외국의 게임이 Tic-Tac-Toe이다(5목이 아니라 3목). Tic-Tac-Toe 게임은 유아들을 위한 게임으로 잘 알려져 있다. Tic-Tac-Toe는 3 × 3칸을 가지는 게임판을 만들고, 경기자 2명이 동그라미 심볼(○)과 가위표 심볼(×)을 고른다. 경기자는 번갈아 가며 게임판에 동그라미나 가위표를 놓는다. 가로, 세로, 대각선으로 동일한 심볼을 먼저 만들면 승리하게 된다.

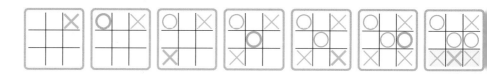

인간과 컴퓨터가 Tic-Tac-Toe 게임을 한다고 가정하자. 우리는 컴퓨터를 위한 알고리즘을 제공하여야 한다. 제일 간단한 방법은 아무 곳이나 빈 곳을 골라서 다음 수를 두는 것이지만 그렇게 하면 너무 재미가 없으므로 간단한 알고리즘을 만들어서 인간 경기자가 심심하지 않게 해보자.

우리는 다음과 같은 간단한 알고리즘을 만들어서 실행해보자. 컴퓨터가 X이고 인간이 O라고 하자.

```
while 게임이 종료될 때까지
    if 2개의 X가 한 줄에 있고 한곳이 비어 있으면 then
        비어 있는 곳이 X를 놓는다.
        컴퓨터가 이겼다고 출력한다.
    else if 2개의 O가 한 줄에 있고 한곳이 비어 있으면 then
        비어 있는 곳에 X를 놓는다.
    else
        비어 있는 코너에 X를 놓는다.
    endif
endwhile
```

첫 번째 if는 컴퓨터가 한 수를 두어서 이길 수 있는 곳이 있으면 거기에 두는 것이다. 두 번째 if는 인간이 이기는 것을 방해하는 것이다. 세 번째 if는 조건에 맞는 곳이 없을 때 두는 곳이다.

위의 알고리즘에 따라서 Tic-Tac-Toe를 몇 수 진행하여 보자.

❶ (컴퓨터 차례) 조건에 맞는 곳이 없으므로 비어 있는 코너인 왼쪽 상단에 X를 놓는다.

❷ (인간 차례) 중간에 놓는다.

❸ (컴퓨터 차례) 조건에 맞는 곳이 없으므로 비어 있는 코너에 X를 놓는다.

❹ (인간 차례) 인간은 컴퓨터가 승리하는 것을 막기 위하여 다음과 같이 둘 것이다.

❺ (컴퓨터 차례) 컴퓨터는 알고리즘의 2번째 조건에 따라 다음과 같이 둘 것이다.

여러분이 조금 더 진행해보면 알겠지만 컴퓨터는 절대 지지 않는다.

## 게임 트리

게임 트리(game tree)는 게임 상태를 트리의 노드로 나타내고 가능한 동작을 선으로 나타낸다. 트리의 루트 노드는 게임 시작시의 상태를 나타낸다. 다음 단계는 첫 번째 이동 이후의 가능한 상태를 나타낸다. Tic-Tac-Toe와 같은 간단한 게임의 경우 가능한 모든 게임 상태 (전체 게임 트리)를 시각적으로 나타낼 수 있다.

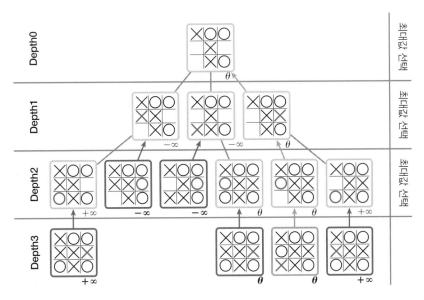

게임 트리에서 자주 사용되는 미니맥스 알고리즘은 현재 상황에서 가능한 모든 수를 평가하여 점수를 매긴다. 상대방도 최선을 다한다고 생각하여서 게임 트리의 한 층에서는 최소값을 선택하고 다음 층에서는 최대값을 선택한다. 평가 함수는 어떤 형태의 경험적 방법에 의존한다. 게임이 끝날 무렵에는 평가를 쉽게 할 수 있다. 게임이 시작될 때는 누가 이길지를 말하기 어렵다. 아마도 완벽한 평가 기능을 설계하는 것은 불가능할 수 있지만, 평가 기능이 향상되면 게임 플레이가 향상된다. Tic-Tac-Toe게임에서 사용할 수 있는 평가 함수에는 어떤 것이 있을까? 즉 어떤 게임 상태가 주어졌다면 어떻게 이것을 하나의 평가숫자로 바꿀 것인가? 한 가지 방법은 다음과 같다.

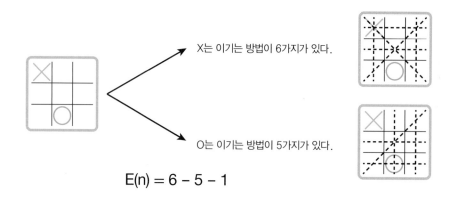

X는 이기는 방법이 6가지가 있다.

O는 이기는 방법이 5가지가 있다.

$$E(n) = 6 - 5 - 1$$

## 바둑에서의 경우의 수

만약 간단한 게임의 경우에는 컴퓨터가 게임트리를 만들어서 처음부터 끝까지 모든 경우의 수를 전부 놓아보고 평가할 수 있다. 예를 들어서 Tic-Tac-Toe는 컴퓨터가 첫수부터 마지막 수까지 전부 놓아볼 수 있다. 하지만 바둑의 경우는 아주 다르다. 바둑은 경우의 수가 약 316!이다. 이것을 계산해보면 약 $10^{761}$로 추산된다. 전체 우주는 단지 약 $10^{80}$개의 원자만을 포함하는 것으로 추정된다. 따라서 바둑에서는 아무리 빠른 컴퓨터라고 하더라도 모든 수를 읽을 수는 없다.

# Tic-Tac-Toe 게임트리

Tic-Tac-Toe 게임에서 나타나는 모든 상태를 게임 트리로 그릴 수 있는가? 대칭인 경우는 제외하면 쉬워진다. 다음의 게임 트리에 이어서 2수 정도를 더 그려보자.

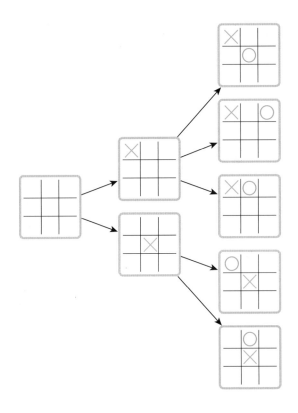

 도전문제

여러분 나름대로의 Tic-Tac-Toe 알고리즘을 만들어서 친구들과 대적해보자.

# 03

# 기계 학습이란?

"현재의 시대를 살면서 기계 학습(machine learning)을 이해하고 잘 활용하는 것은 슈퍼 파워를 가지는 것이나 마찬가지이다." 기계 학습의 대가인 앤드류 응 교수의 말이다.

**그림 11.4** 출처: 앤드류 응 교수의 동영상

특히 기계 학습이 필요한 분야는 복잡한 데이터들이 있고 이들 데이터에 기반하여 결정을 내려야 하는 경우, 기계 학습을 이용하면 정확하고도 빠르게 결정을 내릴 수 있다.

### 기계 학습의 정의

기계 학습(machine learning)은 인공 지능의 한 분야로, 컴퓨터가 학습할 수 있도록 하는 알고리즘을 개발하는 분야이다. Arthur Samuel은 1959년에 "machine learning gives computers the ability to learn without being explicitly programmed."라고 말한바 있다. 예를 들어서 이메일이 스팸인지 아닌지를 구분하도록 훈련시키는 기계 학습 시스템도 있다.

기계 학습은 어떤 분야에서 필요할까? 기계 학습은 문제를 해결하는데 많은 경우가 있어서 각각의 경우를 정확하게 처리하는 것이 불가능한 경우에 필요하다. 예를 들어서 바둑과 같은 복잡한 경기에서 모든 경우를 찾아서 if-else와 같은 문장으로는 정확하게 처리하는 것은 불가능하다. 스팸 이메일을 자동으로 걸러내는 작업에도 많은 경우가 있기 때문에 이것을 정확하게 프로그래밍하는 것은 상당히 힘들다. 자율 주행 자동차에서도 수많은 경우들이 있기 때문에 정확하게 모든 경우를 처리할 수 없다. 이런 경우에 기계 학습이 필요하다. 기계 학습이란 문제의 성격상 정확한 프로그래밍이 불가능한 경우에 컴퓨터가 스스로 학습할 수 있게 하는 연구 분야이다.

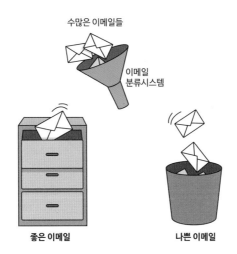

## 기계 학습의 분류

학습하는 방법에 따라서 기계 학습을 다음과 같이 분류할 수 있다.

- **지도 학습**(Supervised Learning): 컴퓨터는 "교사"가 주는 예제 입력과 출력을 제공받는다. 각각의 입력 데이터에는 정해진 레이블이 붙어 있다. 이것을 학습

데이터(training set)라고 한다. 학습의 목표는 입력과 출력 데이터 사이의 일반적인 규칙을 학습하는 것이다. 예를 들어서 다음과 같이 이미지를 주면 이미지를 자동으로 인식하는 프로그램을 생각해보자. 이 프로그램도 기계학습을 이용해서 작성된다. 수많은 이미지들을 "cat", "dog", "mug", "hat"과 같이 분류해놓은 데이터가 바로 학습 데이터이다. 데이터에 붙은 "cat", "dog"가 같은 것을 레이블이라고 한다. 이 레이블이 붙어 있는 데이터로 학습을 하게 된다.

**그림 11.5** 출처: 구글

- **비지도 학습**(Unsupervised Learning): 어떤 힌트도 주어지지 않고 입력 자체에서 구조를 찾는 학습 알고리즘이다. 비지도 학습은 대표적인 것이 아래에 표시된 클러스터링이다. 데이터를 보고 스스로 학습하는 것이다. 예를 들어서 구글 뉴스에서 비슷한 뉴스를 자동으로 그룹핑하는 것을 들 수 있다.

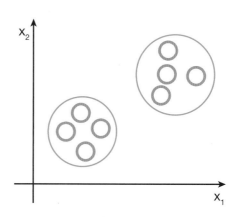

- **강화 학습**(Reinforcement learning): 컴퓨터는 특정 목표(예: 차량 운전 또는 상대방과 게임 하기)를 수행해야하는 동적 환경과 상호 작용한다. 컴퓨터는 문제 공간을 탐색하면서 보상과 처벌과 같은 피드백을 제공받는다.

기계 학습은 원하는 출력 형태에 따라서 다음과 같이 분류하기도 한다.

- **분류**(classification): 입력을 두 개 이상의 유형으로 분할하고, 학습자가 한 번도 보지 못한 입력을 이들 유형 중의 하나로 분류하는 시스템이다. 이것은 일반적으로 지도 학습 방식으로 학습된다. 스팸 필터링은 분류의 한 예이며, 입력은 전자 메일 메시지이고 유형은 "스팸" 및 "스팸 아님"이다.

- **회귀**( regression): 출력의 형태가 이산적이 아니라 연속적이다.

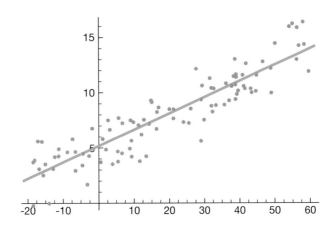

- **클러스터링**(clustering): 입력이 여러 개의 그룹으로 분할된다. 분류와 달리 그룹은 미리 알지 못하므로 일반적으로 감독되지 않은 학습이 된다.

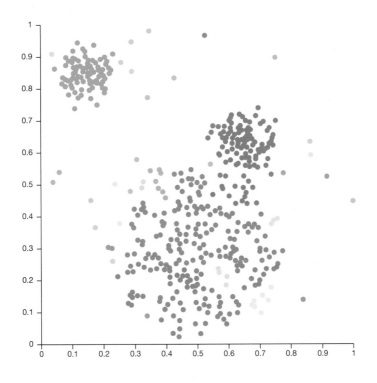

## 기계 학습 사용 예

- 이미지 레이블링(image labeling)
- 이메일 스팸 필터링
- 넷플릭스에서 비디오 추천 시스템
- 이미지 탐색 시스템
- 자율 주행자동차
- 텍스트 자동 인식 시스템

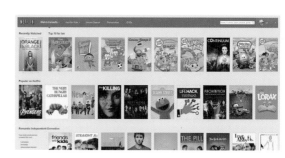

## 기계 학습 시스템의 구조

입력의 형태를 "원"과 "사각형"으로 분류하는 기계 학습 시스템의 구조를 살펴보자.
다음과 같이 "원"과 "사각형" 레이블이 붙어 있는 학습 데이터로 시스템을 학습시
킨다. 학습 알고리즘은 입력 데이터의 특징에 따라 입력을 "원"과 "사각형"으로 분
류할 수 있는 모델을 내부적으로 생성한다.

학습이 끝나면 한 번도 본적이 없는 새로운 데이터로 시스템을 테스트한다.

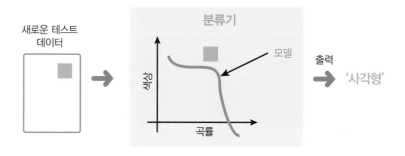

예를 들어서 알파고도 예전에 바둑의 고수들이 두었던 수많은 기보를 입수하여서 학습 데이터로 사용하여서 시스템을 학습시켰다. 학습이 끝나면 알파고는 새로운 수에 대해서도 대응할 수 있다.

하나의 예로 이미지를 분석하여서 사람의 얼굴인지 아닌지를 분석하는 시스템은 다음과 같다.

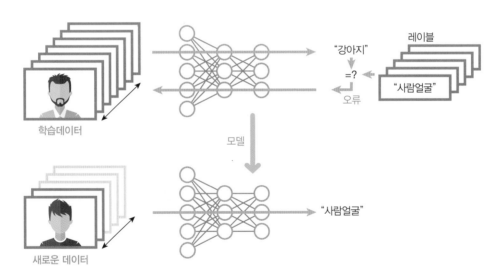

# 04

# 인공신경망

앞에서 기계 학습을 간단히 살펴보았지만 기계 학습에는 많은 방법론이 있다. 하지만 최근에 경이적인 결과들을 보여 주고 있는 학습 알고리즘은 **딥러닝**(deep learning)이다. 딥러닝은 빅데이터를 사용하는 기계 학습의 경이로운 분야이다. MIT가 딥러닝을 2013년을 빛낼 10대 혁신기술 중 하나로 선정하고 가드너(Gartner, Inc.)가 2014 세계 IT 시장 10대 주요 예측에 포함시키는 등 최근 들어 딥러닝에 대한 관심이 높아지고 있다. 딥러닝은 인공지능 분야의 기계 학습의 하나의 방법이라고 할 수 있다.

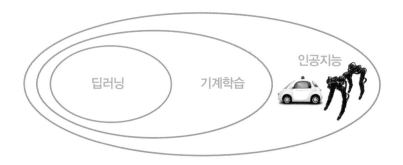

많은 회사들이 딥러닝을 기계학습 툴킷의 핵심적인 부분으로 제공하고 있다. 페이스북이나 마이크로소프트, 구글 등이 모두 딥러닝을 자신들의 제품에 사용하고 있으며 연구를 진행하고 있다. 왜 그럴까? 딥러닝은 이제까지 인간만이 할 수 있었던 여러 가지 일들을 하도록 컴퓨터를 가르친다. 예를 들면 이미지를 분석하여 이미지 안에 무엇이 있는지 인지하거나 사람들이 말하는 것을 듣고 내용을 파악하는 것이다. 로봇이 외부 세계를 탐험하고 상호 작용할 수 있게도 한다.

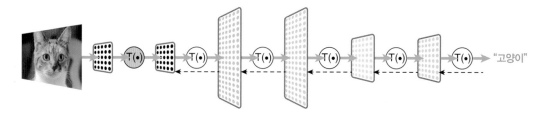

딥러닝은 빅 데이터가 있고 해결해야 하는 복잡한 문제가 있을 때 빛을 발한다. 거의 모든 회사가 복잡한 문제들에 직면하고 있다. 영상 인식, 언어 번역, 음성 인식 등이 대표적인 문제이다. 딥러닝의 가장 큰 장점은 딥러닝이 문제의 종류나 데이터의 종류에 상관없이 적용할 수 있는 일반적인 프레임워크라는 점이다. 동일한 내부 구조를 사용하며 사물을 기술하기 위하여 동일한 기법을 사용한다. 예를 들어서 영상 인식과 음성 인식은 상당히 다른 분야지만 딥러닝은 이 두 가지 문제에 동일하게 적용할 수 있다. 딥러닝은 인식 문제를 해결할 수 있는 핵심적인 도구로 간주되고 있다. 현재는 컴퓨터 비전과 음성 인식 분야에서 가장 많이 사용된다. 하지만 앞으로는 딥러닝은 새로운 약을 개발한다거나 자연어를 이해한다거나 문서를 이해하는 분야에도 적용될 것이다. 우선 딥러닝이 어떻게 개발되었는지 역사를 잠시 살펴보자. 딥러닝의 역사는 기대, 좌절, 반전 등이 모두 들어가 있는 하나의 드라마와 같다.

## 인공신경망

딥러닝의 시작은 1950년대부터 연구되어 온 인공신경망(neural network)이다. 인공신경망은 인간의 두뇌구조를 본떠서 만들어진 구조이다. "생각하는 기계"는 항상 인간의 꿈이었고 1950년대에 사람들은 인간의 두뇌를 본떠서 기계로 만들려고 하였다. 인간의 뉴런(신경세포)은 다음과 같이 입력을 받아서 출력을 내보는 구조로 되어 있다.

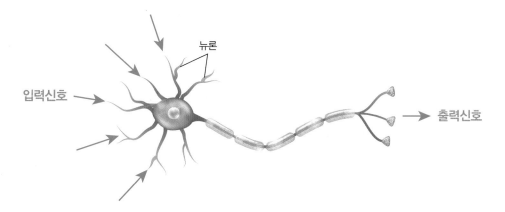

인간의 뉴런은 굉장히 단순한 계산만을 하지만, 수백만 개를 모아 놓으면 복잡한 작업을 할 수 있다. 뉴런을 자세하게 분석해보면 다음과 같은 수학적인 모델로 만들 수 있었다. 입력에 가중치가 곱해지고 이것들이 전부 합쳐진 후에 어떤 값 이상이 되면 활성화되어서 출력이 나가게 된다.

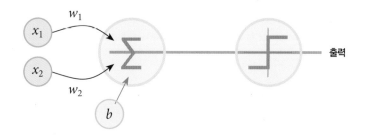

퍼셉트론은 1957년에 프랭크 로젠블라트가 고안한 인공신경망이다. 이 퍼셉트론은 현재의 딥러닝의 기초가 된다. 1950년대에는 위의 모델을 직접 하드웨어로 구현하려고 시도하였다. 그 결과로 나온 것이 다음과 같은 하드웨어들이다. 당시에는 아직 디지털 컴퓨터가 개발되지 않았다.

인공 신경망은 많은 인기를 끌었으며 위의 하드웨어를 이용하여 생각하고 말하는 컴퓨터를 만드는 것은 시간문제로 보였다.

### 퍼셉트론

위의 기계는 간단한 개념을 학습할 수 있을까? 예를 들어서 논리합(OR)나 논리곱(AND)과 같은 개념을 학습할 수 있을까? 간단히 여기서 만들어보자. 입력이 2개인 다음과 같은 구조를 생각한다. 입력은 가중치를 통하여 합해지고 여기에서 바이어스를 뺀다. $\Sigma(w \cdot x) - b$의 값이 양수이면 출력은 1이 되고 그렇지 않으면 출력은 0이 된다.

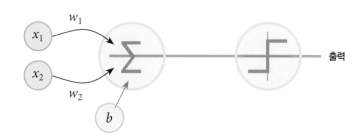

$x_1$과 $x_1$는 입력 신호이고 $w_1$, $w_2$는 가중치이다. $b$는 바이어스라고 불리는 임계값이다. 입력 신호가 뉴런으로 전달될 때는 가중치가 곱해진다. 뉴런에서는 입력신호의 가중치합이 정해진 임계값을 넘는 경우에만 활성화되어서 1을 출력한다. 그렇지 않으면 0을 출력한다. 설명한 내용을 수식으로 표현하면 다음과 같다.

$$y = \begin{cases} 1 & (w_1x_1 + w_2x_2 \geq b) \\ 0 & (w_1x_1 + w_2x_2 \leq b) \end{cases}$$

위의 퍼셉트론이 다음과 같은 AND 연산을 학습하려면 $w_1$, $w_2$는 어떤 값이어야 할까? 이것이 바로 학습이다.

| $x_1$ | $x_2$ | $y$ |
|-------|-------|-----|
| 0 | 0 | 0 |
| 1 | 0 | 0 |
| 0 | 1 | 0 |
| 1 | 1 | 1 |

우리가 딥러닝에서 학습이라고 하면 이와 같이 입력과 출력이 결정된 상태에서 가중치 값을 구하는 것이다. 퍼셉트론도 학습 알고리즘이 있지만 여기서는 생략하도록 하자. 만약 학습 과정을 통하여 가중치와 바이어스가 결정된다면 퍼셉트론은 AND 연산을 학습한 것이다. 나중에 자세히 분석되었지만 퍼셉트론은 선형분리 가능한 문제만 학습할 수 있었다. 아래는 AND 연산을 학습한 퍼셉트론이다.

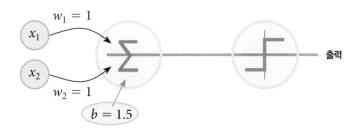

왜 그런지는 다음의 표를 채우면서 알아보자.

| $x_1$ | $x_2$ | $w_1w_1 + w_2w_2$ | $b$ | 출력 |
|-------|-------|-------------------|-----|------|
| 0 | 0 | $0 \times 1 + 0 \times 1 = 0$ | 1.5 | 0 |
| 1 | 0 | $1 \times 1 + 0 \times 1 = 1$ | 1.5 | 0 |
| 0 | 1 | $0 \times 1 + 1 \times 1 = 1$ | 1.5 | 0 |
| 1 | 1 | $1 \times 1 + 1 \times 1 = 2$ | 1.5 | 1 |

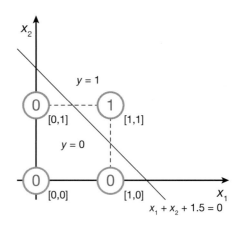

$w_1$과 $w_2$를 1로 설정하면 AND 연산을 학습한 것처럼 동작한다.

# 퍼셉트론 학습하기

이 실습에서는 퍼셉트론을 이용하여 OR 개념을 학습시켜보자. 어떤 가중치와 바이어스를 주어야 퍼셉트론이 OR처럼 동작할까? 다음과 같은 출력을 내는 가중치와 바이어스를 생각해보자.

| $x_1$ | $x_2$ | $y$ |
|-------|-------|-----|
| 0 | 0 | 0 |
| 1 | 0 | 1 |
| 0 | 1 | 1 |
| 1 | 1 | 1 |

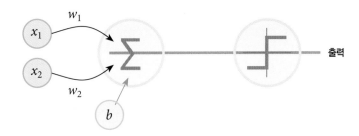

$$y = \begin{cases} 1 & (w_1x_1 + w_2x_2 \geq b) \\ 0 & (w_1x_1 + w_2x_2 \leq b) \end{cases}$$

$w_1 = 1$, $w_2 = 1$, $b = 0.5$이면 퍼셉트론은 논리적인 OR처럼 동작한다. 아래의 표를 채우면서 확인해보자.

| $x_1$ | $x_2$ | $w_1x_1 + w_2x_2$ | $b$ | 출력($y$) |
|-------|-------|-------------------|-----|-----------|
| 0 | 0 | | 0.5 | |
| 1 | 0 | | 0.5 | |
| 0 | 1 | | 0.5 | |
| 1 | 1 | | 0.5 | |

# 05

# 다층 퍼셉트론

하지만 퍼셉트론에서는 논리적인 XOR와 같이 선형으로 분리가 불가능한 문제는 아무리 가중치와 바이어스를 변경하여도 학습이 불가능하였다.

| $x_1$ | $x_2$ | $y$ |
|---|---|---|
| 0 | 0 | 0 |
| 1 | 0 | 1 |
| 0 | 1 | 1 |
| 1 | 1 | 0 |

선형 분리 가능 문제란 분류 공간에서 직선을 그어서 분류할 수 있는 문제이다. AND와 OR와 같은 문제는 모두 선형 분리 가능 문제이다.

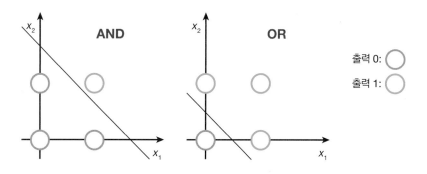

하지만 XOR와 같은 문제는 직선을 그려서 분리가 불가능하다.

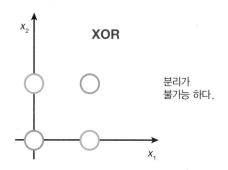

Minsky와 Papert는 Perceptrons(1969년에 발간된 책)에서 1개의 계층(layer)으로 구성된 퍼셉트론이 XOR 문제를 해결할 수 없다는 것을 수학적으로 증명하였다. Minsky와 Papert는 더 많은 계층을 가진 인공신경망이 이 문제를 해결할 수 있지만 적절하게 학습할 수 없을 것이라고 생각했다. 이 충격적인 발표로 인하여 당시에 진행되던 모든 인공신경망 연구는 중단되었다. 인공신경망의 암흑기가 온 것이다.

### 다층 퍼셉트론

1980년대에 다시 인공신경망에 대한 관심이 살아났다. 1980년대 중반에 다음과 같은 다층 퍼셉트론(multilayer perceptron)을 위한 학습 알고리즘이 개발된 것이다. 다층 퍼셉트론이란 입력층과 출력층 사이에 은닉층(hidden layer)이라고 하는 계층을 하나 더 가지고 있는 인공신경망이다.

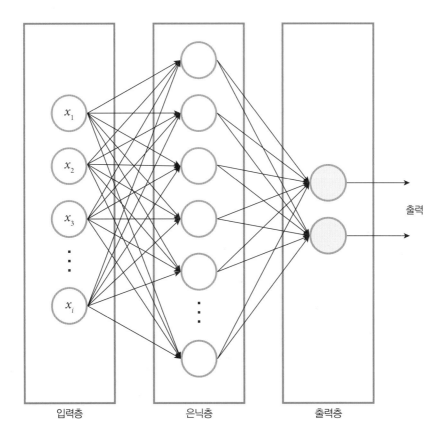

입력층       은닉층       출력층

이 학습 알고리즘을 역전파 알고리즘(back-propagation)이라고 한다. 역전파 알고리즘은 입력이 주어지면 순방향으로 계산하여 출력을 계산한 후에 출력과 우리가 원하는 출력 간의 오류를 계산한다. 이 오류를 역방향으로 전파하면서 오류를 줄이는 방향으로 가중치를 변경한다.

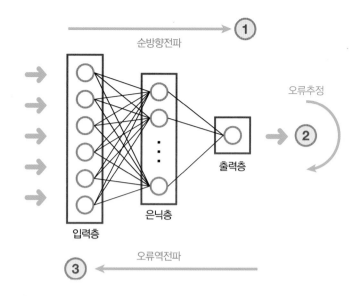

순방향전파

입력층 은닉층 출력층

오류추정

오류역전파

Minsky와 Papert가 불가능하다고 생각했던 다층 퍼셉트론에 대한 학습 알고리즘이 개발된 것이다. 그 당시에 굉장한 인기를 얻으면서 새롭게 인공신경망이 두 번째로 각광을 받았다. 1989년에 얀 르쿤과 그의 동료들은 역전파 알고리즘에 기반하여 우편물에 손으로 쓰여진 우편번호를 인식하는 인공 신경망을 소개했다. 알고리즘이 성공적으로 동작했음에도 불구하고, 신경망 학습에 소요되는 시간(10개의 숫자를 인식하기 위해 학습하는 시간)이 거의 3일이 걸렸다.

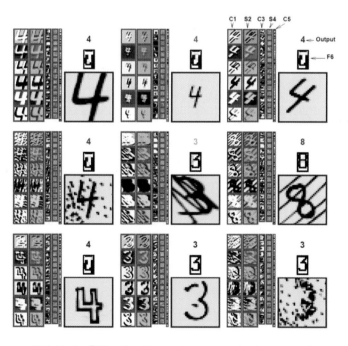

**그림 11.6** 출처: http://yann.lecun.com/ex/research/

이 당시 컴퓨터는 느렸고 학습에 필요한 데이터 집합은 많았으므로 역전파 학습 알고리즘이 다른 분야에 일반적으로 적용되기에는 비현실적인 것으로 여겨졌다. 결과적으로 21세기 초반에는 많은 인공신경망 연구들이 취소되었고 기계 학습 분야에서 사라졌다. 다시 인공신경망 연구에 암흑기가 왔다.

많은 요소들이 느린 속도에 원인을 제공했는데, 그 중 하나는 1991년 Sepp Hochreiter에 의해 분석된 vanishing gradient problem(지역최솟값에 머무르게 되는 원인)이었다. 또한 시뮬레이션에서 초기 상태를 어떻게 선택하느냐에 따라 수렴이 안 되고 진동 또는 발산하는 문제, 학습 데이터에 너무 가깝게 맞추어 학습되는 과적합 문제, 원론적으로 생물학적 신경망과는 다르다는 이슈들이 끊임없이 제기되면서 인공신경망은 관심에서 멀어졌고 90년대와 2000년대에는 서포트 벡터 머신 같은 기계학습 기법들이 각광받게 된다.

# 06

# 딥러닝

인공신경망을 사용한 음성인식 연구가 다시 등장한 것은 2009년이었다. 2012년에는 인공신경망을 이용한 컴퓨터 비전 발표가 있었다. 2104년도에는 기계번역이 각광을 받았다. 인공신경망에서 무엇이 변화된 것인가?

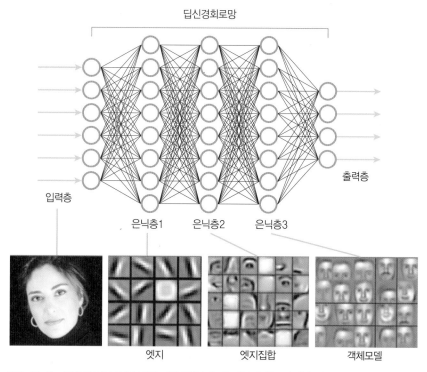

**그림 11.7**  사람의 얼굴을 인식하는 인공신경망. 은닉층에서는 다양한 각도의 엣지가 검출된다.

딥러닝 알고리즘에서는 은닉층이 여러 계층으로 이루어진다. 각 은닉층들은 추상적인 개념을 학습하게 된다. "딥(Deep)"이라는 용어는 인공신경망의 많은 개수의 은닉층을 나타낸다. 딥러닝을 사용하는 인공신경망을 DNN(deep neural network)이라고 한다.

본격적으로 딥러닝이란 용어를 사용한 것은 2000년대 딥러닝의 중흥기를 이끌

어간다고 평가할 수 있는 제프리 힌튼과 Ruslan Salakhutdinov에 의해서이며, 기존 신경망의 과적합 문제를 해결하기 위해 이들은 unsupervised RBM(restricted Boltzmann machine)을 통해, 학습시킬 DNN의 각 층을 효과적으로 사전훈련(pre-trainning)하여 과적합을 방지할 수 있는 수준의 초기값을 잡았고, 이를 다시 역전파 알고리즘을 사용하는 형태로 학습을 진행한다.

DNN의 학습 속도는 상당히 느리고 계산 집약적이기 때문에 학습에 시간과 자원이 많이 소모되었다. 따라서 최근까지 DNN의 실제 구현은 은닉층을 최소로 사용하는 것이었고 인공신경망의 크기는 사용 가능한 계산 리소스에 의해 제한되었다. 최근 컴퓨팅 작업에 GPU(Graphic Processor)을 사용하여 계산 성능이 크게 향상되었기 때문에 수퍼 컴퓨터와 같은 데이터 처리 성능을 광범위한 사용자가 사용할 수 있게 되었다. 게임머들의 도움이 컸다.

DNN의 이점은 패턴을 인식하는 능력이 대폭 향상되어 더 안정적인 응용 프로그램을 만들 수 있다는 점이다. 현재 인공신경망은 어디에서나 발견된다. 따라서 여러분들이 빅데이터 분석, 데이터 예측과 관련된 문제를 해결하려면 DNN을 고려하는 것이 권장된다.

### 컨볼루션 인공신경망

컨볼루션 신경망(CNN)은 인공신경망의 일종이다. 뉴론 사이의 연결 패턴은 동물의 조직에서 영감을 얻었다. 시각 피질 뉴런들은 제한된 공간에서 나오는 자극에만 반응한다. 다른 뉴런의 수용공간은 다른 뉴론들과 약간 겹치게 된다. 컨볼루션 신경망은 영상 및 비디오 인식, 추천 시스템 및 자연 언어 처리 분야에서 폭넓게 응용되고 있다.

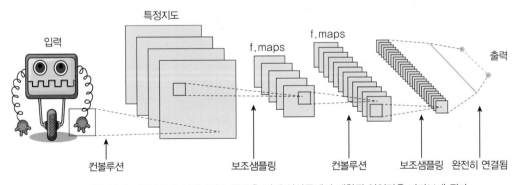

**그림 11.8** 컨볼루션 신경망의 뉴론들은 전체 영상중에서 제한된 영역만을 바라보게 된다.

CNN는 이미지 데이터 처리에 특히 적합한 신경망이다. CNN은 이미지를 입력으로 사용한다. 인공신경망의 각 계층에서 일련의 필터가 이미지에 적용된다. CNN

은 이미지 데이터에 대해 계산적으로 효율적이기 때문에 이미지 데이터에 매우 유용한 필터링 작업에 사용된다. CNN은 숫자, 얼굴 및 번호판 인식과 같은 이미지를 입력으로 사용하는 모든 종류의 작업에 적용된다.

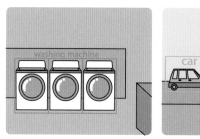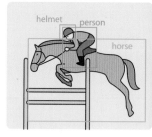

**그림 11.9** 사진에서 물체 인식

바둑 두는 인공지능인 알파고도 다음 수를 결정하기 위하여 CNN을 사용한다고 한다. 알파고는 정책 네트워크 2개와 가치 네트워크 1개로 구성된다. 이들 2가지 유형의 네트워크는 이미지로 표현되는 현재 게임 상태를 입력으로 사용한다.

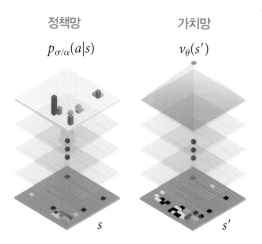

가치 네트워크는 현재 게임 상태의 가치에 대한 추정치를 제공한다. 즉 현재 상태에서 흑을 든 경기자가 궁극적으로 게임에서 이기는 확률은 얼마일까를 추정한다. 가치 네트워크에 대한 입력은 게임 보드 전체이며, 출력은 승리할 확률을 나타내는 단일 숫자이다.

정책 네트워크는 게임의 현재 상태를 고려하여 선택할 액션에 대한 지침을 제공한다. 출력은 각 가능한 합법적인 이동에 대한 확률 값이다. 보다 높은 확률 값을 갖는 동작은 승리로 이어질 가능성이 더 높은 행동에 해당된다.

## Summary

- 현재는 인공지능의 시대라고 한다. 인공 지능은 자율 주행 자동차, 음성 인식, 이미지 인식 및 분류 등에 사용된다.

- 바둑과 같은 경기에서 사용되는 인공지능의 핵심적인 알고리즘은 "탐색"이다. 탐색은 앞으로도 두어질 수 있는 모든 수를 두어보고 평가하는 것으로 경기가 복잡하면 거의 불가능하다.

- 기계학습이란 인공지능의 한 분야로 컴퓨터가 학습할 수 있는 알고리즘을 개발하는 분야이다. 기계학습에는 많은 방법이 있으나 최근 각광받는 분야는 딥러닝이다.

- 딥러닝은 인간의 생물학적인 신경 세포를 모방하여서 컴퓨터를 제작하는 방법으로 이력층, 은닉층, 출력층으로 구성된다. 딥러닝에서 학습이란 신경 세포 간의 연결 강도(가중치)의 값을 변경시키는 과정이다.

COMPUTATIONAL THINKING

CHAPTER

# 12

# 정보보호기법

**이번 장에서는 다음과 같은 내용을 학습합니다.**
▶ 정보 보안의 개념을 간단히 소개한다.
▶ 시저 암호 기법을 살펴본다.
▶ 공개키 암호 기법을 살펴본다.
▶ 디지털 서명에 대하여 살펴본다.

요즘 랜섬 웨어가 많은 피해를 주는 거 같아요

네, 정보보호에 대해서도 어느 정도는 알아야 합니다.

COMPUTATIONAL THINKING

# 01

## 정보 보안이란?

정보 보안(Information security)은 정보의 부정 액세스, 사용, 공개, 혼란, 변경, 검사, 녹음 또는 파괴를 방지하는 기술이다.

❶ 최근에 국내 항공사의 홈페이지가 해커들의 장난에 속수무책으로 당했다. 해커들은 홈페이지를 변조하여 "No Justice, No Peace"라는 메시지를 화면에 표시하게 하였다. 이로 인해 한동안 항공사의 홈페이지는 먹통이 됐다. 이로 인하여 항공사의 홈페이지를 통해 항공권을 예약 · 취소하려한 고객들은 큰 불편을 겪었다.

❷ 최근에 요새 유행하는 악성 바이러스 중에 문서를 암호화한 후에 돈을 요구하는 랜섬웨어가 있다. 랜섬웨어는 컴퓨터 안의 문서파일과 사진파일을 암호화 하여 내용을 볼 수 없게 만든 후에 이것을 인질삼아서 비트코인와 같은 형태의 몸값을 요구한다. 비트코인을 활용하면 거래 당사자가 누구인지 모른 상태에서도 거래가 가능하기 때문이다.

❸ 1990년에 발발한 걸프전에서도 컴퓨터 바이러스가 사용되었다. 미국은 이라크에 수출한 프린터에 웜 바이러스를 심어두고 전쟁이 발발하자 웜 바이러스를 동작시켜 이라크의 군 전산망을 마비시켰다.

우리는 이전 장에서 컴퓨팅 사고를 이용하여 많은 문제들을 해결하였다. 안타깝지만 이러한 방법을 나쁜 의도로 사용하는 사람들이 있다. 즉 파일을 훔치거나 홈페이지를 파괴하는데 이용될 수도 있다는 점이다. 우리는 이런 사람들에 맞서서 컴퓨팅 사고를 이용하여 정보를 보호하는 시스템을 구축하여야 한다. 이번 장에서는 정보를 보호하기 위한 컴퓨팅 사고를 사용하고 있는 여러 가지 기법들을 살펴본다.

# 정보 보안의 3대 요소

우리는 앞에서 어떤 문제를 해결하기 위해서는 문제 자체를 신중히 분석해야 된다고 배웠다. 정보 보안 문제에 있어서 안전하다고 하는 것은 무엇을 의미할까? 정보 보안은 기밀성(Confidentiality), 무결성(Integrity), 가용성(Availability)이라는 3가지의 중요한 요소를 가진다. 이들 3가지의 요소는 우리의 일상생활에서 발생하는 범죄의 유형을 생각하면 쉽게 이해될 것이다. 절도는 기밀성 및 가용성에 대한 범죄이고 사기나 위조, 훼손은 무결성에 대한 범죄이다.

**그림 12.1** 정보보안은 기밀성, 무결성, 가용성이라는 3개의 요소를 가진다.

## 기밀성

기밀성이란 정보에 대한 접근을 제한하는 것을 의미한다. 즉 접근 권한이 있는 사람만 정보에 접근할 수 있도록 하는 것이다. 우리가 컴퓨터에 방화벽을 사용한다든지, 로그인시에 암호를 사용하는 것이 여기에 해당된다.

### 무결성

무결성은 정보가 의도적이나 우연하게 변조되거나 훼손되지 않은 것을 의미한다. 즉 정보가 신뢰할 수 있는 상태라는 것을 의미한다. 최근에는 정보가 인터넷을 타고 이동되고 복사되는 경우가 많아서 정보의 무결성도 중요해졌다. 정보의 무결성도 중요하지만 정보를 보낸 사람이 누군가도 중요하다. 이것도 무결성에 포함된다. 즉 이메일을 송신했을 경우에 이메일의 내용에도 변조가 없어야 하고 이메일을 보낸 사람도 바뀌지 않아야 한다.

### 가용성

가용성(availability)이란 정보에 항상 접근이 가능함을 의미한다. 정보를 보호하려면 기밀성과 무결성말고도 가용성도 필요하다. 예를 들어서 문서가 암호가 걸려있어서 허가된 사람만 볼 수 있다고 하면 기밀성이 있는 것이다. 그 문서가 훼손되지 않았으면 무결성이 있는 것이다. 하지만 만약 문서가 어디에 저장되었는지 아무도 몰라서 접근할 수 없다고 하면 가용성은 없는 것이다. 이런 경우에도 문서의 보안에 대해서 걱정을 해야 한다.

### 암호화의 용어

정보 보안의 3대 요소 중의 하나인 기밀성을 지키기 위한 가장 대표적인 방법이 암호화이다. 우리는 일상생활에서 암호를 많이 사용한다. 예를 들어서 컴퓨터 시스템에 로그인할 때나 인터넷 뱅킹으로 돈을 이체할 때 암호를 사용한다.

암호를 본격적으로 살펴보기 전에 암호에 관련된 용어부터 살펴보자.

평문(plain text)는 누구나 읽을 수 있는 일반적인 문장을 의미한다. 암호문(cipher text)은 평문을 암호화한 문장이다. 예를 들어 "meet at midnight"은 평문이고, "nffu bu njeojhiu"은 암호문이다. 평문을 암호문으로 바꾸는 것을 암호화(encryption)라고 하고 그 반대를 복호화(decryption)라고 한다.

# 03

# 모호함을 사용한 보안

❶ 제2차 세계 대전 중 미군은 태평양에서 보안 통신을 처리하기 위해 나바호 인디언을 고용했다. 미군은 암호화를 사용하지 않았지만 통신은 누설되지 않았다. 나바호 인디언들이 사용하는 언어는 다른 곳에서는 전혀 알 수 없었기 때문이다. 2차 세계 대선 내내 이 시스넴의 보안은 결코 깨지지 않았다.

❷ 에드거 앨런 포우(Edgar Allan Poe)의 "도둑맞은 편지"에서 편지는 명백한 장소에 숨겨져 있었지만 아무도 찾지 못했다.

❸ 대학교의 교수가 조교가 검토 할 수 있는 중간고사의 대략적인 초안을 작성하려고 한다. 누구나 접근할 수 있는 공용 폴더에 중간고사 초안을 남기고 "systemstats"라는 이름을 지정한다. 아무도 이 파일을 살펴보지 않을 것이라고 생각한다.

이들은 "모호함을 통한 보안"의 예이다. 이 아이디어는 특정 메커니즘을 비밀로 유지함으로써 보안을 달성 할 수 있다는 것이다. 이러한 아이디어는 오랜 역사를 가지고 있지만 실패한 사례도 많다.

# 04

# 시저 암호(치환법)

고전적인 암호 기법 중에서 가장 대표적인 것이 시저 암호이다. 시저 암호는 알파
벳 한 글자를 다른 글자로 대체하는 방법이다. 평문의 글자를 오른쪽으로 3글자씩
이동시킨 후에 해당되는 글자로 변환하는 것이다. 예를 들어서 알파벳 A를 암호문
에서 D로 대체하여 암호화하는 방법이다.

만약 다음과 같은 메시지가 있다고 하자.

ATTACK AT ONCE

위의 메시지를 위의 표를 이용하여 암호화하면 다음과 같은 메시지가 된다.

DWWDFN DW RQFH

시저 암호의 암호화 방법은 A → 0, B → 1, ... , Z → 25에 따라 문자를 숫자로 변
환하여 모듈러 산술을 사용하여 표현할 수도 있다.

$$E_n(x) = (x + n) \mod 26.$$

복호화도 다음과 같은 수식으로 표현할 수 있다.

$$D_n(x) = (x - n) \mod 26.$$

따라서 시저 암호는 다음과 같은 디코더링을 이용하여 암호화할 수 있다.

## 시저 암호의 약점

시저 암호는 깨지기 쉽다. 다음과 같은 2가지 경우를 가정해보자.

- 공격자는 일종의 단순한 치환 암호가 사용되었지만 특별히 시저 암호임을 알지 못한다.

- 공격자는 시저 암호가 사용되고 있음을 알고 있지만 이동거리 값을 알지 못한다.

첫 번째 경우에 빈도 분석법과 같은 기술을 사용하여 암호를 깰 수 있다. 빈도 분석법은 알파벳의 26글자 중에서 통계적으로 사용되는 빈도를 분석하는 것이다. 알파벳 중에서는 e가 가장 높고 그 다음 t 임을 알 수 있다. 시저 암호를 사용했다면 아마도 e를 대체한 글자가 가장 많이 등장하였을 것이다. 이것을 이용하여 암호를 해독하는 것이다.

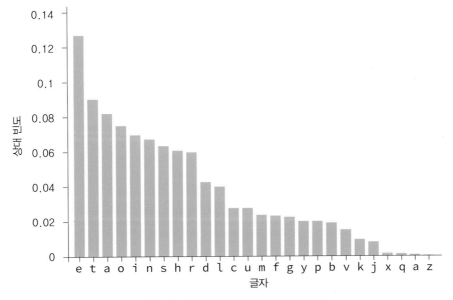

**그림 12.2** 알파벳의 각 글자가 나타나는 빈도

두 번째 경우에는 암호를 깨는 것이 훨씬 간단하다. 시저 암호에는 제한된 수의 이동거리가 있기 때문에(영어라면 26 개), 각각을 모두 시도해보면 된다. 예를 들어서 암호문이 "EXXEGOEXSRGI"라면 모든 이동거리값으로 전부 복호화를 시도해 본다. 이동거리 4를 이용하여 암호화 되었다는 것을 금방 알 수 있다.

| 이동거리값 | 복호화된 평문 |
| --- | --- |
| 0 | exxegoexsrgi |
| 1 | dwwdfndwrqfh |
| 2 | cvvcemcvqpeg |
| 3 | buubdlbupodf |
| 4 | attackatonce |
| 5 | zsszbjzsnmbd |
| 6 | yrryaiyrmlac |
| … | |
| 23 | haahjrhavujl |
| 24 | gzzgiqgzutik |
| 25 | fyyfhpfytshj |

이것이 올바른 이동거리이다.

이 예제는 가능한 키의 수가 너무 적으면 암호 시스템이 안전하지 않다는 것을 보여준다. 반대로, 많은 가능한 키를 가진 암호 시스템이 반드시 안전한 암호 시스템이 되는 것은 아니다. 이 장에서는 시저 암호를 사용하여 블록 암호의 개념을 설명하고 간단한 암호 해독을 설명한다.

# 시저 암호 실습

메시지를 암호화하는 간단한 기법 중의 하나는 줄리어스 시저가 사용한 암호화 기법이다. 이 방법은 평문에 단순히 더하기(즉, 영어의 알파벳을 왼쪽으로 이동하던지 오른쪽으로 이동하는 것)를 하여 암호문을 얻는다. 즉 예를 들어 다음과 같이 변경하여 전송하였다.

| 평 문 | a | b | c | d | e | f | g | h | i | j | k | l | m | n | o | p | q | r | s | t | u | v | w | x | y | z |
|---|---|---|---|---|---|---|---|---|---|---|---|---|---|---|---|---|---|---|---|---|---|---|---|---|---|---|
| 암호문 | D | E | F | G | H | I | J | K | L | M | N | O | P | Q | R | S | T | U | V | W | X | Y | Z | A | B | C |

시저 암호화와 복호화를 종이와 연필을 이용하여 실습해보자. 다음과 같은 작은 문제들을 풀어본다.

❶ "meet at midnight"을 이동거리값 3으로 시저 암호화하면 어떤 암호문이 되는가?

❷ "computational thinking"을 이동거리값 5으로 시저 암호화하면 어떤 암호문이 되는가?

❸ 암호문 "Vhfxulwb lv lpsruwdqw"가 있다. 이 암호문은 이동거리값 3으로 시저 암호화되었다. 평문을 계산해보자.

# 시저 암호 풀기

암호문 "Fqnhj nx kjjqnsl gtwji fsi iwtbxd"가 있다. 오직 치환 암호 기법으로 암호화 된 것만 안다. 이동거리값도 모른다. 평문을 찾을 수 있는가? 어떤 기법을 사용해야 하는가? 2가지의 방법으로 시도해보자.

❶ 시저 암호에는 제한된 수의 이동거리가 있기 때문에(영어라면 26 개), 각각을 모두 시도해보면 된다.

| 이동거리값 | 평문 |
|:---:|:---|
| 0 | |
| 1 | |
| 2 | |
| 3 | |
| 4 | |
| 5 | |
| 6 | |
| ... | |
| 23 | |
| 24 | |
| 25 | |

❷ 알파벳의 26글자의 빈도를 분석하여 복호화를 시도해보자. 본문에 나온 알파벳 빈도 그래프를 이용해보자. 암호문이 적어서 어떤 문제가 발생하는가?

# 이미테이션 게임

여러분들은 2015년도에 개봉되었던 이미테이션 게임을 기억할지 모르겠다. 이 영화는 정보보안을 주제로 다루고 있다.

어니그마는 군사 통신을 보호하기 위해 20세기 초반에서 개발되고 사용된 전자 기계식 로터 암호화 기계이다. 어니그마는 제1차 세계 대전이 끝날 무렵, 독일 엔지니어 Arthur Scherbius에 의해 발명되었다. 초기 모델은 1920년대 초부터 상업적으로 사용되었으며 2차 세계 대전 중에 나치 독일에서 채택되었다.

1932년 12월경, 폴란드어 암호국의 마리안 레예스키(Marian Rejewski)는 순열 이론과 독일군 메시지 절차의 결함을 사용하여 어니그마 기계의 메시지 키를 해독하였다. 이 기술은 영국에 전달되어서 전쟁 중 영국의 암호 학자들은 어니그마를 사용한 방대한 양의 메시지를 해독하였다. 어니그마도 기본적으로는 치환암호화 기법을 사용한다.

# 05

# 대칭키 암호화

대칭키 암호화는 송신자와 수신자 모두 동일한 키를 공유하는 암호화 방법을 나타낸다. 대칭키 암호화 방법 중에서 DES(Data Encryption Standard) 알고리즘은 IBM의 바터 투흐만(Water Tuchman)과 칼 마이어(Carl Meyer)에 의하여 1976년 6월에 개발되었다.

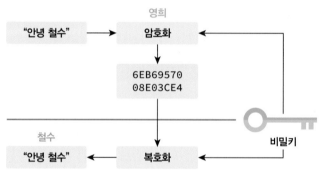

**그림 12.3**  대칭키 암호

대칭키 암호 시스템에서는 동일한 키가 암호화 및 복호화에 사용된다. 위의 그림에서 영희가 철수에게 암호화된 메시지를 보내려면 둘 다 키를 알아야한다. 영희와 철수가 메시지의 내용을 비밀로 유지하기를 원한다면, 비밀키가 유출되어서는 안 된다. 비밀키가 유출되면 도청자가 암호문을 가로 챌 수 있기 때문이다.

DES는 56비트의 암호화키로 암호화되므로 가능한 암호화키는 최대 $2^{56}$가지이다. DES 알고리즘은 상당히 복잡하기 때문에 안전하다고 여겨졌다. 하지만 1999년에 다양한 공격 방법과 수많은 컴퓨터를 이용하여 짧은 시간 안에 복호화하는데 성공했다. 따라서 미국 정부에서는 1998년부터 DES 알고리즘의 사용을 중단했지만 아직도 많이 사용된다.

AES(Advanced Encryption Standard) 알고리즘은 DES의 후속 알고리즘으로 개발되었다. AES 알고리즘은 128비트 암호화 블록, 다양한 키(128/192/256 비트)를 사용할 수 있는 알고리즘이다. AES는 상당히 안전한 암호화 알고리즘으로 알려져 있다.

# 06

# 공개키 암호화

앞에서 설명한 대칭키 알고리즘의 중요한 단점은 안전하게 키(key)를 관리하기가 어렵다는 점이다. 대칭키 암호 시스템은 암호화 및 복호화에 동일한 키를 사용한다. 따라서 암호문을 받은 사람이 암호를 풀려면 암호화에 사용되었던 키가 있어야 한다. 따라서 암호문과 키를 동시에 상대방한테 전달하여야 한다. 하지만 이것은 금고와 열쇠를 동시에 보내는 것과 마찬가지여서 상당한 위험한 행동이다. 물론 암호문을 보내는 대상이 소수이면 문제가 안 되겠지만 요즘처럼 컴퓨터를 이용한 암호화 통신이 많은 시대에는 암호문을 보낼 때마다 키를 비밀스럽게 보낸다는 것은 거의 불가능하다. 어떻게 하면 좋을까?

이 문제를 해결하기 위하여 위트필드 디피(Whitfield Diffie)와 마틴 헬만(Martin Hellman)은 1976년에 공개키 개념(비대칭 암호)을 처음으로 제안한다. 이후 Ronald Rivest, Adi Shamir 및 Len Adleman이 1978년에 최초로 사용가능한 공개키 알고리즘을 발표한다. 이 솔루션은 이후 RSA 알고리즘으로 알려진다.

공개키 암호 시스템에서는 각 개인이 2개의 키(개인키와 공개키)를 사용하는 암호

화 시스템이다. 암호화를 하려는 사람은 먼저 공개키와 개인키를 생성한다. 공개키 (Public Key)는 자유롭게 분배될 수 있지만, 개인키(Private Key)는 비밀로 유지되어야 한다. 개인키는 자신이 보관하지만 공개키는 공개 서버에 보관한다. 예를 들어서 철수는 영희의 공개키는 알 수 있지만 영희의 개인키는 알 수 없다. 반대로 영희도 철수의 공개키는 알 수 있지만 철수의 개인키는 알 수 없다.

공개키 암호 시스템에서 암호화는 어떻게 이루어질까? 공개키가 암호화에 사용되고 비밀키는 해독에 사용된다. 어떤 사람의 공개키로 암호화된 문서는 반드시 그 사람의 개인키로만 복호화할 수 있다. 예를 들어서 철수가 영희에게 비밀 편지를 전달하려고 한다. 철수는 공개 서버에서 영희의 공개키를 얻는다. 영희의 공개키를 이용하여 비밀 편지를 암호화하여서 영희에게 전달한다.

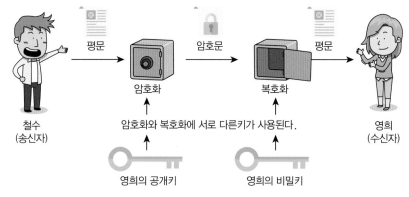

**그림 12.4** 공개키 암호 시스템에서의 암호화와 복호화

영희는 자신의 개인키를 이용하여 이 편지를 해독하여 읽을 수 있다. 따라서 기밀성이 보장된다. 만약 중간에서 어떤 침입자(홍길동)가 편지를 탈취하여 읽으려고 시도하여도 홍길동의 개인키로는 편지를 복호화할 수 없다. 영희의 공개키로 암호화한 문서는 오직 영희의 개인키로만 풀 수 있는 것이다.

## 소인수 분해 문제

공개키 암호화 방식이 안전하려면 알려진 공개키로부터 개인키를 얻을 수 없어야 한다. 어떤 알고리즘을 사용하고 있을까? 몇 개의 방법이 사용되고 있지만 가장 많이 사용되는 것은 "소인수 분해"이다. 공개키 암호 방식은 개인키 없이는 매우 풀기 어려운 수학적 문제를 바탕으로 만들어진다. 키를 만드는 사람은 이 문제(이것이 곧 공개키이다.)를 일반에 공개하고 개인키는 자신만이 알 수 있도록 숨긴다.

RSA 암호에서는 두 개의 큰 소수를 곱한 숫자를 공개키로 사용한다. 사용자는 임의의 큰 소수 $p$, $q$를 두 개 골라 개인키로 삼고 그 곱한 값 $N$을 공개키로 공개한다. 큰 수의 소인수 분해는 대단히 풀기 어려운 문제에 속하기 때문에 다른 사람들은 캐인키를 알 수 없을 것이라는 사실이 보장된다. 예를 들어서 $p$와 $q$를 소수라고 하고 $p \times q$를 $N$이라고 하자.

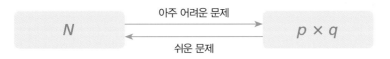

소수 $p$와 소수 $q$를 곱하는 것은 초등학생도 할 수 있는 쉬운 문제이다. 하지만 N이 주어진 상태에서 $p$와 $q$를 구하는 것은 상당히 어렵다.

구체적인 예를 들어보자. 소수 $p$와 $q$를 각각 3과 11로 선택하면, N = 3 × 11 = 33이 된다. 소수의 곱을 계산하는 것은 쉬운 문제이다.

$$p \times q = 3 \times 11 = 33$$

하지만 33을 받아서 $p$와 $q$를 계산해보자. 소인수 분해를 하려면 2부터 시작하여서 소수로 나누어보는 수밖에 없다. 따라서 33은 2로는 나누어지지 않고 다음 소수인 3으로는 나누어진다. 11은 더 이상 소인수 분해되지 않는다. 따라서 33은 3 × 11임을 알 수 있다. 너무 쉬운 것처럼 보인다!

$$33 = 3 \times 11$$

N이 아주 작은 수이면 쉽지만 암호에서 사용되는 $N$은 어마어마하게 큰 수이다. 다음과 같은 수를 소인수분해하여 보자. 예를 들어서 92개의 자리수로 이루어진 다음과 같은 십진수를 소인수 분해하여 보자.

RSA-129 = 114381625757888867669235779976146612010218296721242362562561842935706935245733897830597123563958705058989075147599290026879543541

얼마나 시간이 걸릴까? 1994년에 1600대의 컴퓨터를 연결하여서 8개월 만에 결국 해결하였는데 다음과 같이 소인수분해 되었다.

RSA-129 = 3490529510847650949147849619903898133417764638493387843
990820577

× 32769132993266709549961988190834461413177642967992942 53
9798288533

**Note**

공개키 암호화 방법은 아주 큰 숫자를 소인수분해하기 어렵다는 것에 기반을 두고 있다. 더 어렵게 하려면 더 큰 수를 사용하면 된다.

### 공개키 생성

공개키 알고리즘을 간단하게 예를 들어서 설명해보자. 다음은 공개키를 생성하는 알고리즘이다. 쉬운 설명을 위하여 일부 절차는 생략하였다.

❶ 두 개의 큰 소수 $p$와 $q$를 선택하여 $N = p \times q$을 계산한다. 깨지지 않는 암호화를 하려면 $N$을 큰 숫자로 하여야 한다. 계산을 간단하게 하기 위하여 $p = 17$, $q = 11$이라고 하자. $N = 17 \times 11 = 187$이 된다.

❷ 파생 숫자 $e$를 결정한다. $e$는 1보다 크고 $(p - 1) \times (q - 1)$보다 작아야한다. 또 1을 제외하고는 $e$와 $(p - 1) \times (q - 1)$에 대한 공통 약수가 없어야한다. 다시 말해 두 개의 숫자 $e$와 $(p - 1) \times (q - 1)$은 서로 소이어야 한다. 예를 들어서 $e$로 7을 선택할 수 있다. 7와 $(p - 1) \times (q - 1) = (17 - 1) \times (11 - 1) = 16 \times 10 = 160$은 1을 제외하고는 약수가 없다.

❸ 공개키는 $(N, e)$가 된다. 예제에서는 $(187, 7)$이 공개키가 된다.

### 개인키 생성

❶ 개인키 $d$는 $p$, $q$, $e$에서 결정된다. 다음과 같은 수식을 사용하여 $d$를 결정한다.

$$d = e^{-1} \bmod (p - 1) \times (q - 1)$$

우리의 예제에서는 $e = 7$, $p = 17$, $q = 11$이므로 다음과 같은 수식이 된다.

$$d = 7^{-1} \bmod (17 - 1) \times (11 - 1)$$

$$d = 7^{-1} \bmod 16 \times 10$$

$$d = 7^{-1} \bmod 160$$

$$(d \times 7) \bmod 160 = 1$$

여기서 mod는 나머지를 계산하는 연산자이다. 위의 식에서 $d$는 23이 된다.

❷ 개인키는 $(N, d)$가 된다. 우리의 예제에서는 $(187, 23)$이 개인키가 된다.

## 메시지 암호화

이제 메시지를 암호화하여 보자. "X"라는 문자 하나를 암호화하자. "X"는 아스키 코드로 88이다. 암호문은 다음과 같이 생성된다. $(187, 7)$이 공개키이라고 가정한다.

$$\text{암호문} = P^e(\bmod N) = 88^7(\bmod 187) = 11$$

수신자는 11을 받아서 다음과 같은 식을 이용하여 복호화한다. $(187, 23)$이 개인키라고 가정한다.

$$\text{평문} = C^d(\bmod N) = 11^{23}(\bmod 187) = 88$$

## 암호화 시간

공개키 암호에서 암호화와 복호화는 단순한 모듈러(modulus) 연산으로 계산되는데 모듈러 연산은 생각보다 상당한 시간이 소요된다. 따라서 공개키 암호화 알고리즘은 대칭키 알고리즘보다 100배 정도 시간이 많이 걸린다. 따라서 공개키 암호 알고리즘은 많은 양의 데이터를 암호화하는 용도에는 적합지 않으며, 대칭키 암호에 사용되는 비밀키를 전송하는 용도로 많이 사용된다. 메시지를 랜덤하게 만들어진 비밀키를 이용해 암호화한 후에 이 비밀키를 다시 수신자의 공개키로 암호화하여 메시지와 함께 전송하는 것이다. 이렇게 하면 공개키 암호와 대칭키 암호의 장점을 모두 취할 수 있다.

# 07

# 디지탈 서명

기술이 발전함에 따라서 예전의 기법들은 현대적인 요구를 충족할 수 없다. 각종 계약서에 들어가는 서명이 그 중의 하나이다. 예전에는 모든 계약서에 서명을 직접 하여야 했다. 우리나라에서는 인감도장을 찍어야 했다.

오늘날의 디지털 세계는 보다 유연한 방법을 요구하기 때문에 나온 것이 디지털 서명이다. 예를 들어서 해외에 비지니스 파트너가 있다고 하자.

서류에 연대 서명할 필요가 있는 경우에 사업자는 해외로 택배를 보내야 했다. 이 경우 수주일이 걸리기도 했다. 모든 서류가 물리적으로 보내고 받아야 하기 때문이었다. 이것은 상당한 시간의 낭비를 가져왔다. 어떻게 하는 것이 좋을까?

디지털 서명(digital signature)을 사용하면 된다. 디지털 서명을 사용하면 몇 초 안에 서명된 서류를 주고 받을 수 있다. 우리가 해야 할 작업은 오직 문서를 선택하고 마우스 오른쪽 버튼을 눌러서 디지털 서명을 추가하면 된다.

많은 국가에서 디지털 서명은 물리적인 종이에 펜으로 서명한 것과 같은 효력을 보장받는다. 디지털 서명을 사용하면 1년에 1주일 정도의 시간을 아낄 수 있다고 한다.

디지털 서명은 디지털 문서의 진위를 증명하기 위한 수학적 기법이다. 유효한 디지털 서명은 메시지가 알려진 발신자(인증)에 의해 생성되었고 발신자가 메시지를 보냈음을 부인할 수 없고 (부인 방지) 메시지가 전송 중 변경되지 않았다고(무결성) 믿을 수 있는 이유를 제공한다.

디지털 서명은 대부분의 암호화 프로토콜 제품군의 표준 요소이며 소프트웨어 배포, 금융 거래, 계약 관리 소프트웨어 및 위조 또는 변조를 탐지하는 것이 중요한 경우에 사용된다.

디지털 서명은 공개키 암호화 방법을 사용한다. 많은 경우 비보안 채널을 통해 전송된 메시지에 유효성 검사 및 보안 계층을 제공한다. 디지털 서명은 여러 면에서 전통적인 필기체 서명과 동일하지만 올바르게 구현된 디지털 서명은 필기체 서명보다 위조하기가 더 어렵다.

디지털 서명 체계는 일반적으로 세 가지 알고리즘으로 구성된다.

- **키 생성 알고리즘:** 가능한 개인 키들의 집합로부터 알고리즘은 개인 키를 선택하고 해당되는 공개 키를 출력한다.
- **서명 알고리즘:** 주어진 메시지와 개인 키를 가지고 디지털 서명을 생성한다.
- **서명 검증 알고리즘:** 메시지와 공개 키, 서명을 가지고 무결성을 검증한다.

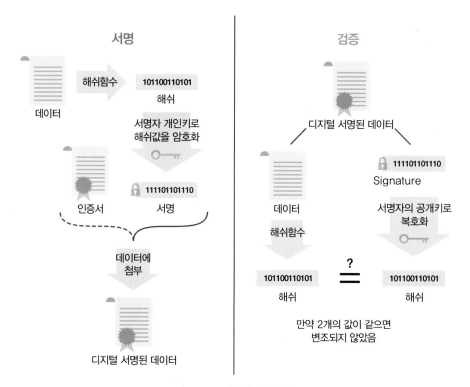

**그림 12.5** 디지털 서명의 절차

해쉬는 데이터를 처리하여 특정한 숫자로 변환하는 절차이다.

# Summary

- 정보 보안은 정보의 부정 접근, 변경, 파괴를 막는 중요한 기이다.

- 정보 보안의 3대 요소는 기밀성(Confidentiality), 무결성(Integrity), 가용성(Availability)이다. 기밀성은 정보에 대한 접근을 제한하는 것이다. 무결성은 정보를 훼손되지 않게 한다. 가용성은 정보가 언제든지 사용가능함을 의미한다.

- 암호화는 평문을 암호문으로 변경하는 것이다.

- 시저 암호는 문자치환법에 속하는 기법이다. 문자를 다른 문자로 대체하여 암호화한다. 많은 약점을 가지고 있다.

- 대칭키 암호화란 송신자와 수신자가 사용하는 암호화 키가 동일한 것을 의미한다. 키를 암호문과 같이 전송하므로 유출의 위험이 있다.

- 공개키 암호화에서는 송신자와 수신자가 사용하는 암호화 키가 다르다. 훨씬 안전하지만 시간이 많이 걸린다.

## 천인국

서울대학교 전자공학과에 입학하여 1983년에 공학사 학위를 취득하였고, 한국과학기술원 대학원에 입학하여 1985년에 전기 및 전자공학과 석사 학위를, 1993년에 박사 학위를 취득하였다. 1985년부터 1988년까지 삼성전자의 종합연구소에서 주임 연구원으로 재직하였고, 1993년부터 현재까지 순천향대학교 컴퓨터공학과 교수로 재직 중이다. 2005년에는 캐나다 UBC에서 방문 교수를 지냈다.

저서로는 「C++ Espresso」(2010, 인피니티북스), 「Power C++」(2010, 인피니티북스), 「Power JAVA 2판」(2012, 인피니티북스), 「HTML5 + CSS3 + JavaScript로 배우는 웹프로그래밍 기초」(2014, 인피니티북스), 「쉽게 풀어쓴 C언어 Express」(2007, 생능출판사), 「어서와 C언어는 처음이지!」(2015, 인피니티북스), 「어서와 Java는 처음이지!」(2015, 인피니티북스), 「어서와 파이썬은 처음이지!」(2016, 인피니티북스) 등이 있다.

# 문제해결과 컴퓨팅 사고

| | |
|---|---|
| 인    쇄 | 2019년 2월 21일 초판 3쇄 |
| 발    행 | 2019년 2월 27일 초판 3쇄 |
| 저    자 | 천인국 |
| 발 행 인 | 채희만 |
| 출판기획 | 안성일 |
| 마 케 팅 | 한석범, 최 현 |
| 편    집 | 이문영 |
| 관    리 | 이승희 |
| 북디자인 | 가인커뮤니케이션(031-943-0525) |
| 발 행 처 | INFINITYBOOKS |
| 주    소 | 경기도 고양시 일산동구 하늘마을로 158 대방트리플라온 C동 209호 |
| 대표전화 | 02)302-8441 |
| 팩    스 | 02)6085-0777 |

도서 문의 및 A/S 지원
Homepage    www.infinitybooks.co.kr
E-mail    helloworld@infinitybooks.co.kr

| | |
|---|---|
| I S B N | 979-11-85578-29-3 |
| 등록번호 | 제25100-2013-152호 |
| 판매정가 | **23,000원** |